企业财务管理
数字化转型路径研究与实践

胡晓锋◎著

中国原子能出版社

图书在版编目（CIP）数据

企业财务管理数字化转型路径研究与实践 / 胡晓锋
著. --北京：中国原子能出版社，2023.11

ISBN 978-7-5221-3107-8

Ⅰ. ①企⋯　　Ⅱ. ①胡⋯　　Ⅲ. ①企业管理–财务管理–
数字化–研究　　Ⅳ. ①F275

中国国家版本馆 CIP 数据核字（2023）第 223278 号

企业财务管理数字化转型路径研究与实践

出版发行	中国原子能出版社（北京市海淀区阜成路 43 号　　100048）
责任编辑	杨　青
责任印制	赵　明
印　　刷	北京天恒嘉业印刷有限公司
经　　销	全国新华书店
开　　本	787 mm×1092 mm　1/16
印　　张	16.75
字　　数	260 千字
版　　次	2023 年 11 月第 1 版　2023 年 11 月第 1 次印刷
书　　号	ISBN 978-7-5221-3107-8　　　　定　价　76.00 元

前　言

　　信息时代的到来催生了社会各领域的变革,信息技术在中国经济信息化及全球化进程中发挥着越来越重要的作用,其中,计算机及互联网在中国会计行业中也实现了有效的应用。会计信息化是计算机信息处理与传播技术在会计实务中的应用,以达到账户管理、做好会计信息和数据统计工作的目的。在会计信息化的背景下,企业的财务管理工作迎来了新的发展时机,可以说,现阶段的企业财务管理工作正逐步向信息化迈进。

　　会计信息化充分利用了信息技术,这使会计流程发生了根本性的变革,管理方式发生了深刻的变化,已经出现了集约化倾向。财务管理中可以使用专用的计算机软件进行会计核算,这就在一定程度上提升了核算工作的效率,更重要的是,借助专用软件,核算还能实现实时化与动态化。会计信息化并不是对手工会计处理的简单模仿,而是在信息技术的辅助下,能对会计管理进行创新,进而使企业的财务管理由原来的低效率、低效益向高效率、高效益转变。

　　笔者在参考了其他专家学者研究成果的基础上,根据自己多年的财务实践,最终著成本书。由于出版时间紧张,加之人工智能的发展十分迅速,本书难免存在不足之处,恳请广大读者批评指正。

目　录

第一章 财务管理基础认知阐释

第一节 财务管理的内涵与目标

一、财务管理的内涵阐释

"财务"是指政府、企业和个人对货币这一资源的获取和管理。国家财政、企业财务和个人理财均属"财务"的范畴,本书讲述的财务管理是研究企业货币资源的获得和管理,具体地说就是研究企业对资金的筹集、计划、使用和分配,以及与以上财务活动有关的企业财务关系。

第一,企业的经营活动脱离不了资产,如非流动资产(建筑物、设备和各种设施)、流动资产(存货、现金和应收账款),而购置这些资产需要资金。企业既可从自身经营所得中提取资金用于再投资,也可以在金融市场上以一定的价格发行股票、债券或向金融机构借贷获取资金。企业的财务管理人员在筹集资金的过程中要研究和设计最优的筹资方案,使企业筹资的成本最小,所筹集的资本能发挥最大的效益,从而使企业的价值达到最大。

第二,企业资本和资产的有效运用与所投资的项目,包括实物资产、技术和人力资源的投入和产出是否经济、合理,投资收益是否高于成本及风险如何补偿等问题有关。企业的投资决策正确与否,直接影响其未来的净现金流量,亦即影响其资产的增值。投资决策也是财务管理研究中的重要问题。

第三,企业的一切财务活动与其外部环境息息相关。国家的经济发展周期、政府财政政策的宽松和紧缩对企业的财务管理策略有很大的影响。与企业筹资直接有关的金融市场及利率是企业财务人员必须熟悉和重点研究的领域。财务管理在企业和资本市场之间、企业和国家宏观财税政策之间的桥梁和资金转换的作用是显而易见的。

财务管理就是寻求在一定外部环境的条件下，运用尽可能有效的方法利用企业资金，这就需要在企业的需求与收益、成本与风险之间做衡量，最终做出能使股东财富达到最大化的决策。

总之，企业财务是指企业在生产经营过程中客观存在的资金运动及其所体现的经济利益关系。前者称为财务活动，后者称为财务关系。财务管理是企业组织财务活动、处理财务关系的二项综合性的管理工作。

二、财务管理的基本环节

财务管理环节是根据财务管理工作的程序及各部分之间的内在关系划分的，分为财务预测、财务决策、财务预算、财务控制、财务分析和业绩评价。

（一）财务预测

财务预测是根据财务活动的历史资料，考虑现实的要求和条件，对企业未来的财务活动和财务成果做出科学的预计和测算。它既是两个管理循环的联结点，又是财务计划环节的必要前提。

（二）财务决策

财务决策是对财务方案、财务政策进行选择和决定的过程，又称为短期财务决策。财务决策是整个财务管理的核心。财务决策的目的在于确定最令人满意的财务方案。只有确定了具有较好效果且切实可行的方案，财务活动才能取得好的效益，完成企业价值最大化的财务管理目标。

（三）财务预算

财务预算是运用科学的技术手段和数学方法，对目标进行综合平衡，制定主要计划指标，拟定增产节约措施，协调各项计划指标。它是落实企业奋斗目标和保证措施实施的必要环节。

（四）财务控制

财务控制是在生产经营活动的过程中，以计划任务和各项定额为依据，对资金的收入、支出、占用、耗费进行日常计算和审核，以实现计划指标、提高经济效益，它是落实计划任务、保证计划实现的有效手段。

（五）财务分析

财务分析是以核算资料为主要依据，对企业财务活动的过程和结果进行调查研究，评价计划完成情况，分析影响计划执行的因素，挖掘企业潜力，提出改进措施。

（六）业绩评价

业绩评价是指运用数理统计和运筹学的方法，通过建立综合评价指标体系，对照相应的评价标准，定量分析与定性分析相结合，对企业一定经营期内的获利能力、资产质量、债务风险及经营增长等经营业绩和努力程度的各方面进行综合评判。以上这些管理环节互相配合、紧密联系，形成周而复始的财务管理循环过程，构成完整的财务管理工作体系。

三、财务管理的延伸

随着经济的发展，企业财务活动的范围和类型不断扩大，企业财务管理的内容也随之不断丰富和延伸。例如，创业的价值评估、频繁发生的并购、重组及破产事件，公司治理及高管行为对公司财务的影响等问题，迫切需要财务管理人员开阔视野、创新方法，完善和扩充现有的财务管理理论体系。

（一）企业价值评估

企业价值评估是将一个企业作为一个有机整体，依据其拥有或占有的全部资产状况和整体获利能力，充分考虑影响企业获利能力的各种因素，结合企业所处的宏观经济环境及行业背景,对企业整体公允市场价值进行的综合性评估。价值评估可以用于帮助投资者进行投资分析,帮助企业管理者进行财务决策、战略分析等。

(二)企业并购

企业并购包括兼并和收购两层含义、两种方式。国际上习惯将兼并和收购合在一起使用,统称为企业并购,在我国称作并购,即企业之间的兼并与收购行为,是企业法人在平等自愿、等价有偿的基础上,以一定的经济方式取得其他法人产权的行为,是企业进行资本运作和经营的一种主要形式。企业并购主要包括公司合并、资产收购、股权收购三种形式。

企业作为一个资本组织,必然谋求资本的最大增值。企业并购作为一种重要的投资活动,产生的动力主要来源于追求资本最大增值的动机,以及竞争压力等因素,但是就单个企业的并购行为而言,又会有不同的动机和在现实生活中不同的具体表现形式。不同的企业根据自己的发展战略确定并购的动因。

(三)企业破产

企业破产是指企业在生产经营中由于经营管理不善,其负债达到或超过所占有的全部资产,不能清偿到期债务,资不抵债的企业行为。破产案件是指通过司法程序处理的无力偿债事件。这里所说的司法程序包括三种:和解、重整和破产清算。不能把破产案件简单地归结为清算倒闭事件。破产清算是公平清理债务的一种方法,但不是唯一方法。《中华人民共和国企业破产法》(以下简称《破产法》)鼓励当事人积极寻求以避免企业倒闭清算的方式来公平清理债务。

(四)公司治理

公司治理是指诸多利益相关者的关系,主要包括股东、董事会、经理层的关系,这些利益关系决定企业的发展方向和业绩。公司治理讨论的基本问题,就是如何使企业的管理者在利用资本供给者提供的资产发挥资产用途的同时,承担起对资本供给者的责任。利用公司治理的结构和机制,明确不同公司利益相关者的权力、责任和影响,建立委托代理人之间激励兼容的制度安排,是提高企业战略决策能力、为投资者创造价值管理的大前提。公司治理如同企业战略一样,是中国企业经营管理者普遍忽略的两个重要方面。

(五)行为财务

行为财务的核心是财务主体的价值观念,这必然对财务信息的处理流程管理产生影响,包括对人们的动机形成、生产水平、决策行为和利益分配的影响。需要指出的是,行为财务不同于财务行为。财务行为是指财务主体在其内部动因驱动和外在环境刺激下,按照财务目标的要求,遵循一定的行为规则,利用特有的理论和方法,对经济活动中的经济信息进行生产、加工并实时传递的一种实践活动。行为财务涉及的范围比财务行为更为宽广,行为财务还要说明通过何种途径使得财务行为或经济信息对客体产生的种种影响。在行为科学的影响下,行为财务不仅要对过去的财务行为进行实时控制,还要对未来的财务行为进行预测和决策,从而实现全过程控制。

四、财务管理的目标

(一)财务管理目标的概念

企业财务管理目标(又称企业理财目标),是财务管理的一个基本理论问题,也是评价企业理财活动是否合理有效的标准。目前,我国企业理财的目标有多种,其中产值最大化、利润最大化、股东财富最大化及企业价值最大化等目标最具有影响力和代表性。

企业财务管理目标是企业经营目标在财务上的集中和概括,是企业一切理财活动的出发点和归宿。制定财务管理目标是现代企业财务管理成功的前提,只有明确了合理的财务管理目标,财务管理工作才有明确的方向。企业应根据自身的实际情况和市场经济体制对企业财务管理的要求,科学、合理地选择和确定财务管理目标。

财务管理是企业管理的一部分,是有关资金的获得和有效使用的管理工作。财务管理的目标取决于企业的总体目标。

(二)财务管理目标的作用

1. 激励作用

目标是激励企业全体成员的力量源泉,每个职工只有明确了企业的目标才能调动起工作的积极性,发挥自身的潜在能力,尽力而为,为企业创造最大的财富。

2. 导向作用

财务管理是一项组织企业财务活动、协调企业同各方面财务关系的管理活动。理财目标的作用首先就在于为各种管理者指明方向。

3. 考核作用

目标是企业绩效和各级部门工作业绩的考核标准。企业的目标明确了,各级领导干部才能按照职工的实际贡献大小如实地对其绩效进行评价。

4. 凝聚作用

企业是一个组织、一个协作系统,只有增强全体成员的凝聚力,企业才能发挥作用。企业目标明确,能充分体现全体职工的共同利益,极大地激发企业职工的工作热情、献身精神和创造能力,形成强大的凝聚力。

(三)财务管理目标应具备的基本特征

企业财务管理的目标取决于企业生存和发展的目标,两者必须是一致的。企业财务管理目标应具备以下四个特征。

1. 财务管理目标具有多元性

多元性是指财务管理目标不是单一的,而是适应多因素变化的综合目标群。现代财务管理是一个系统,其目标也是一个多元的有机构成体系。在这些多元目标中,有一个处于支配地位、起主导作用的目标,称为主导目标,其他一些处于被支配地位、对主导目标的实现起配合作用的目标,称为辅助目标。如企业在努力实现"企业价值最大化"这一主导目标的同时，还必须努力实现履行社会责任、加速企业成长和提高企业偿债能力等一系列辅助目标。

2. 财务管理目标具有可操作性

财务管理目标是实行财务目标管理的前提，它要能够起到组织动员的作用。要能够根据已制定的经济指标进行分解，实现职工的自我控制，进行科学的绩效考评，这样财务管理目标就必须具有可操作性。具体来说，包括可以计量、可以追溯、可以控制。

3. 财务管理目标具有层次性

财务管理目标是企业财务管理这个系统顺利运行的前提条件，同时它本身也是一个系统。各种各样的理财目标构成了一个网络，这个网络反映着各个目标之间的内在联系。

财务管理目标之所以有层次性，是由企业财务管理内容和方法的多样性及它们相互关系上的层次性决定的。如企业财务管理的内容可以划分为筹资管理、投资管理、营运资金管理及利润分配管理等几个方面，而每一个方面又可以再进行细分。

4. 财务管理目标具有相对稳定性

随着宏观经济体制和企业经营方式的变化，随着人们认识的发展和深化，财务管理目标也可能发生变化。但是，宏观经济体制和企业经营方式的变化是渐进的，只有发展到一定阶段后才会产生质变，人们的认识在达到一个新的高度后，也需要有一个达成共识、为人们所普遍接受的过程。财务管理目标作为人们对客观规律性的一种概括，总的来说是相对稳定的。

（四）企业财务管理目标的类型

1. 企业利润最大化

企业利润最大化就是企业财务管理以实现利润最大化为目标。该观点源于亚当·斯密的"经济人"假说，在 20 世纪 50 年代以前的西方经济学界较为流行，属于传统观点，在今天的理论界和实务界仍有一定的影响，该观念认为，利润是衡量企业经营和财务管理水平的标志，利润越大越能满足投资人对投资回报的要求。

利润最大就是财务管理的目标，这有合理的一面，以往西方微观经济学历来将利润最大化作为其理论基础。其合理性体现在以下几方面。

① 利润是企业的新创价值，而且是已经实现销售并被社会承认的价值。

② 利润是企业最综合的财务指标，能说明企业的整体经营和财务管理水平的高低。

③ 真实的利润是社会财富的积累。

④ 利润概念是一个最容易被社会各界广泛接受的财务概念。

显然，以利润最大化作为财务管理的目标，有其科学的成分，然而，用利润最大化作为企业的财务管理目标，也有其内在不可克服的缺点，具体包括以下几方面。

① 没有考虑企业利润实现的时间因素，即没有运用资金时间价值这一重要的财务概念。

② 没有充分考虑利润实现的风险因素，盲目追求利润最大化，往往会使企业承受很大的风险。

③ 利润作为一个绝对数指标，不能反映企业一定时期的投资收益率水平，因而无法表现资本的投入与产出的关系，更不便在不同企业之间进行财务状况比较（为了克服这一观点的片面性，财务管理学界提出了"每股盈余最大化"的观点）。

④ 没有考虑企业一定时期的现金流量状况，利润大并不意味着企业的现金状况好。

⑤ 追求利润最大化会造成企业经营者和财务决策者的短视行为，只顾实现当前的或局部的利润最大化，而不顾企业长远和整体的发展，甚至伤害了企业长久发展的财务实力。

可见，将利润最大化作为企业财务管理目标具有一定的片面性，是对财务管理的一种初步认识，而且这种表述所存在的缺陷是无法克服的。现代财务管理研究认为，利润最大化不能作为企业财务管理目标的最优选择。

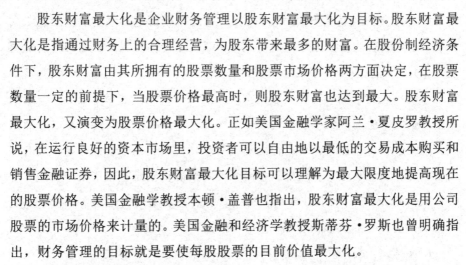

2. 股东财富最大化

股东财富最大化是企业财务管理以股东财富最大化为目标。股东财富最大化是指通过财务上的合理经营，为股东带来最多的财富。在股份制经济条件下，股东财富由其所拥有的股票数量和股票市场价格两方面决定，在股票数量一定的前提下，当股票价格最高时，则股东财富也达到最大。股东财富最大化，又演变为股票价格最大化。正如美国金融学家阿兰·夏皮罗教授所说，在运行良好的资本市场里，投资者可以自由地以最低的交易成本购买和销售金融证券，因此，股东财富最大化目标可以理解为最大限度地提高现在的股票价格。美国金融学教授本顿·盖普也指出，股东财富最大化是用公司股票的市场价格来计量的。美国金融和经济学教授斯蒂芬·罗斯也曾明确指出，财务管理的目标就是要使每股股票的目前价值最大化。

以股东财富最大化作为财务管理目标，是近年来较为流行的一种观点。该观点与利润最大化目标相比有其积极的方面：① 股东财富最大化目标科学地考虑了风险因素，因为风险的高低会对股票价格产生重要影响；② 股东财富最大化在一定程度上能够克服企业在追求利润上的短期行为，因为不仅当前的利润会影响股票价格，预期未来的利润对企业股票价格也会产生重要影响；③ 股东财富最大化目标比较容易量化，便于考核和奖惩。但应该看到，股东财富最大化也存在一些缺点：① 它只适用于上市公司，对非上市公司则很难适用；② 它只强调股东的利益，而对企业其他关系人的利益重视不够，因此可能导致所有者与其他经济利益主体之间的矛盾和冲突；③ 股票价格受多种因素影响，并非都是公司所能控制的，把不可控因素引入理财目标是不合理的。

3. 企业价值最大化

企业价值最大化是企业财务管理以企业价值最大为目标，它要求企业通过采用最优的财务政策，充分考虑资金的时间价值和风险与报酬的关系，在保证在企业长期稳定发展的基础上使企业总价值达到最大。

企业价值是指其能在市场实现的价值，即公司资产未来预期现金流的现值，而并非企业的账面价值总额。因为企业资产的账面价值与企业实际市场价值是不一致的。经营良好的企业，它的市场价值必然会高于其账面价值，相反一个经营失败甚至严重亏损的企业，它的市场价值必然会远低于其账面价值，企业所有的经营成败与财务状况，都会综合地表现在企业的市场价值上，市场会对企业有一个最终的评价。

从财务理论上看，价值应该是实现现金流入的现值总额。对于一般企业来讲，企业价值的确认，必须通过企业转让、变卖或正确的资产评估才能完成。但对于股份制企业来讲，特别是上市公司，从长久来看，企业股票的市场价格越大，说明这个企业的价值越大。股票的价格是真正的市场价值，是投资人对企业的评价，企业内部各种经营和财务状况的变化因素和未来发展前景，都会在企业的股票价格上得以表现。

广义地讲，股东就是企业的投资人，追求股东财富最大，与追求企业价值最大和追求股票价格最高是一致的。企业价值最大化观点具有股东财富最大化观点的所有优点。然而，目前越来越多的专家学者认为，企业价值最大化观点优于股东财富最大化观点，主要表现在：① 企业价值最大化目标可以使得财务管理目标与财务管理主体相一致，即两者都是站在企业整体角度看问题；② 充分考虑各种利益关系。以企业价值最大化作为财务管理的目标，不但是财务理论研究的必然结论，也是企业内外部对企业经营和财务状况做出客观评价的必然选择，因为企业价值既是一个最抽象的概念，又是一个能用于企业最终评价的最实际可行的概念。

用企业价值作为财务管理的目标也存在一些不足之处，主要有：① 概念比较抽象，不易被外行人士所接受，也不像利润和每股盈余指标那样，在企业日常会计核算中经常被揭示，因此运用一些基本的财务指标作为辅助是必要的；② 对于上市公司来讲，股票价格是企业价值的直接表现，但股票价格会受到特定经济环境等多种市场因素的综合影响，所以在某一时点上股价可能并不能真正反映这个企业的价值，股票价格是企业价值的外在表现，那是从较长一段时期来讲的；③ 对于上市公司来讲，公司股票的上市比例及企业间相互参股、控股和间接持股等情况的存在，也会影响股票价格，因为法人股东对股票市场的变动并不敏感，以控股为目的的股东似乎并不在意

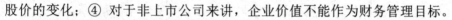

股价的变化；④ 对于非上市公司来讲，企业价值不能作为财务管理目标。

4. 相关者利益最大化

相关者利益最大化是企业价值最大化的进一步发展，它要求企业经营中应充分考虑股东及其他利益相关者的利益，通过合作共赢促使企业实现相关者利益最大。

企业在从事各种资金收支活动中，不可避免地会与不同的利益主体发生联系，从而形成企业的财务关系。财务关系是企业在理财活动中产生的与各相关利益集团间的利益关系，可概括为七个方面，即企业与出资者之间的财务关系，企业与债权人之间的财务关系，企业与债务人之间的财务关系，企业与被投资者之间的财务关系，企业与内部各单位、各部门之间的财务关系，企业与职工之间的财务关系，企业与税务机关之间的财务关系。其中，最重要的是企业与出资者之间的财务关系和企业与债权人之间的财务关系。只有企业善于协调关系，与社会各个方面和谐相处、共同努力，才能合作共赢，实现企业相关者利益最大化。

5. 社会价值最大化

由于企业的主体是多元的，因而涉及社会方方面面的利益关系。为此，企业目标的实现，不能仅从企业本身来考察，还必须从企业所从属的更大社会系统来进行规范。企业要在激烈的竞争环境中生存，必须与其周围的环境和谐相处，这包括与政府的关系、与员工的关系及与社区的关系等。企业必须承担一定的社会责任，包括解决社会就业、讲求诚信、保护消费者、支持公益事业、环境保护和搞好社区建设等。社会价值最大化就是要求企业在追求企业价值最大化的同时，实现预期利益相关者的协调发展，形成企业的社会责任和经济效益间的良性循环。

社会价值最大化是现代企业追求的基本目标，这一目标兼容了时间性、风险性和可持续发展等重要因素，体现了经济效益和社会效益的统一。

（五）影响企业财务管理目标的因素

企业目标的确定为财务管理目标的确定奠定了基础。然而，企业作为"契约之结"是契约各方重复博弈的结果，它必须体现契约各方的利益，其中任何一方利益遭到损害，都可能导致企业解散。在确定企业财务目标前必须考虑与企业相关的利益关系人。

前述系统结构性原则认为，结构是物质系统各种要素内在的联系与组织方式，也就是说，结构是系统各元素的相互作用中比较稳定的方式、顺序和强弱。系统的环境依存原则认为，系统存在于一定的环境之中，系统和环境要保持物质、能量和信息的交换才能保持自己的生命。影响财务目标的利益集团主要有三个方面。

1. 企业所有者（包括政府）

所有者对企业理财目标的影响主要是通过股东大会和董事会来进行的。从理论上讲，企业重大的财务决策必须经过股东大会或董事会的表决。企业经理、财务经理的任免也由董事会决定，目的是增强企业的生存能力，保护所有者自身的权益。此外，政府作为行政机构，因其提供的公共服务，而以税收的形式强行参与企业的利润分配。企业要吸引更多的投资者，必须取得较好的经济效益。

2. 企业的债权人

债权人把资金借给企业以后，一般会采取必要的监督措施，以保证按时收回本金和利息。债权人必然要求企业按借款合同规定的用途或更有效的合法用途使用资金，并要求企业保持良好的偿债能力。

3. 企业职工

企业职工包括一般的员工和企业经理人员，他们为企业提供智力和体力方面的劳动，必然要求取得合理的报酬。职工是企业财富的直接创造者，他们有权分享企业的收益，以恢复体力和脑力，为企业创造更多的财富。可见，职工的利益与企业的利益紧密相连。在确立企业财务管理目标时，必须考虑职工的利益，而在社会主义国家，职工利益更应优先考虑。此外，影响企业财务管理目标的因素还有其他利益集团，如企业的供应单位、消费者等。

（六）我国企业财务目标的选择

在我国，公有制经济占主导地位，国有企业作为全民所有制经济的一部分，其目标是使全社会财富增长。不仅要有经济利益，而且要有社会效益；在发展企业的同时，还要考虑对社会的稳定和发展的影响；有时甚至为了国家利益需要牺牲部分企业利益。并且，我国证券市场处于起步阶段，很难找到一个合适的标准来确定"股东权益"。

把"股东权益最大化"作为财务管理目标，既不合理，也缺乏现实可能性，而把企业价值最大化作为财务管理目标则更为科学。但是，把企业价值最大化作为企业财务管理的目标，如何计量便成为问题。为此，现在通行的说法有若干，其中，以"未来企业价值报酬贴现值"和"资产评估值"最具有代表性，这两种方法有其科学性，但是其概念是基于对企业价值的一种较为狭隘的理解下提出的。

企业是社会的，社会是由各个不同的人构成的，企业的价值不仅表现为对企业本身增值的作用，而且表现为对社会的贡献，表现为对广大人民的根本利益的贡献。企业财务目标的制定，既要符合企业财务活动的客观规律，又要充分考虑企业财务管理的实际情况，使之具有实用性和可操作性。那么，企业价值最大化的衡量指标应该以相关者的利益为出发点。

1. 我国企业财务管理目标的定位要求

首先，财务管理目标应着眼于企业的总目标。企业以营利为目的，这是企业重要的本质属性，也就是说，企业的生产经营应以提高经济效益、确保资金的保值增值、避免在激烈的市场竞争中被淘汰为总目标。

其次，财务管理目标应协调各契约关系主体的利益。现代企业是多边契约关系的总和。股东作为所有者在企业中承担着最大的权利、义务、风险和报酬，地位当然也最高，但是债权人、职工、客户、供应商和政府也为企业承担了相当的风险。在确定企业财务管理目标时，不能忽视这些相关利益群体的利益，应协调好各契约关系主体的利益。

最后，财务管理目标应充分考虑企业的社会责任。企业对社会责任的履行状况，直接或间接地影响企业的生存与发展，企业在理财活动中必须为此做出经常性的努力。

2. 我国企业财务管理目标的定位

企业是市场的主体，自然也是理财的主体，理财目标应成为理财主体的行动目标。我国企业财务管理目标的现实选择应是股东主导下的利益相关者财富最大化，它的内涵是处于均衡状态的出资者权益与其他利益相关者权益的共同发展，从而达到企业或企业财务管理在经济目标和社会目标上保持平衡，这是企业财务管理目标的理性选择，也是适应我国国情的财务管理目标。这样的定位既充分体现了所有者的权益，又有利于保障债权人、经营者和职工等的利益。

企业所有者投入企业的资本是长期的、不能随意抽走的，所有者履行的义务最多，承担的风险最大，理应享有最多的权利和报酬。实现所有者权益价值最大化，可以充分保障所有者的权益，是对所有者权利与义务对等的一种认同。企业经营者的利益与所有者权益是息息相关的，经营者若想得到丰厚的报酬和长期的聘用，就必须致力于实现所有者权益价值最大化，以博得企业所有者的信任与支持。

企业职工的利益同样与所有者权益关联着，如果企业经营不善，所有者权益价值最大化就无法实现，职工的收入福利就会受到影响。如果实现所有者权益价值最大化，职工的收入福利会首先得到改善。

从产权理论分析股东主导下的利益相关者财富最大化目标。企业权益资本是所有者的长期投资，短期的、暂时的权益资本增值最大化并不是所有者期望的。实现所有者权益价值的最大化，要求权益资本增值长期最大化，需要考虑未来不同时间取得的等额投资收益因时间先后而导致的不同现值，体现预期投资的时间价值，并在考虑资金时间价值的基础上，注重企业长远利益的增加。实现所有者权益价值最大化，不仅要考虑眼前的获利能力，而且更要着眼于未来潜在的获利能力，既要规避风险，又要获取收益，实现风险与收益的均衡，从而取得竞争优势，满足企业不断生存发展的需要。

企业财务管理目标为股东主导下的利益相关者财富最大化。这个目标的关键还在于股东与其他利益相关者权益均衡点的度量。从以上的逻辑分析可以看出，出资者对其权益的让渡是以其总体效用的增加为目的的，如果分权导致了其总体效用下降，出资者必然会采取策略应对，直至关闭企业，使所有利益相关者的权益都受损。因而，股东与其他利益相关者的权益均衡点由股东的边际效用决定，其边际效用为正值，呈下降趋势，并以零为极限。这也从侧面说明了企业财务管理目标应是股东主导下的利益相关者权益最大化。

这一理财目标更符合我国社会主义初级阶段的国情。我国虽然多种经济成分并存，但国有经济仍占主要地位。在国有经济中，企业的行为主要受国家利益与公司社会责任的双重制约，利益相关者财富最大化符合国家利益的要求。另外，现代企业制度在我国有着独特、复杂的发展历程，我国企业更应注重职工的利益和权利，强调社会财富的积累，强调各方利益，从而实现经济实力的不断增强，符合我国经济改革与建设的基本要求，而股东财务最大化符合这些要求。

（七）影响财务管理目标实现的因素分析

1. 管理决策因素

（1）投资项目

投资项目是决定企业报酬率和风险的首要因素。任何项目都有风险，区别只在于风险的大小。而企业实施科学周密的投资计划将会大大减小项目的风险。多年来，不少企业陷入困境，甚至破产倒闭，大都是由于投资失误所致。结合企业实际，建立充分的可行性论证和严格的投资决策审批制度是十分必要的。

（2）投资报酬率

企业的盈利总额并不能反映股东财富，在风险相同的前提下，股东财富的大小要看投资报酬率。企业为达到经济增长的目的，在面临众多投资机会时，往往通过资本预算来做出长期投资决策。为提高投资报酬率，企业往往采用净现值法、现值指数法及内含报酬率法等方法来进行投资项目评价，提高财务管理决策的质量，实现企业财务管理目标。

（3）资本结构

资本结构是所有者权益和负债的比例关系，如果资本结构不当，会严重影响企业的效益，增加企业的风险，甚至导致企业破产。为实现企业价值最大化，企业通常采用每股收益无差别点，同时充分考虑未来增长率、商业风险等其他各种因素，来确定其最佳的资本结构，实现企业财务管理的目标。

（4）风险

任何决策都是面向未来的，都会有或多或少的风险。企业决策时，需要在报酬和风险之间做出权衡，研究风险，并设法控制风险。风险报酬率取决于投资者对风险的偏好，通常企业可采用多元投资和多元筹资等方法来控制风险和分散风险，以求最大限度地扩大企业价值。

（5）股利政策

股利政策是指公司的盈余中多少作为股利发给股东，多少保留下来以备再投资之用，以便使未来的盈余得以维持。股利政策将影响企业的融资计划和资本预算，企业应该根据其实际情况，选择实施剩余股利、低正常股利加额外股利等股利政策，实现财务管理的目标。

2. 外部环境因素

企业外部环境是企业财务决策难以改变的外部约束条件，对企业财务管理目标的实现将产生极大的影响。企业要更多地适应这些外部环境的要求和变化。

第二节　财务管理的内容

一、筹资管理

（一）筹资管理的内涵

1. 筹资管理的定义

筹资管理就是根据企业自身经营的特点及实际的资金需求，通过分析筹资的渠道、成本和风险等方面的内容，为企业筹到成本最低、速度最快、效率最高的资金的手段。筹资手段最主要就是通过股权和债券进行资金的筹措。

根据筹资管理的定义，其主要的目的就是满足企业日常经营对于资金的需求，有效地降低资金的使用成本，加强风险控制。企业筹资的动机如表 1-1 所示。

表 1-1　企业筹资的动机

主要需求	主要内容
建设性筹资动机	主要包括企业在开设初期，为了满足建设期日常经营对于资金需求而形成的筹资需求
买卖性筹资动机	主要包括企业为了开展日常的生产和销售过程中形成的买卖的筹资需求
成长性筹资动机	主要包括企业在成长期，为了增加的固定资产方面的投入产生的筹资需求
过渡性筹资动机	主要包括企业在经营过程中，可能对业务进行调整而形成的过渡性筹资需求

筹资的方式主要有筹措股权资金和筹措债务资金。筹资管理最主要的任务就是解决企业日常经营对于资金的需求，并且通过有效的手段降低成本、提高效率、保障利益。

2. 筹资管理的原则

企业筹资管理的基本要求，是在严格遵守国家法律法规的基础上，分析影响筹资的各种因素，权衡资金的性质、数量、成本和风险，合理选择筹资方式，提高筹集效果。

（1）遵循国家法律法规，合法筹措资金

不论是直接筹资还是间接筹资，企业最终都通过筹资行为向社会获取资金。企业的筹资活动不仅为自身的生产经营提供资金来源，而且也会影响投资者的经济利益，影响社会经济秩序。企业的筹资行为和筹资活动必须遵循国家的相关法律法规，依法履行法律法规和投资合同约定的责任，合法合规筹资，依法披露信息，维护各方的合法权益。

（2）分析生产经营情况，正确预测资金需要量

企业筹集资金，首先要合理预测资金的需要量。筹资规模与资金需要量

应当一致，既避免因筹资不足影响生产经营的正常进行，又要防止筹资过多造成资金闲置。

（3）合理安排筹资时间，适时取得资金

企业筹集资金，还需要合理预测并确定资金需求的时间。要根据资金需求的具体情况，合理安排资金的筹集时间，适时获取所需资金，使筹资与用资在时间上相衔接，既避免过早筹集资金形成的资金投放前闲置，又防止取得资金的时间滞后，错过资金投放的最佳时间。

（4）了解各种筹资渠道，选择资金来源

企业所筹集的资金都要付出资本成本，不同的筹资渠道和筹资方式所取得的资金，其资本成本各有差异。企业应当在考虑筹资难易程度的基础上，针对不同来源资金的成本进行分析，尽可能选择经济、可行的筹资渠道与方式，力求降低筹资成本。

（5）研究各种筹资方式，优化资本结构

企业筹资要综合考虑股权资金与债务资金的关系、长期资金与短期资金的关系、内部筹资与外部筹资的关系，合理安排资本结构，保持适当的偿债能力，防范企业财务危机，提高筹资效益。

（二）筹资管理的作用

企业资金注入的流程从筹资开始，筹资管理最重要的作用就是为企业解决资金方面的需求，并通过有效的手段，实现从筹资成本最低、筹资渠道确定、筹资规模预测、筹资风险管控等各方面对筹措资金进行的全生命周期的管控。

1. 对资金需求量进行有效预测

资金是保障企业日常经营的核心资源，对于资产的投入，购买原材料和服务、销售产品等各个环节都起到了至关重要的作用。不管是什么类型的企业，为了形成生产能力、销售能力、售后服务能力等，都必须有资金的保障。但是有效的预测对于筹资更为重要，筹资往往需要一定的时间和合理的规模区间，企业只有科学地预测所需要资金的数量，才能保障资金的及时供给。

大多数情形下，企业主要通过资金满足两方面的需求，一是满足日常经营的需要，二是满足未来发展的需要。企业所处的生命周期不同，对于资金的需求也不同，需要筹资的规模也不同，在企业初创和成长期，对于资金的需求是最多的，一方面需要满足技术的投入和市场的开发，另一方面还要为未来的发展存续一些资金，在企业平稳发展的时期，对于资金的需求有所下降，只要满足日常经营和维持市场地位就已足够。

2. 合理安排筹资渠道、选择筹资方式

通常情况下，企业通过直接及间接两种不同的方式进行资金的筹措。直接筹资，是企业直接从外部的金融机构或是其他组织筹集资金；间接筹资，是企业通过相关金融机构，或间接的机构进行对接筹集资金，满足资金需求。内部筹资主要依靠企业的利润留存积累。外部筹资主要有两种方式：股权筹资和债权筹资。

3. 有效的筹资成本规避财务风险

企业只要进行筹资，都会产生或多或少的资金成本，企业为筹集资金而需付出的代价，主要就是财务利息费用及金融机构收取的服务费。针对上文提到的股权和债券两种不同的筹资方式，就成本而言，债券筹资方式成本较低。主要是由于借款偿还的周期、性质和方式不同。但是股权筹资在筹资速度等方面有自身的优势。企业在筹资过程中，要协调好速度和成本的关系，合理地进行筹资的分配，从而找到成本低、速度快的筹资方式。并且还要考虑到筹资过程中的风险，如成本风险和速度风险，有效地进行规避，保证筹资效率。

二、投资管理

（一）投资管理的基本概念

投资是使用资本的过程，是为了将来获得更多的现金流入而在当前付出现金的经济行为。投资管理就是在企业投放资金资产的过程中所产生的各种问题的解决流程和制度，主要是为了企业以后有更强的竞争力，可以在企业的运营中得到更高的投资收益,而对投资的各项环节采取措施进行控制的过程管理。

(二)投资管理相关要素

1. 投资对象

投资对象作为投资活动中不可缺少的要素,对于控制投资规模、调整投资结构、提高投资效益、促进生产的发展起着重要的作用,投资对象的选择,应当根据自然、社会、经济技术、现有的生产能力和市场的需要,建立在科学的决策基础之上。

2. 投资管理工具

企业往往借助投资管理工具来帮助企业开展投资管理工作,如项目投资可行性研究、项目后评价等投资管理工具。

(1)项目投资可行性研究

可行性研究是企业投资管理的重要工具,可以说是先决条件。只有经历过科学决策体系论证,才能尽可能地规避投资决策风险,防范非系统性风险。相同投资额,选取投资回报率高、内含报酬率高的项目,可以提高资金使用效率,创造更大效益,从而实现投资管理的最终目标。可行性研究包括但不限于:风险管理、合法合规性、税务筹划、财务指标等。其中有些指标是刚性指标,只要没达标,无论其他指标如何优秀,也不能投资。项目只有各方面都均衡发展,各项优秀才能算得上是好项目,为企业创造价值。

可行性研究要寻找合适的投资标的物。投资标的物的寻找往往是因企业而异,结合企业自身战略规划进行抉择。选定的投资标的物既可以是企业准备兼并的企业,也可以是预计投资的公司。可以横向并购来扩大公司的规模,实现横向一体化发展;也可以纵向并购以打通产业上下游链条。简而言之,没有统一且明确的标准,满足企业特定需求及战略发展即可。而后要进行多角度可行性分析。对要计划投资的企业进行多维度全方面的审查,包括但不限于财务报表及附注、被投资企业近三年经营状况、税收和法律等方面。

可行性研究也可以从市场分析、技术分析和生产分析等几个角度入手。

涉及对价问题，往往需要聘请中介机构，对目标企业价值进行评估，对企业并购后的协同效应也要一并进行评估。

（2）项目后评价

项目后评价是指投资完成后由专门设立的工作小组对投资项目的各项指标进行持续评价的过程。投资管理作为全过程管理，项目后评价作为其全过程管理中的最后一环其实尤为重要，它也是投资人对投资管理进行监管评价的重要手段之一。项目的后评价有助于找出可行性分析与实际执行中指标的差异和变化，有的放矢地分析出差异原因，总结成功可复制经验予以推广，吸取失败教训今后避免再次发生，为以后投资活动少走冤枉路提供保障。

企业应设有专门的部门和专职人员对投资项目进行跟踪管理，时刻关注其财务状况、现金流量情况及其他重大事项，一旦发现特殊情况，及时报告并且要妥善处理。对于投资失败的项目要立即止损，避免造成无底洞，强化投资回收环节的控制力度；对于投资盈利的企业，要从其经营过程中总结可复制可推广的优秀管理模式，并予以推广。

3. 投资管理模式

投资管理模式主要是集权管理、分权管理和矩阵式管理。集权管理有利于集团整体投资活动统一指挥、集中领导、果断决策。有效地拟定和贯彻企业的经营战略，可以充分利用企业的经营资源，发挥规模效应；有利于提高企业的整体效益，但是会降低决策质量，影响决策的正确性和及时性，降低组织的适应能力。过度集权会使各个部门失去自我适应和自我调整的能力，削弱了组织整体的应变能力，不利于调动下属积极性，不利于下属单位或公司的决策权、发言权和自主权，磨灭积极性。实达集团作为中国十大 IT 企业，形成了以电脑硬件产业群、电脑软件产业群和房地产开发产业群等多业务多领域的大型集团，在对子公司投资活动的管控中，实行集权式管理，集团办公室和财务审计部对子公司的投资管理部门进行直接监督和领导，监控子公司投资资金使用，确保核心业务发展。

分权管理可使子公司拥有财务自由，充分发挥下级企业的主观能动性，不易产生独断专行等现象；同时子公司经营管理成本低，使得母公司将精力放在资本经营和宏观控制上，建成特大型集团。但是难以统一指挥和协调，部分子公司因追求自身利益忽视集团整体利益，财务管理职能弱化，容易使财务信息失真，难以形成一致管控标准，各自为政，造成分散主义、本位主义。

矩阵式管理则是为了克服极端集权制和极端分权制的不足应运而生的管理模式。企业将投资管理的部分决策适度下放，可以全面调动企业各层级参与人员的积极性，提升决策的正确性，避免集权制度下的决策迟滞，也解决了分权下各自为政的问题，最大化集团整体利益。统一管理标准和口径下，结合各单位或子公司行业特点自行安排组织架构，发挥行业优势。

三、营运资金管理

（一）营运资金管理的内涵

1. 营运资金管理的概念

营运资金是指为满足企业日常经营活动所需要的资金，由流动资产和流动负债构成。营运资金管理的基本任务是短期资金的筹措和短期资金周转效率的提高。其基本目标是通过有效地进行资金的日常调度和调剂，合理配置资金，以提高资金的使用效率，增强短期资金的流动性。

营运资金管理是对企业流动资产和流动负债的管理。由于企业需要大量的营运资金来推动生产经营活动的进行，而对于营运资金指标的计算可以在一定程度上反映企业的资金周转效率和营运风险，营运资金管理是资金流管理的重要环节。营运资金是企业生产经营过程中用于日常运营与周转所需要的资金。传统的营运资金包括广义、狭义两个概念。广义营运资金是指企业投放于流动资产的资金，狭义营运资金是企业流动资产与流动负债的差额。

营运资金管理的主要内容是：① 合理安排流动资金与流动负债的比例关系，确保企业具有较强的短期偿债能力；② 加强流动资产管理，提高流动资产的周转效率，改善企业财务状况；③ 优化流动资产及流动负债的内部结构，以使企业短期资金周转得以顺利进行并使短期信用能力得以维持。

企业开展生产经营活动需要一定量的营运资金为基础。由于流动资产具有较强的流动性，因此企业可将流动资产作为一种资金储备的形式，在进行资金周转时，使其变为货币形态，形成企业的现金流入，补充营运资金，而企业通过支付等行为，形成现金流出，进行债务清偿或清算。总体来说，企业持有的流动资产越多，短期偿债能力就越强。另外，由于企业现金流入量与流出量具有一定不确定性和非同步性，这就要求企业保持一定数量的营运资金。例如，企业往往先行支付采购货款，而后取得销售收入，资金的流入与流出不具有时间上的同步性，金额也往往不对等，加之企业未来经营活动的不确定性，使得预测现金流量的难度加大。在实际操作中，企业的现金收付具有极大的不对称性，因此无法保持二者时间上的同步。为了保证企业具有一定的资金支付能力来支付各项经营费用、偿还到期债务，企业的日常经营需要储备一定金额的营运资金。

2. 营运资金管理的特征

为了加强企业营运资金管理的有效性，探究营运资金的资金特点尤为关键。根据营运资金管理在企业管理中的实务操作得出，企业营运资金通常具有灵活性、复杂性和及时性几个特点。

（1）灵活性特征

营运资金来源的多样性使得其管理具有灵活性的特征。因为企业营运资金的筹集方式多种多样，银行借款、应付债券、应付职工薪酬、应交税费、预收货款等都为常用的多种企业融资方式。这就要求企业根据自身情况审时度势，灵活安排筹资，为企业争取资金成本最低、最为安全的营运资金。

（2）复杂性特征

营运资金需求的变化性导致企业营运资金管理具有复杂性的特征。

由于企业外部经济环境和自身发展阶段的变化，企业流动资产的数量和金额处于不断变动的状态，波动性较大。特别是有些具有经营周期的企业更是如此，经营旺季营运资金需求量大，淡季需求量少，并且随着企业流动资产的变动，流动负债也会随之发生变化，企业资金运动的复杂性决定了其管理也具有复杂性的特征。

（3）及时性特征

营运资金周转的短期性使其管理具有及时性的特征。由于营运资金表示企业流动资产上占用资金的数量，而流动资产代表企业流动性相对较强的资产，流动性强、周转速度快就要求企业在资金管理问题上必须及时做出决策，不得拖延或滞后。这一时效性要求决定了企业营运资金管理具有及时性特征。

3. 营运资金管理的内容

营运资金的管理内容应围绕资金运用及资金筹措两个方面展开：第一，企业应在流动资产上投放多少数量的资金；第二，企业应如何进行融资，资金运用的管理内容具体包括企业日常支付采购原料价款、支付费用、员工工资等内容；而资金筹措管理则涵盖企业商业信用借款、发行债券筹资、银行借款等内容。

（二）营运资金管理的目标

企业营运资金管理目标应符合企业价值的目标要求，此时需要重视企业对平衡流动性和收益性的举措，保持合理的资本结构。为了使得企业利润长期最大化，不允许企业拥有过多的闲置资金，并降低企业的风险。

1. 资金需求的合理化保证

企业站在一个较高的层面来管控全局，对企业整体状况有了更加深入的了解，也更加明白营运资金的需求数量的重要性。如何做到这一步，或者说企业如何做好这一块的工作，需要不断保持现有生产规模，或者根据市场变化情况及时做出调整，以及加强融资能力，扩大融资渠道，保持企业在正常生产经营的情况下，还能拥有富余资金保证企业的需要，开展企业活动的多样化局面。

2. 提高资金使用效率保证

为了让企业获取更大的经济收益，企业可以调整资金运转的周期，加快资金变现速度。企业应尽量加快流动资产周转率，使得企业内一些别人无法很明确观察到的成本降低，提高资金使用效率。

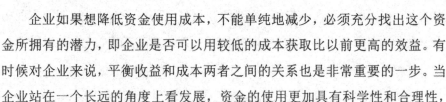

3. 约束资金使用成本保证

企业如果想降低资金使用成本，不能单纯地减少，必须充分找出这个资金所拥有的潜力，即企业是否可以用较低的成本获取比以前更高的效益。有时候对企业来说，平衡收益和成本两者之间的关系也是非常重要的一步。当企业站在一个长远的角度上看发展，资金的使用更加具有科学性和合理性，就必须合理配置资源，积极拓宽融资渠道，尽可能地多筹措低成本资金。

（三）营运资金管理的重要性

营运资金管理是对企业流动资产及流动负债的管理。一个企业要维持正常地运转就必须拥有适量的营运资金，营运资金管理是企业财务管理的重要组成部分。据调查，公司财务经理有 60% 的时间都用于营运资金管理。要搞好营运资金管理，必须解决好流动资产和流动负债两个方面的问题，换句话说，就是要解决好下面两个问题。

第一，企业应该投资多少在流动资产上，即现金管理、应收账款管理和存货管理的资金运用管理。

第二，企业应该怎样进行流动资产的融资，即银行短期借款的管理和商业信用管理的资金筹措管理。可见，营运资金管理的核心内容就是对资金运用和资金筹措的管理。

四、利润分配管理

（一）利润分配管理的概念和内容

利润分配管理主要研究企业实现的税后净利润如何进行分配，即多少用于发放给投资者，多少用于企业留存。利润分配决策的关键是如何在股东的近期利益和长远利益中进行权衡。股利发放过少，会使股东的近期利益得不到满足，而股利发放过多，又会使企业留存过少，不利于企业的长期发展。

具体来说，利润分配管理要解决的问题包括：① 股东对股利分配的要求；② 企业发展对保留盈余的要求；③ 影响股利政策的各种因素；④ 股利政策的选择和连续性。以上财务管理的四个方面，不是互相割裂，而是互相依存、有机地联系在一起的，上述既互相联系又有一定区别的四个方面构成了企业财务管理的基本内容。财务管理人员必须将这四个方面加以综合分析、考虑，统筹安排，才能取得良好的财务管理效果。

（二）企业经济利润分配管理的作用

企业进行利润分配管理是现阶段企业管理中必不可少的部分，是企业管理的重要内容，反之，利润分配管理对企业也有着重要的作用，在此将企业进行利润分配管理的作用及意义分为以下几点。

1. 利润分配管理工作能够调动员工的积极性

从实际上来看，员工辛劳地进行工作就是为了获得相应的回报，如果员工付出的劳动与回报是成正比的，员工将更加积极地工作，为企业创造更多的价值。反之，将不利于企业的发展。科学合理地进行利润分配的管理能够最大限度地调动员工的积极性，对企业的发展有着积极的作用。

2. 利润分配能够促进企业的发展，形成和谐的企业文化

政府呼吁建设和谐社会，和谐的企业也是和谐社会的一部分，建立和谐的企业是对国家政策的支持，与建立和谐社会的意义是一样的。企业的和谐体现在员工之间相处和谐、互相帮助及企业健康发展等方面，这些好的现象都可以通过利润分配管理得以实现。企业拥有和谐的文化之后，势必朝着更加健康的方向发展，实现企业的可持续发展。

（三）企业经济利润分配管理的策略

利润分配管理对企业如此重要，如何做好企业的利润分配管理成为讨论的热点，也成为企业发展的重点问题之一。在此按照企业发展的不同阶段、经济发展的不同类型提出了如下不同的利润分配管理方法。

1. 企业起步阶段应该采用适量股利分配的政策

企业发展的起步阶段面临着较多的问题，对于市场风险的掌握能力较低，无法准确地防御风险。例如，企业无法预测市场需求量，会产生产品销

路出现问题等现象，这是由于企业不切实际的预算收益造成的。这个阶段的企业就应该采用适量股利分配的政策，运用这种政策进行利润分配管理能够帮助企业渡过这个难关。又如起步阶段企业获得的利润较少，可以将大部分的利润进行分红，而剩下的小部分利润可以进行投资，寻求发展的机会。这种利润分配方法强调的是小部分利润的投资，这种利润分配方法最适合企业起步阶段的实际情形，既能够保证员工的福利又能够适当地促进企业的发展，相对来说是比较完善的利润分配管理方法。

2. 企业发展阶段应稍微加大员工的利润分配力度

企业发展阶段应该在适量股利分配政策的基础上，稍微加大员工的利润分配力度。企业在发展阶段面临着扩大规模、扩大经营范围的问题，相对来说需要大量资金来支撑这些经济活动，这样企业才能迅速、健康地成长。另外，在发展阶段，企业的经营能力得到了提升，利润会有所增加，这也是企业发展阶段的表现。面对企业的实际情况，这一阶段企业财务部门应该将利润进行集中管理，帮助企业收集资金，做到"低成本高收入"。一般来说，发展阶段的企业股票价格相对较高，很多人认为这种现象不利于企业进行利润分配管理，但实际上却不是这样的。实际上现阶段的企业在高速发展的过程中，股利与股价之间是一种相对和谐的关系，因为国家实行了"重发展，兼顾股利"的政策，企业的发展成为重点，发展与股利之间的关系相对和谐了许多。前面提到了发展阶段企业能够获得更多的利润，企业必须提高保留利润的比例，这样才能阻止利润流失的现象。发展阶段的企业实现大部分利润保留的政策能够加大资金对外投资的力度，随之就能优化资本结构。发展阶段的利润分配政策虽然是剩余股利政策，但是这样的低股息不会影响股票价格，不会造成股价较大的变动。但是这样并不意味着股息对于股价完全没有影响，而是股息不能直接影响股利，影响的力度相对减小了。在企业的高速发展阶段，许多因素会导致利润分配政策的改变，例如，企业之间的竞争、货币汇率的改变等，这些因素都会导致企业在不能采用适量股利分配政策的时候，采用其他政策也应该考虑股利的分配，因为股利是企业的固有资产，任何时候都关系着企业的发展。

3. 平稳发展阶段的企业应该采用稳定的股利分配政策

平稳发展阶段的企业相对来说比较成熟，拥有了相对成熟的经营技术，有能力把握股利的发放额度。除此之外，平稳发展阶段的企业更多的是注重现有产品的推广服务，在此基础上会一定程度地研发新产品，以此来改善经营结构，所以平稳发展阶段的企业必须保证有一笔资金来支撑各项产品研究工作。这一阶段的企业不仅要有充裕的资金来满足股利政策的需求，还要有充裕的资金来支持科学研究。这一阶段的利润分配政策相对稳定，利润分配相对均匀，企业领导应该清晰地了解利润分配的策略，实现平稳的股利分配政策。

4. 企业发展滞后阶段应该采用高现金的股利分配政策

企业发展滞后时期的特点主要表现在实行了财务收缩政策。这是因为企业失去了竞争中的各项优势，利润大幅降低，企业处于举步维艰的状态，面临着随时退出的危险。这一时期企业的利润迅速降低，各项利润越来越少，风险逐步增加，面对这些问题企业不得不采取高现金的分配政策。这一时期企业资金流通比较困难，股票价格持续走低，只有现金较多，采用高比例现金的分配方法才是唯一的选择。同时，也只有通过这种方法才能挽救企业的发展。

5. 计划经济阶段企业实行按劳分配的利润分配制度

从我国经济发展的实际情况来看，我国经历了计划经济时期，在这一发展阶段实际上是没有财务管理这一概念的。历史证明，在计划经济时期，企业只能依附于政府，几乎不存在独立性，任何经营活动都是由政府规划执行的，资金也是由政府支出，收益也是必须上交政府的。在这种情况下，企业根本不能独立安排资金，更不要说分配利润了。随着社会的不断进步，计划经济时期受到马克思主义的影响，逐步提出了按劳分配制度，这种制度在当时是具有一定积极意义的。企业在经营获得利润之后，根据按劳分配的原理进行资金分配，其次还需要抽出一部分资金进行理论教学，剩下的所有利润都是上交政府的，这就是当时的分配制度。在这种制度下企业根本没有资金进行其他经济活动，对于企业发展是非常不利的。

6. 市场经济阶段实行多种分配制度

市场经济阶段企业实行了按劳分配制度与多种分配制度相结合,制定了新的利润分配管理体系。前面提到了利润分配不仅关系着企业的利润问题,对于企业的发展也有着重要的影响,市场经济时期这种影响更为强烈。市场经济阶段企业在制定利润分配策略的时候,要思考分配的稳定性及企业发展的长远性,制定符合实际情形的分配制度。通常来讲,企业在制定分配制度的时候都要考虑企业发展的周期性。

企业利润分配的管理工作对于企业的重要性不言而喻,做好利润分配的管理工作势在必行,是企业获得发展的重要途径之一。企业应该将利润分配管理工作与自身的实际情况相结合,充分考虑自身的发展特点,制定符合实际情形的利润分配政策,才能做好企业利润的分配管理工作,企业未来的发展才会更加健康、顺利。

第三节　财务管理环境

一、法律环境

企业理财的法律环境是指企业和外部发生经济关系时所应遵守的各种法律法规和规章制度。企业理财活动,无论是筹资、投资还是利润分配,都要和企业外部发生经济关系。在处理这些经济关系时,应当遵守有关的法律规范。

(一)企业组织法规

企业组织必须依法成立,不同类型的企业在组建过程中适用不同的法律。在我国,这些法律包括《中华人民共和国公司法》(以下简称《公司法》)《中华人民共和国个人独资企业法》《中华人民共和国合伙企业法》《中华人民共和国中外合资经营企业法》《中华人民共和国中外合作经营企业法》《中华人民共和国外资企业法》等,这些法规详细规定了不同类型的企业组织设立的条件、设立的程序、组织机构、组织变更及终止的条件和程序等。例如,

《公司法》对公司的设立条件、设立程序、组织机构、组织变更和终止条件、终止程序等都做了规定，也对公司生产经营的主要方面做了规定，即公司一旦成立，其主要的活动都要按照《公司法》的规定进行。因此《公司法》是公司理财最重要的强制性规范，公司理财活动不能违反该法律，公司的自主权不能超出该法律的限制。

（二）税法

税法是国家制定的用以调整国家与纳税人之间在征纳税方面权利与义务的法律规范的总称。税法是国家法律的重要组成部分，是保障国家和纳税人合法权益的法律规范。税法按征收对象不同可以分为以下几种。

第一，对流转额课税的税法，即以企业的销售所得为征税对象，主要包括增值税、消费税、营业税和进出口关税；第二，对所得额课税的税法，包括企业所得税、个人所得税，其中，企业所得税适用于在中华人民共和国境内的企业和其他取得收入的组织（不包括个人独资企业和合伙企业），上述企业在我国境内和境外的生产、经营所得和其他所得为应纳税所得额，一般按 25%的税率计算缴纳税款；第三，对自然资源课税的税法，目前主要以矿产资源和土地为征税对象，包括资源税、城镇土地使用税等；第四，对财产课税的税法，即以纳税人所有的财产为征税对象，主要有房产税；第五，对行为课税的税法，即以纳税人的某种特定行为为征税对象，主要有印花税、城市维护建设税等。

任何企业都有纳税的法定义务。税负是公司的一种费用，它能够增加公司的现金流出，对公司理财有重要的影响。公司都希望在不违反税法的前提下，减少税务负担。税负的减少，只能靠投资、筹资和利润分配等财务决策的精心安排和筹划，而不允许在纳税行为已发生时去偷税、漏税。这就要求财务人员熟悉并精通税法，为理财目标服务。

（三）财务法规

财务法规是规范企业财务活动、协调企业财务关系的行为准则。财务法规对于促进企业依法自主经营、自负盈亏、自我发展、自我约束，使企业成为产权明晰、权责明确、政企分开、科学管理的现代企业，具有十分重要的意义。财务法规主要包括企业财务通则、分行业的财务制度和企业内部财务制度。《企业财务通则》是各类企业进行财务活动、实施财务管理的基本规范，是制定行业财务制度和企业内部财务制度的依据；行业财务制度是根据《企业财务通则》制定的，为适应不同行业的特点和管理要求，由财政部制定的行业规范；企业内部财务制度是企业管理者根据当局《企业财务通则》和行业财务制度制定的，用来规范企业内部财务行为，处理企业内部财务关系的具体规则。

二、经济环境

（一）经济发展

经济发展变化趋势不仅影响企业经营，也波及企业财务。经济发展从一个阶段转向另一个阶段时，企业营业收入、营业成本、融资成本和投资机会将或多或少受到牵制。如预期经济增长步入复苏轨道，企业需要加大原材料采购，降低采购成本，需要扩大产能，迎接销售成长的到来，需要预先筹措资金，降低融资成本。企业经营活动要求财务管理为其保驾护航，预期十分重要，预期与市场趋势吻合，可以获得创造财富的先机。

像钢铁、航空、化工类公司，因产品价格巨大变化，公司收益常呈现周期性特征，与宏观经济走势紧密相连。在很大程度上，像食品和造纸企业的周期性特征是由行业因素造成的，这些因素通常与行业产能相关，受宏观经济波动性影响较少。在财务管理上，对于经济发展周期性认识和把握。显而易见的行动就是选好投资和融资时机，在经济进入繁荣鼎盛时期发行股票、出售资产，或者在经济跌入低谷时进行股票回购、战略并购。

（二）经济政策

政府作为国民经济的宏观管理部门，通过对国民经济发展方向和速度的规划、产业政策的制定、经济体制的改革、行政法规的颁布等政府行为，影响着企业的财务活动。如财税政策会影响企业的资金结构和投资项目的选择等，金融政策中货币的发行量、信贷规模都能影响企业投资的资金来源和投资的预期收益，价格政策能影响资金的投向和投资的回收期及预期收益，会计准则的改革会影响会计要素的确认和计量，进而对企业财务活动的事前预测、决策及事后的评价产生影响等。可见，经济政策对企业财务的影响是非常大的。这就要求企业财务人员必须把握经济政策，更好地为企业的经营理财活动服务。

（三）市场竞争

一切生产经营活动发生在一定市场环境中，财务管理行为的选择在很大程度上取决于企业的市场环境。企业竞争具有垄断优势，产品销售与服务缺乏竞争，可以保持相对稳定的价格，利润稳中有升，经营风险小，企业可利用更多的财务杠杆。如国内对石油产品的销售，并不是由供求关系所决定的，而是由"两桶油"和发改委决定的。企业产品和服务如果处于完全竞争状态，产品和服务将由市场竞争决定，企业利润随价格波动而波动，企业经营风险大，企业应采取减少债务融资方式获得企业发展资金，减轻企业财务风险，控制企业整体经营风险。相关研究表明，产品市场竞争程度对企业资本结构决策有重要影响，它们之间存在负相关关系。激烈的产品市场竞争是导致企业采用低财务杠杆的重要原因，由于这种原因导致的财务保守行为是合理的，这是企业为避免财务风险、提高竞争能力而采取的战略行为。

（四）通货膨胀

通货膨胀是指持续的物价上涨和货币购买力的下降。通货膨胀本身是由货币供应量增多造成的，通货膨胀给企业财务管理带来很大的困难，而企业对通货膨胀本身是无能为力的。通货膨胀对企业财务管理影响显著，主要表现在以下几个方面。

第一，企业原材料的采购成本、人工成本、固定资产的购置成本等增加，造成对资金的需求量增加；第二，利率提高，企业筹资成本提高，筹资数量受到限制；第三，固定资产等长期资产按历史成本计价所带来的成本补偿不足，也会加剧资金短缺现象；第四，成本补偿不足造成利润的虚增、税金多交、利润多分。

以上四方面最终都会影响企业的资金状况和获利水平。虽然企业对通货膨胀本身是无能为力的，但可以通过有效的财务管理手段，避免或降低通货膨胀给企业带来的不利影响，而如在通货膨胀初期，货币面临着贬值的风险，企业可以加大投资，避免风险，实现资本保值，与客户签订长期购货合同，减少物价上涨造成的损失。在通货膨胀持续期，可以采用偏紧的信用政策，减少企业债权或调整财务政策，防止或减少企业资本流失。

三、金融环境

广义的金融市场是指一切资本流动的场所，包括实物资本和货币资本的流动场所。其交易对象包括货币借贷、票据承兑和贴现、有价证券的买卖、黄金和外汇买卖、国内外保险、生产资料的产权交换等。狭义的金融市场是指有价证券市场。

（一）金融市场和企业理财的关系

金融市场是企业投资和筹资的场所。第一，金融市场上存在多种方便灵活的筹资方式，公司需要资金时，可以到金融市场选择合适的筹资方式筹集所需资金，以保证生产经营的顺利进行。当公司有多余的资金时，又可以到金融市场选择灵活多样的投资方式，为资金的使用寻找出路。第二，企业通过金融市场使长短期资金相互转化，当公司持有的是长期债券和股票等长期资产时，可以在金融市场转手变现，使其成为短期资金，而短期票据也可以通过贴现变为现金。与此相反，短期资金也可以在金融市场上转变为股票和长期债券等长期资产。第三，金融市场为企业理财提供了有意义的信息，金融市场的利率变动和各种金融资产的价格变动，都反映了资金的供求状况、宏观经济状况甚至发行股票和债券的公司的经营状况和盈利水平。这些信息是公司进行财务管理的重要依据，财务人员应随时关注。

（二）金融市场的内涵

1. 金融市场

金融市场是指资金供给者与资金需求者通过一定方式融通资金达成交易的场所。金融市场可以是有形市场，如银行、证券交易所等，也可以是无形市场，如利用计算机网络、电传和电话等设施，通过经纪人融通资金。可从不同角度解读金融市场内涵：一是从形式来看，金融市场是金融资产交易的有形和无形场所；二是从交易中介来看，金融市场反映金融资产供求关系；三是从交易过程来看，金融市场是金融产品价格发现的场所；四是从财富运营来看，金融市场可将"埋没"的财富运作起来。也就是说，金融市场能将未经使用的财富用于当前交易，或者用作财富借贷担保。

金融市场按不同的标准，有不同的分类。按交易期限划分为货币市场和资本市场。货币市场是指交易对象期限不超过一年的资金交易市场，也称为短期资金市场；资本市场是指交易对象期限在一年以上的股票和债券交易市场，也称为长期金融市场。按交割时间划分为现货市场和期货市场。现货市场是指买卖双方成交后，当场或几天之后买方付款、卖方交出证券的交易市场；期货市场是指买卖双方成交后，在双方约定的未来某一特定的时日才交割的市场交易。按交易性质划分为发行市场和流通市场。发行市场是指买卖新证券和票据等金融工具的转让市场，也叫初级市场或一级市场；流通市场是指买卖已上市的旧证券或票据等金融工具的转让市场，也叫次级市场或二级市场。按交易的直接对象划分为票据承兑市场、票据贴现市场、有价证券市场、黄金市场及外汇市场等。

2. 金融机构

金融机构主要包括商业银行、投资银行、证券公司、保险公司及各类基金管理公司。商业银行的主要作用是资金的存贷，它们从广大居民手中吸收存款，再以借款的形式将这些资金提供给企业等资金需求者。投资银行在现代公司筹资活动中处于非常重要的地位，任何公司发行债券或股票，都要借助投资银行的帮助。目前在我国，投资银行的业务主要由各类证券公司承担。保险公司和各类基金管理公司是金融市场上主要的机构投资者，它们从广大投保人和基金投资者手中聚集了大量资金，同时，又投资于证券市场，成为公司基金的一项重要来源。目前，我国已经存在多家保险公司和基金管理公司，这些机构投资者在金融市场上的作用将越来越重要。

3. 金融工具

金融工具是能够证明债权债务关系或所有权关系，并据以进行货币资金交易的合法凭证，它对于交易双方所应承担的义务与享有的权利均具有法律效力。我国金融工具主要包括票据、股票、债券、基金、衍生金融工具等。

一是票据，指出票人依法签发的，约定自己或委托付款人在见票时或在指定日期向收款人或持票人无条件支付一定金额货币，并可以转让的有价证券。票据主要包括商业汇票、支票、本票等。二是股票，一种有价证券，它是股份有限公司公开发行的、用以证明投资者的股东身份和权益、并据以获得股息和红利的凭证。股票一经认购，持有者不能以任何理由要求退还股本，只能通过证券市场将股票转让和出售。按股票所代表的股东权利划分，股票可分为普通股股票和优先股股票。三是债券，指债务人向债权人出具的、在一定时期支付利息和到期归还本金的债权债务凭证，上面载明债券发行机构、面额、期限、利率等事项。根据发行人的不同，债券可分为企业债券、政府债券和金融债券三大类。四是基金（也称投资基金），指通过发行基金凭证（包括基金股份和收益凭证），将众多投资者分散的资金集中起来，由专业的投资机构分散投资于股票、债券或其他金融资产，并将投资收益分配给基金持有者的投资制度。五是衍生金融工具，指从传统金融工具中派生出来的新型金融工具。衍生金融工具最基本的有三类，即金融期货、金融期权和金融互换，以此为核心还可以创新出种类繁多、具有相似特质的工具。

（三）金融市场的作用

1. 投资与融资

为了筹措所需资金，公司需根据市场供求关系和投资者偏好，设计满足不同类型投资者或者差异化的融资产品，实现公司融资需求。如为了筹措企业长期债务资金，企业可发行普通债券或有担保的债券、抵押债券等，只要这些差异化的融资产品能够满足投资者的需求，就能够获得公司发展所需资金。同样地，如果公司有闲散资金，也可以通过金融市场购买不同品种的投资产品，分散投资风险，在风险可接受的条件下，实现闲散资金的投资收益率。金融市场的作用是实现投资与融资的信息交换、利益与风险的对接。

2. 分散风险

公司通过金融产品的投资组合，可分散资金的投资风险。公司也可通过不同融资方式，分散企业财务风险。若企业经营的产品是期货品种，可做期货对冲交易，减少产品价格波动风险。金融市场的作用是将单位价值大的财富进行分割，以提高财富流动性。如公司整体价值大，用股票将公司分割成无数股份，发行股票数越多，股票代表的公司财富越低，价格越便宜，越容易交易和流通，越是流动性高的物品，人们对它的保管和看护的责任就越低，现金流动性最高，人们只对其有保管的责任。机器设备流动性低，人们不仅要看管好机器设备，还要经常维护和保养设备，增加防护措施等保障机器设备安全，责任明显加强。当股票能够在市场上自由流通时，大多数购买股票的散户，并不关心股份公司的日常经营运作。在所有权与经营权分离下，股票流动性降低了持有人的责任和风险。金融市场创造了流动机制，改变了影响价格的许多因素，也改变了人们对风险的控制。

3. 降低交易成本

金融市场的作用在于提高金融产品信息的透明度。大量金融中介机构介入，降低了金融产品信息的获取成本，中介机构为交易双方创造了交易条件，进一步降低了金融产品交易成本。如公司采用固定利率向银行借款或发行债券，在市场利率不断下滑的预期下，提前还贷再重新向银行贷款，或收回已发行的债券再发行低利率债券，利用互换将固定利率转化成浮动利率就能轻而易举地达到同样效果，且几乎不花什么融资费用，公司利用互换工具有效地降低了交易成本，并为公司资金使用提供了保护。同样，如果公司预期所持另一家公司的股票下滑，又不愿失去对这家公司的控制，卖出这家公司股票，然后在低价位再买入这家公司的股票，这样操作的结果是支付了大笔交易费用。如果公司买入这家公司股票的看跌期权，交易费用就可以得到有效地降低。金融市场衍生工具只有两种功能——投机和保值，利用保值功能就能有效地控制风险、降低交易成本。

（四）利率

利率也称利息率，是利息占本金的百分比指标。利率在资金分配及企业财务决策中起着重要作用。利率可按照不同的标准进行分类：按利率之间的变动关系，分为基准利率和套算利率；按利率与市场资金供求情况的关系，分为固定利率和浮动利率；按利率形成机制不同，分为市场利率和法定利率。

利率和法定利率资金的利率通常由三部分组成：纯利率、通货膨胀补偿率（或称通货膨胀贴水）和风险收益率。纯利率是指没有风险和通货膨胀情况下的社会平均资金利润率；通货膨胀补偿率是指由于持续的通货膨胀会不断降低货币的实际购买力，为补偿其购买力损失而要求提高的利率；风险收益率包括违约风险收益率、流动性风险收益率和期限风险收益率。其中，违约风险收益率是指为了弥补因债务人无法按时还本付息而带来的风险，由债权人要求提高的利率。流动性风险收益率是指为了弥补因债务人资产流动性不好而带来的风险，由债权人要求提高的利率。期限风险收益率是指为了弥补因偿债期长而带来的风险，由债权人要求提高的利率。

四、理财环境系统分析

（一）理财环境基础要素

基础要素是外部条件中直接作用于企业财务活动的基础性要素，按照基础要素的来源、作用和影响方式不同，可以将其分为金融环境、法律环境、经济环境和市场环境下的基础要素。无论是融资决策还是投资管理，也无论是风险控制还是资本运营，企业理财始终致力于获取收益和成长性，降低成本和风险。在理财环境中，将直接影响理财收益、成本、风险和成长性的要素界定为基础要素，把握基础要素的变化，企业就能更快、更好地适应理财环境的变化和要求。

在金融环境中，如果将基础要素进行细分，就有利率、汇率、衍生工具、银企关系、金融产品与服务等。基础要素细分得越具体，企业就越能把握其变化，越有利于财务管理创新。例如，利率直接影响到企业融资成本和财务风险，也关乎企业利润增长。利率市场化使得利率波动性变大，利率风险控制上具就会应运而生，成为财务活动套期保值的技术手段。企业可以通过利率互换、利率远期或利率期货控制其融资面临的利率风险。利率自然成为金融环境中的基础要素了。企业根据所处的理财环境，确定影响理财的基础要素，就可以改善理财预期，提升应变能力。经济发展、科技进步、政府调控经济能力增强将持续推动和影响着企业理财环境变化。

（二）理财环境的次级要素

如果停留在理财环境基础性要素掌控下，财务管理只是被动应对理财环境变化。主动应对理财环境变化进行财务创新，就能抓住先机，做到未雨绸缪，使财富达到最大化。把握理财环境基础要素变化趋势，需要分析理财环境次级要素。次级要素是间接影响财务活动、直接作用于基础要素的要素。如一份行业研究报告、一次会议提案，都有可能成为改变经济政策的导火索，这些次级要素值得关注。

理财环境要素分为基础要素和次级要素，可以分清哪些理财环境要素对理财影响是直接的、立竿见影的，哪些是间接的、波动性较大的、传导费时的、有充足时间应对的。理财环境改变的是理财收益、成本、风险和成长性，与经济活动水平有关。经济活动水平低，理财对环境变化的敏感性不高。财务活动的有效性决定了财务目标的实现程度。

第二章　企业财务管理研究

第一节　企业财务管理的概念

企业财务管理，是企业组织财务活动、处理财务关系的一项经济管理工作。企业财务管理是公司管理的一个重要组成部分，是社会经济发展到一定阶段的产物。

一、企业财务活动

企业财务活动是以现金收支为主的企业资金收支活动的总称，具体表现为企业在资金的筹集、投资及利润分配活动中引起的资金流入及流出。

（一）企业筹资引起的财务活动

企业从事经营活动，必须有资金。资金的取得是企业生存和发展的前提条件，也是资金运动和资本运作的起点。企业可以通过借款、发行股票等方式筹集资金，表现为企业资金的流入。企业偿还借款、支付利息、股利及付出各种筹资费用等，则表现为企业资金的流出。这些因为资金筹集而产生的资金收支，便是由企业筹资引起的财务活动。

企业需要多少资金、资金从哪来、以什么方式取得、资金的成本是多少及风险是否可控等一系列问题需要财务人员去解决。财务人员面对这些问题时，一方面要保证筹集的资金能满足企业经营与投资的需要，另一方面还要使筹资风险在企业的掌握之中，以免企业以后由于无法偿还债务而陷入破产境地。

（二）企业投资引起的财务活动

企业筹集到资金以后，使用这些资金以获取更多的价值增值，其活动即为投资活动，相应产生的资金收支便是由企业投资引起的财务活动。

投资活动包括对内投资及对外投资。对内投资主要是使用资金以购买原材料、机器设备、人力、知识产权等资产，自行组织经济活动方式获取经济收益。对外投资是使用资金购买其他企业的股票、债券，或与其他企业联营等方式获取经济收益。对内投资中，公司用于添置设备、厂房、无形资产等非流动资产的对内投资由于回收期较长，又称对内长期投资。对内长期投资通常形成企业的生产运营环境，形成企业经营的基础。企业必须利用这些生产运营环境，进行日常生产运营，组织生产产品或提供劳务，并最终将所生产产品或劳务变现方能收回投资。日常生产运营活动也是一种对内投资活动，这些投资活动主要形成了应收账款、存货等流动资产，资金回收期较短，故又被称为对内短期投资。

企业有哪些方案可以备选投资、投资的风险是否可接受、有限的资金如何尽可能有效地投放到最大报酬的项目上，是财务人员在这类财务活动中要考虑的主要问题。财务人员面对这些问题时，一方面要注意将有限的资金尽可能加以有效地使用以提高投资效益，另一方面要注意投资风险与投资收益之间的权衡。

（三）企业利润分配引起的财务活动

从资金的来源看，企业的资金分为权益资本和债务资本两种，企业利用这两类资金进行投资运营，实现价值增值。这个价值增值扣除债务资本的报酬即利息之后若还有盈余，即为企业利润总额。我国相关法律法规规定，企业实现的利润应依法缴纳企业所得税，缴纳所得税后的利润为税后利润又称为净利润。企业税后利润还要按照法律规定按以下顺序进行分配：一是弥补企业以前年度亏损；二是提取盈余公积；三是提取公益金，用于支付职工福利设施的支出；四是向企业所有者分配利润。这些活动即为利润分配引起的财务活动。

利润分配活动中尤为重要的是向企业所有者分配利润,企业需要制定合理的利润分配政策,相关政策既要考虑所有者近期利益的要求,又要考虑企业的长远发展,留下一定的利润用作扩大再生产。

上述财务活动的三个方面不是相互割裂、互不相关的,而是相互联系、互相依存的。合理组织这些财务活动即构成了财务管理的基本内容,即筹资管理、投资管理及利润分配的管理三个方面。由于投资活动中的对内短期投资主要用于企业的日常运营,是企业最为频繁且相当重要的财务活动,因此,也有学者将财务管理的基本内容分为筹资管理、投资管理、营运资本管理、利润及其分配的管理四方面内容。

二、企业财务关系

企业在组织财务活动过程中与其利益相关者之间发生的经济关系即为企业财务关系。在企业发展过程中,离不开各种利益相关者的投入或参与,如股东、政府、债权人、雇员、消费者、供应商,甚至是社区居民。他们是企业的资源,对企业生产经营活动能够产生重大影响。企业只有照顾到各利益相关者的利益,才能使企业生产经营进入良性循环状态。

(一)企业与其所有者之间的财务关系

企业的所有者是指向企业投入股权资本的单位或个人。企业的所有者必须按投资合同、协议、章程等的约定履行出资义务,及时提供企业生产经营必需的资金;企业利用所有者投入的资金组织运营,实现利润后,按出资比例或合同、章程的规定,向其所有者分配利润。企业同其所有者之间的财务关系体现着所有权的性质,反映着经营权和所有权的关系。

(二)企业与其债权人之间的财务关系

企业除利用所有者投入的本金进行经营活动外,还会向债权人融一定数量的资金,以补充资本金额的不足或降低企业资金成本。企业债权人是指那些企业提供需偿还的资金的单位和个人,包括贷款债权人和商业债权人。贷款债权人是指给企业提供贷款的单位或个人；商业债权人是指以出售货物或劳务形式提供短期融资的单位或个人。

企业利用债权人的资金后，对贷款债权人，要按约定还本付息，对商业债权人，要按约定时间支付本金，若约定有利息的，还应按约定支付利息。企业同其债权人之间体现的是债务与债权的关系。

（三）企业与其受资者之间的财务关系

企业投资除了对内投资以外，还会以购买股票或直接投资的形式向其他企业投入股权资金。企业按约定履行出资义务，不直接参与被投资企业的经营管理，但按出资比例参与被投资企业的利润及剩余财产的分配。被投资企业即为受资者，企业同其受资者之间的财务关系体现的是所有权与经营权的关系。

（四）企业与其债务人之间的财务关系

企业经营过程中，可能会有闲置资金。为了有效利用资金，企业会去购买其他企业的债券或向其他企业提供借款以获取更多利息收益。另外，在激烈的市场竞争环境下，企业会采用赊销方式促进销售，形成应收账款，这实质上相当于企业借给了购货企业一笔资金。这两种情况下，借出资金的企业为债权人，接受资金的企业即为债务人。企业将资金借出后，有权要求其债务人按约定的条件支付利息并归还本金。企业同其债务人的关系体现的是债权与债务关系。

（五）企业与国家之间的财务关系

国家作为社会管理者，担负着维护社会正常秩序、保卫国家安全及组织和管理社会活动等任务。国家为企业生产经营活动提供公平竞争的经营环境和公共设施等条件，为此所发生的"社会费用"须由受益企业承担。企业承担这些费用的主要形式是向国家缴纳税金。依法纳税是企业必须承担的经济责任和义务，以确保国家财政收入，国家秉承着"取之于民、用之于民"的原则，将所征收的税金用于社会各方面的需要。企业与税务机关之间的关系反映的是依法纳税和依法征税的义务与权利的关系。

（六）企业内部各单位之间的财务关系

企业是一个系统，各部门之间通力合作，共同为企业创造价值。因此各部门之间关系是否协调，直接影响企业的发展和经济效益。企业目前普遍实行内部经济核算制度，划分若干责任中心、分级管理。企业为了准确核算各部门的经营业绩，合理奖惩，各部门间相互提供产品和劳务要进行内部结算，由此而产生了资金内部的收付活动。企业内部各单位之间的财务关系实质是在劳动成果上的内部分配关系。

（七）企业与员工之间的财务关系

员工是企业的第一资源，员工又要依靠企业而生存，两者相互依存。正确处理好公司与员工之间的关系，对于一个公司的发展尤为重要，也是一个公司发展壮大的不竭动力。员工为企业创造价值，企业将员工创造的价值的一部分根据员工的业绩作为报酬（包括工资薪金、各种福利费用）支付给员工。企业与员工之间的财务关系实质也是在劳动成果上的分配关系。

第二节　企业财务管理的目标

一、财务目标

目标是系统运行所希望实现的结果，其具有导向、激励、凝聚及考核作用，正确的目标是系统良性循环的前提。企业财务管理目标（以下简称"财务目标"）对企业财务管理系统的运行也具有同样的意义，是评价企业理财活动是否合理的基本标准，是财务管理实践中进行财务决策的出发点和归宿。

财务目标具有层次性，其可以按一定标准划分为整体财务目标、分步财务目标及具体财务目标三类不同的层次。整体财务目标又称总财务目标，是一段时期内公司全部财务管理活动应实现的根本目标。整体财务目标比较笼统，必须将其进行逐步、分层分解，制定更为细致、可操作性的目标。将各层次目标分解至不可再分或无须再分解的程度的目标即为具体目标，即各部门可立即付诸实现的目标。整体目标与具体目标之间的分层次目标则被称为分步目标。整体目标处于支配地位，决定着分步目标及具体目标；整体目标的实现又有赖于分步目标及具体目标的科学实施与整合。

受社会政治环境、经济环境的影响，财务目标具有阶段性的特点。不同时期、不同财务环境下，财务目标是不一样的；即使是在同一时期，不同企业由于所面临的具体经营环境不同，财务目标也不尽相同。财务目标还具有稳定性的特点。若财务目标朝令夕改，会令企业管理人员无所适从，也就没有目标可谈了。财务目标应是阶段性与稳定性的统一，即一个企业一旦确立了某一个财务目标，这一财务目标在一段时间内将会保持稳定不变。

二、企业财务管理整体目标

如上所述，不同时期、不同政治经济环境下有不同形式的财务管理整体目标。自 1949 年新中国成立至今，随着我国经济的发展、经济环境的变革，我国先后出现了以下四种形式的财务管理整体目标。

（一）产值最大化目标

产值是指生产出的产品的价值。产值最大化目标是指企业以一段时期内生产的产品价值为考核目标。企业领导人职位的升迁，职工个人利益的多少，均由完成的产值计划指标的程度来决定。

产值最大化是中国、苏联及东欧各个社会主义国家在计划经济体制下产生的。1949 年新中国成立伊始，中国的经济极为困难，物质资料极其匮乏，当时最迫切的任务是尽可能多地生产出人们所需要的物品。在当时条件下，这一整体目标对尽快恢复生产、恢复经济、发展经济及满足人民基本生活需求具有非常重大的意义。但是，随着经济的发展，计划经济体制逐渐对经济

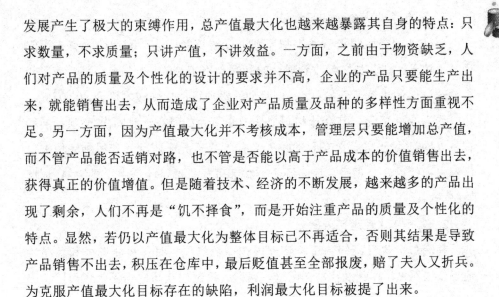

发展产生了极大的束缚作用，总产值最大化也越来越暴露其自身的特点：只求数量，不求质量；只讲产值，不讲效益。一方面，之前由于物资缺乏，人们对产品的质量及个性化的设计的要求并不高，企业的产品只要能生产出来，就能销售出去，从而造成了企业对产品质量及品种的多样性方面重视不足。另一方面，因为产值最大化并不考核成本，管理层只要能增加总产值，而不管产品能否适销对路，也不管是否能以高于产品成本的价值销售出去，获得真正的价值增值。但是随着技术、经济的不断发展，越来越多的产品出现了剩余，人们不再是"饥不择食"，而是开始注重产品的质量及个性化的特点。显然，若仍以产值最大化为整体目标已不再适合，否则其结果是导致产品销售不出去，积压在仓库中，最后贬值甚至全部报废，赔了夫人又折兵。为克服产值最大化目标存在的缺陷，利润最大化目标被提了出来。

（二）利润最大化

利润最大化目标是指企业以一段时期内实现的会计利润为考核目标。企业领导人职位的升迁，职工个人利益的多少，均根据实现的会计利润的多少来决定。

利润是一定时期收入扣除成本后的余额，代表了这段时期企业新创造的价值增值，利润越多则企业的财富增加得越多。企业生产出来的产品只有被销售出去才能确认收入，并且要以高于成本的价格销售出去，才能获取真正的利润。在市场竞争日益激烈的情况下，只有质量好、满足消费者个性化需求的产品才能畅销。利润最大化目标可以克服上述讨论的产值最大化目标导致的缺陷，利润最大化目标早在19世纪初就被西方企业广泛运用。我国自1978年经济体制改革以后，市场经济模式逐渐确立，企业面向市场自主经营、自负盈亏，利润最大化目标替代了产值最大化目标被我国企业广为采用。

利润最大化目标并非没有缺点，随着经济环境的不断变化，其缺点也逐渐显现。

1. 没有考虑资金的时间价值

会计利润是按照权责发生制原则进行核算的，会计利润中含有未达账项，通常会计利润与实际收到现金的利润是不相等的，则据此目标，有可能会导致错误的决策。例如：A、B 两个投资项目，投资成本均为 800 万元，收入均为 900 万元，其会计利润都是 100 万元；但在一时间内 A 项目的所有收入均已收回，而 B 项目的收入尚有 500 万元未收回。若按利润最大化目标来评价这两个项目，应是两个方案都可行。可是此例中，显然 A 项目更好一些。

2. 没有有效考虑风险问题

利润最大化目标容易引导管理层选择投资项目时尽可能选择利润高的项目。殊不知，高利润往往伴随着高风险，管理层决策时若不考虑风险，一味追求高利润，会将企业带上"不归路"。

3. 可能导致管理层的短期行为

影响利润的因素主要有收入与成本两大类因素。若收入没有增加，成本降低也可增加利润。有些企业在未能有效"开源"的情况下，会采取一些短期行为，如减少产品开发、人员培训、设备更新方面的支出来提高当期的利润以完成任务。更有甚者，有的管理层有可能人为调节利润，使企业表面利润增加，实际企业财富并未增加，反而会因兑现虚假绩效而降低，这显然对企业的长期发展极为不利。为克服利润最大化目标存在的缺陷，相继提出了股东财富最大化目标、企业价值最大化目标。

（三）股东财富最大化

企业主要是由股东出资形成的，股东是企业的所有者。股东财富即企业的所有者拥有的企业资产价值。在股份制公司中，股东的财富就由其所拥有股票的数量和每股股票的市场价格来决定。当股票数量一定时，股票价格达到最高，就能使股东财富价值达到最大。股东财富最大化最终体现为股票价格最大化。股东财富最大化目标是指企业以一段时期后的股票价格为考核目标。企业领导人职位的升迁，职工个人利益的多少，均根据股票价格的高低来决定。

股东财富最大化目标与利润最大化目标相比，具有以下优点。

1. 一定程度上考虑了资金的时间价值

这一优点可以从股票定价原理角度来分析。威廉姆斯提出的现金股利折现模型是公认的最基本的股票定价理论模型，该模型认为，股票的内在价值应等于该股票持有者在公司经营期内预期能得到的股息收入按一定折现率计算的现值。

影响股票价格的因素包括现金股利、折现率、当时市场信息等。现金股利及折现率因素体现了股票价格的确定需考虑资金、时间和价值的影响。

2. 一定程度上考虑了风险因素

股东可以从市场信息中判断企业经营中可能存在的风险，继而将风险体现在对股票的定价上。若企业经营风险较大，则股票价格会下降，反之则股票价格会上升。管理层若要股票价格最大化，则必须在风险与报酬间寻找一个平衡点。

3. 一定程度上能够克服管理者追求利润上的短期行为

因为股价是未来各期收益的综合体现，每期的现金股利是根据其所属期的利润来确定的，无论是现在的利润还是预期的利润都会对企业的股票价格产生影响，则短期增加利润的行为对于实现股东财富最大化目标来说没有效果。

但是股东财富最大化也存在着一些缺陷。

1. 忽视了除股东以外的其他利益相关者的利益

企业的利益相关者不仅仅是股东，还包括债权人、员工、政府、社会公众等。所有的利益相关者都有可能对企业财务管理产生影响，股东通过股东大会或董事会参与企业经营决策，董事会直接任免企业经理甚至财务经理；债权人要求企业保持良好的资金结构和适当的偿债能力，以及按合约规定的用途使用资金；员工是企业财富的创造者，提供人力资本必然要求合理的报酬；政府为企业提供了公共服务，也要通过税收分享收益。正是各利益相关者的共同参与，形成了企业利益的制衡机制。如果试图通过损害一方利益而使另一方获利，结果就会导致矛盾冲突，出现诸如股东抛售股票、债权人拒绝贷款、员工怠工、政府罚款等不利现象，从而影响企业的可持续发展。而股东财富最大化目标可能会诱导管理层仅考虑管理层自己及股东的利益，有时甚至还会损害除股东以外的其他利益相关者的利益。

2. 股票财富指标自身存在一定的缺陷

股票财富最大化是以股票价格为指标，而事实上影响股票价格的因素很多，并不都是企业管理层能够控制和影响的。把受不可控因素影响的股票价格作为企业财务管理目标显然不尽合理。也有些学者提出：对非上市企业来说，股票价格较难确定，因此股东财富最大化仅对股票上市的企业适用。

（四）企业价值最大化

为了克服股东财富最大化目标存在的缺陷，企业价值最大化目标"应声"出现。对企业价值的评价不仅要评价企业已经获得的利润水平，更重要的是评价企业获得未来现金流入的能力和水平。企业价值是能反映企业潜在或预期获利能力的企业全部资产的市场价值。企业的价值与预期的报酬成正比，但与风险成反比。此外，在寻求企业价值最大化的过程中，必须考虑和兼顾相关利益者之间的利益，并使之达到平衡，否则将不利于公司财务关系的协调，进而影响企业价值最大化的实现。

企业价值最大化目标除了具备股东财富最大化目标所具有的优点外，还具有兼顾了股东以外的利益相关者的利益的优点，但在计量上尤其是非上市公司，企业价值的计量上仍存在一定的缺陷。

企业在确立财务整体目标时必须注意目标的唯一性，即上述目标均可作为企业的整体目标，但只能取其一，否则会因找不清方向而造成企业管理混乱。就我国国情来看，上述四项财务目标中，产值最大化目标已经过时，当前已没有任何企业再以此为整体财务目标了。利润最大化、股东财富最大化及企业价值最大化目标仍不同程度地被企业采用。利润最大化目标目前主要为非股份制企业及非上市股份制企业所采用。股东财富最大化目标目前主要为股份制企业尤其是股份制上市企业所采用。企业价值最大化目标由于其相对其他目标来说更为理想化，目前为少数有社会责任意识的股份制企业所采用。

三、财务管理目标相关的利益冲突

正所谓"众口难调"，企业众多的利益相关者的利益不可能完全一致，企业的财务目标不可能让所有的利益相关者绝对满意，从而使得某些利益相关者之间产生一定的利益冲突。这些利益冲突是否能被有效协调直接关系到财务目标的实现程度。若想有效协调这些利益冲突，则必须了解这些利益冲突及产生的根源。

（一）股东与管理层的利益冲突

并不是所有的股东都懂经营，而资本只有运动起来才可能增值，那谁能来完成这个增值任务呢？现代公司制企业强调企业所有权与经营权分离，为那些不懂经营却想为自己掌握的资本寻找增值机会的人以及懂经营却没有资本的人（职业经理人）提供了一个合作的契机，实现资源、人力的最优化配置。股东聘用职业经理人帮他们管理企业，这些职业经理人被称为管理层。管理层追求个人收入最大化，社会地位、声誉的提高，权力的扩大及舒适的工作条件；但股东则追求公司利润和股东权益最大化。由于信息的不对称，当管理层期望的回报得不到满足时，则有可能会通过消极怠工、在职消费、利用企业资源谋取私利等手段寻求心理平衡，最终股东的利益亦将受到伤害，由此便产生了股东与管理层之间的利益冲突。

（二）大股东与中小股东的利益冲突

企业的股东众多，若每个股东都希望自己的意愿在企业得以实现，则企业的运作秩序将会陷于紊乱。因此，股东们需要遵循一定的股东会表决制度将意愿合法地表达出来。当前股东会有"资本多数决"及"多重表决"两种制度。

资本多数表决制度是指在股东大会上或者股东会上，股东按照其所持股份或者出资比例对企业重大事项行使表决权，经代表多数表决权的股东通过，方能形成决议。此种情况下，企业股本结构按同股同权的原则设计，股东持有的股份越多，出资比例越大，所享有的表决权就越大。多重表决制度是指一股享有多个表决权的股份，这是建立在双重股权结构基础之上的。双重股权结构是指上市公司股本可以同股不同权，通常是一般股东一股一票，但公司少数高管可以一股数票。是否允许多重表决权股，各国规定颇不一致：日本一般不允许多重表决权股；美国则允许公司章程规定多重表决权股。

（三）股东与债权人的利益冲突

企业的资金来源于股东投入的股权性质资金及债权人投入的债务性质的资金。当企业盈利时，股东权益增加，债权人的本金及利息偿付，将会得到有力的保障；当企业亏损时，股东权益减少，但只要没有出现资不抵债的情况，债权人的利益仍是有保障的，其本金及利息仍将被全额偿付；当股东权益不断减少甚至接近于零时，债权人的本金及利息将不会得到完全清偿。相比而言，企业股东的风险比企业债权人的风险偏高。有时股东会不考虑债权人的利益，投资于一些风险更高的项目，若成功，由于财务杠杆的作用，收益归股东所有，债权人不会得到额外收益，若失败导致股东权益为负时，债权人就将遭受损失。对债权人来说，这时的风险与报酬是不对等的。债权人为保护其利益不受损害，通常会与企业签订一个限制性的条款。但这些限制性条款又可能会阻碍股东获得更高收益，从而形成股东与债权人之间的利益冲突。

第三节　企业财务管理与金融市场

筹资与投资是企业财务管理的两大基本内容，它们都离不开金融市场。金融市场是资金供需双方通过某种方式进行资金交易的场所和机制。金融市场是企业财务管理活动外部环境的重要组成部分，其发达程度、金融机构的组织体制及运作方式、金融工具的丰富程度、金融市场参与者对风险的态度及报酬的要求都会对企业财务管理产生重大影响。

一、金融市场分类

金融市场可根据不同的标准分类，常见的分类方法如下。

（一）有形市场和无形市场

金融市场按形态不同可分为有形市场和无形市场。有形市场是交易者集中在有固定地点和交易设施的场所内进行交易的市场，无形市场是交易者分散在不同地点（机构）或采用电讯手段进行交易的市场。在证券交易电子化之前的证券交易所就是典型的有形市场，但目前世界上所有的证券交易所都采用了数字化交易系统，因此有形市场渐渐被无形市场所替代。场外交易市场、全球外汇市场和电子化的证券交易所市场都属于无形市场。

（二）货币市场和资本市场

金融市场按金融工具的期限不同可分为货币市场和资本市场。货币市场是融通短期资金的市场，期限一般短于 1 年，包括同业拆借市场、回购协议市场、商业票据市场、银行承兑汇票市场、短期政府债券市场及大面额可转让存单市场。资本市场是融通长期资金的市场，期限都在 1 年以上，多为 3～5 年，有的在 10 年以上甚至更长，包括中长期银行信贷市场和证券市场。中长期信贷市场是金融机构与工商企业之间的贷款市场。证券市场是通过证券的发行与交易进行融资的市场，包括债券市场、股票市场、保险市场、融资租赁市场等。

（三）发行市场和交易市场

金融市场按交易类型不同可分为发行市场和交易市场。发行市场是资金需求者将金融资产首次出售给公众时所形成的交易市场，又称为初级市场或一级市场。交易市场是已发行的有价证券进行买卖交易的场所，又称二级市场，是资金从一个投资者手中转移到另一个投资者手中。交易市场为发行市场上的投资者提供了有效的退出通道,使投资者敢于在发行市场购买金融资产。这两个市场相互依存、相互制约。发行市场所提供的证券及其发行的种类、数量与方式决定着交易市场上流通证券的规模、结构与速度;交易市场上的证券供求状况与价格水平等又将有力地影响着初级市场上证券的发行。

二、金融工具

金融工具是资金融通交易的载体,是金融交易者在金融市场上买卖的对象,金融工具按与实际信用的关系可分为基础金融工具和衍生金融工具两类。

(一)基础金融工具

基础金融工具又称为原生金融工具或非衍生金融工具,是指在实际信用活动中出具的能证明债权债务关系或所有权关系的合法凭证,主要有商业票据、债券等债权债务凭证和股票、基金等所有权凭证。

(二)衍生金融工具

衍生金融工具又称派生金融工具、金融衍生品等,是由原生金融工具派生出来的,主要有期货、期权、远期、互换合约四种衍生工具以及由此变化、组合、再衍生出来的一些变形体。原生金融工具是金融市场上最广泛使用的工具,是衍生金融工具赖以生存的基础。

为适应经济的发展,市场上不断创新出新的金融工具,金融服务范围也一再拓展。这样的变革为企业筹资、投资提供了极大的便利,但同时也派生出利率风险、汇率风险、表外风险等新的风险,使金融风险进一步加大。合理地利用金融工具,在适合的金融市场有效地融资并规避风险,将成为企业财务管理面临的最重要课题之一。

三、金融市场对现代企业财务管理理论与实务的影响

在新形势下,金融市场是现代企业资金流通的关键渠道,实际上就是企业之间在符合国家法律法规的基础上进行资金交易,保证现代企业融资、票据

办理等业务的顺利运行。金融市场在现代企业财务管理中的作用不可替代，现代企业在开展财务管理的过程中必须考虑市场因素，保证财务管理的合理性。

（一）现代企业财务管理背景分析

随着社会的快速发展，金融市场也在不断变化，现代企业的财务管理模式也在不断调整，导致企业的发展模式也必须适当做出调整，现代企业财务的主要模式就是资金运行，但是传统的资金运行模式已经无法满足现代企业发展的实际需求。企业经营和发展的前提就是资金不断增长，资金成为企业经营和发展的基础，企业会引进一些先进的设备来提高生产效率，进而提高企业的经济效益。企业的经营模式包括以下几种：一是资金流动，二是采买，三是投资，四是控股。现代企业财务管理部门的主要职责就是提高资金的利用率，保证资金利用的合理性，避免出现资金浪费的情况。如今，现代企业的运营和发展必须建立在金融市场的基础上，时刻关注金融市场的变动，对金融市场的变动进行研究分析，并形成书面报告，为现代企业财务管理提供数据依据和支持。现代企业财务管理目标必须和现代企业的发展目标相一致，推动现代企业的发展。

（二）金融市场对现代企业财务管理理论和实务影响分析

1. 金融市场对现代企业筹资过程的影响

金融市场既然是现代企业资金流通中不可或缺的渠道，各个企业就需要在原有的发展模式下开展现代企业融资和证券交易。金融市场实际也是资金交易市场，交易的对象就是有价值的商品或者产品。金融市场交易中的构成元素有以下几种：一是交易对象，二是交易方式，三是交易渠道。金融市场也是各个企业资金交易的中介，把现代企业的资金交易活动全部纳入金融市场体系中，金融市场在现代企业运营中的作用就是保证企业资金的纵向流通，资金能够真正流向有需求的企业，降低企业的运营风险，减少企业的资金投入。现代企业交易的特点是便捷交易，缩短了资金交易的周期。在新形势下，现代企业需要结合金融市场的变动情况制定财务管理方案，调整内部财务管理体系和结构，把企业的负债率控制在合理的范围内。在企业发展的过程中，降低企业的负债率可以减少企业的资金投入，可以给企业带来更多的收益。如果现代企业的负债率比较高，现代企业的运营风险就会提高，企业就会偏离既定的发展目标。现代企业要在金融市场变动的前提下合理地调整内部负债与权益，降低负债率给企业运营带来的影响。

  2. 金融市场对现代企业投资过程的影响

  相比于传统的企业财务管理而言，现代企业财务管理具有一定的属性，这也是现代企业财务管理的进步之处。在金融市场环境下，现代企业可以利用内部基金等来展开资金投入，提高企业的经济效益，金融市场的快速发展也使得现代企业的资金投入不再受时间和空间的限制，资金投入更加自由。金融市场对于现代企业资金投入起到引导的作用，在现代企业开展资金投入的过程中，很多因素会影响企业的资金投入，主要因素有以下几个：一是利息率，二是通货膨胀率，三是汇率资金。企业内部对资金投入的影响因素有两个：一是新兴技术，二是资金投入比例。对此，要想降低现代企业的资金投入风险，就必须坚持多元化投资原则，降低企业的投资风险。资金投入多元化也符合现代企业的发展需求，资金投入多元化也可以丰富现代企业的财务管理模式。多元化财务管理模式是把企业的某个分支作为管理的重点和主体，并对外展开投资活动。多元化投资方式比较适合资金额比较大的企业，多元化投资必须建立在用户的实际需求上，而且要结合用户的需求展开生产活动，要有针对性地进行投资。在金融市场环境下，分配权是现代企业的关键属性，也是现代企业所特有的属性，企业可以把现有的资金转换成股权的形式，拥有企业股权就可以成为现代企业的拥有者，而且股权是可以转让的，如果企业的现有资金无法维持企业的运营，企业就可以转让股权，获取更多的资金，维持企业的运营，为企业生产活动提供资金保障。

（三）我国金融市场现状

  从国内金融市场发展现状来看，我国现代企业的数量不断增多，现代企业所发行的证券数量也在不断增多，在一定程度上缓解了金融市场投资难的问题，也增加了现代企业的投资途径，减轻了国内银行的压力，为企业发展提供资金支持，有利于企业发展。从 2009 年开始，国家开始实行自主创业模块，丰富了金融市场发展形势，提高了现代企业的社会竞争力，让企业能够在激烈的社会竞争中立于不败之地。近几年，金融市场一直在不断调整。金融市场的调整主要表现在两个方面：一是金融产品，二是金融手段。科创板是金融市场发展的新形势，科创板扩大了市场经济发展规模，证券行业的快速发展也促进了国家经济的发展，提高了资金的利用率，丰富了现代企业的业务形式，解决了现代企业发展中现存的问题，降低了企业的投资风险。

我国金融市场正处于发展阶段，拥有金融市场特有的属性。我国金融市场发展中依旧存在很多问题，金融市场的调节能力被削减，导致企业的运营风险加大，不利于企业后期的发展。

（四）金融市场环境下现代企业财务管理改革对策

1. 健全现代企业财务管理制度

目前，我国金融市场比较复杂，现代企业要想实现财务管理目标就必须健全财务管理制度，为企业财务管理工作的开展提供依据和保障。但是，现代企业财务管理制度的建立不是盲目的，必须结合金融市场现状建立适合企业的财务管理制度。随着国内金融市场空间的不断扩大，金融市场为现代企业搭建了更为广阔的资金交易渠道，企业只有保证财务管理制度的合理性，才能发挥出财务管理在现代企业发展中的作用。除此之外，现代企业必须把运营和投资风险控制在合理的范围内，降低企业的投资风险，并对金融市场风险进行评估，做到事先预防、事中控制、事后分析解决。现代企业必须增强风险防范意识，认识到控制市场风险的重要性。

现代企业财务制度不是一成不变的，需要随着金融市场的变化而调整和变动，这样才能真正发挥出财务管理制度的作用。

2. 丰富财务管理形式

在金融市场环境下，现代企业必须改变传统的财务管理理念和模式。现代企业管理者必须认识到开展财务管理工作的重要性，结合内部实际情况丰富财务管理形式和手段，创新财务管理观念，在原有财务管理模式上进行调整，扩大财务管理的范围。企业财务管理还包括以下内容：一是风险投资，二是保守估计。财务管理部门要为现代企业管理人员提供投资方案。但是，现代企业投资本身就具有两面性，现代企业可以通过对外投资来提高企业的经济效益，但是投资一定是存在风险性的。金融市场环境下，企业投资的风险性也在提高，汇率等一直在波动必定会加大企业投资风险。现代企业财务管理人员就必须采用先进的风险技术来控制投资风险，保证现代企业的正常运行。

在金融市场环境下，现代企业财务管理对于财务管理人员的专业性和综合素质提出了新的要求。首先，现代企业管理人员必须认识到开展员工培训的重要性，加大人员培训方面的资金投入，为人员培训活动的开展提供资金保障。其次，企业必须丰富财务人员培训形式，优化培训内容，丰富财务管理人员的实践经验，提高财务人员接受新事物的能力，进而提高财务管理人员的专业水平和综合素质。最后，财务人员也要不断学习，不断对自身的工作进行总结，及时发现自身工作中存在的问题，以便及时做出调整。

现代企业必须加大会计控制力度，保证会计信息的真实性和准确性，保证企业资金的安全性。现代企业财务管理工作必须严格按照国家法律法规开展，找出财务管理的重点和难点，规范会计人员的行为。现代企业还需要在财务人员内部建立并完善奖励机制，对表现优秀的财务人员给予一定的物质奖励和精神奖励，提高财务人员的工作热情和积极性。

随着社会的快速发展，现代企业的数量不断增多，现代企业的规模也在不断扩大，财务管理是现代企业管理工作的重中之重，企业财务管理的合理性对于企业的发展有着至关重要的作用。但是，传统的企业财务管理模式和理念已经无法满足企业发展的需求。在金融市场环境下，现代企业必须明确财务管理的目标和方向，结合企业实际情况制定合理的财务管理方案，保证财务管理的合理性，发挥财务管理的作用和优势。在开展财务管理工作之前，财务人员必须分析金融市场现状，并进行总结分析，降低外部因素对企业财务管理的影响，保证企业财务管理工作的顺利开展，降低企业的投资风险，把投资风险控制在合理的范围内，提高企业的经济效益和社会竞争力，推动现代企业的发展。企业也必须认识到控制风险的重要性，增强风险意识，保证现代企业的正常运行。

四、金融工具在企业财务管理中的应用

在社会经济快速发展过程中，国内金融环境也变得更加复杂多变，为企业发展带来了一定的影响。企业应该积极将金融工具利用起来，保证自身经济效益能够实现提升。企业也需要充分认识到金融工具所发挥的作用，尤其是在财务管理方面，这样可以减少财务方面的问题，让企业获得更多的经济利润，满足自身发展的需要。这要求企业有效利用起金融工具，达到解决风险问题的目的，也保证经济效益实现提升，并从中获得更多的流动资金。

（一）金融工具与财务管理的关系

企业在开展财务管理工作中，应该以整体目标为基础，在企业资产上做出购置与投资，为资本融资和筹资创造良好条件，这样能够促进资金更好地流动，也加强了对利润分配管理的目的。财务管理工作开展得好坏，对企业的发展来说至关重要，必须充分把握财务制度与规范，严格执行会计准则，遵循其中的基本原则，加大对企业各项财务活动的管理力度，保证经济效益目标的实现,企业在财务管理的过程中,为财务活动的正常进行打牢了基础，也有利于将财务关系理顺。就金融工具而言，它其实是一种交易方式，在进入这个市场以后，是可以当作金融资金进行买卖的，能起到对债务债权关系的明确作用，在货币资金交易明确后，促进资金与资产的转让。但所用的金融工具不一样，也可能会产生各种不同的金融风险问题。在我国经济发展过程中，随着经济发展需求和环境的变化，金融工具也在不断地创新，金融工具种类趋于多样化，不断满足企业的经营发展需要。企业在运用合适的金融工具的情况下，可以实现风险抵抗能力的提升，保证获得更多的投资盈利机会，也实现了金融市场的进一步拓展。

（二）企业财务管理中就金融工具应用的风险问题

1. 市场风险

市场风险为市场中利率、汇率和股票价格变化波动等形成的风险问题，包括了利率、汇率、股票价格和商品价格等风险。市场中如果在税收政策、利率等出现改变后，会导致衍生金融工具出现损失性的现象。当前市场风险问题一般难以预测，影响因素也比较多，同时市场风险也容易引起衍生金融工具损失。

2. 信用风险

信用风险作为一种违约风险，在竞争对手、交易对手和合作方等风险问题上可以得到反映，在资金压力、财务困难等不可抗力因素下，无法按照规定履行合约，引起一定的经济损失，衍生金融工具实际形成的收益与预计收益产生差异。从宏观经济角度来说，进入经济繁荣期以后，受到经济市场的影响，衍生金融市场信用风险很低，但是对经济衰退期来说，由于受到经济低迷的环境影响，企业在盈利上受到了限制，也让金融市场中出现了很多信用风险问题。

3. 流动性风险

对流动性风险来说，这是因为临时性资金不足，在资金筹资与融资过程中，由于缺乏一定的流动性资产与临时性资金，出现无法支付流动性负债风险的情况。金融工具流动性短缺有可能引起较大的损失，严重的甚至导致企业资金链的断裂，其影响因素包括金融工具市场交易规则、市场环境变化等。对衍生金融市场交易来说，合约中的某一方由于现金流的不足和临时性资金不足，存在不能对合约、契约义务进行履行而引起平仓的现象，将引起经济损失风险问题。

4. 法律合规风险

出现法律合规风险的原因大多是企业缺乏完善的法律制度所致，企业合法权益难以得到有效保障，此外金融市场内交易方也未能坚持自律性准则，达不到市场监督管理的要求和规范，由此一些法律和法规的风险问题一触即发。伴随着我国金融市场的迅速发展，关于行业的法律和法规也跟随着不断完善，但是金融市场变化较快。法律法规一定程度上不能完全跟上金融市场的变化速度，导致出现的部分风险问题也难以真正规避。

（三）金融工具在企业财务管理中的应用策略

1. 明确金融市场法律规范，注重法律建设

现阶段金融市场相关法律较多，如《金融机构法律法规》《金融机构衍生产品交易业务管理暂行办法》等。随着金融市场的不断发展，特别是对衍生金融市场来说，金融期货合约、金融远期合约及期权合约等应用越来越多，但是部分金融法规还有待完善。基于此，相关部门应该充分认识到当前出现的风险问题，积极借鉴国外先进的做法与成功的经验，建立完善的金融市场法律规范。要结合会计准则相关要求，建立更加健全的金融工具结算制度，处理好财务监督与财务稽核的关系，让金融工具交易风险问题得到有效规避，通过对法律法规的建设确保金融环境得到有效改善。

2. 优化企业风险管理流程，完善内部制度

第一，在传统会计报表编报上做出转变。企业应该坚持适用性原则，结合会计准则相关规定，在会计报表编报上进行创新，采取传统会计报表与会计报表融合的方式，这样能够让金融性资产的划分更加合理。如此一来，金融工具作用将形成体系，企业财务管理业务顺利开展，并获得准确的信息依据。

第二，注重对衍生金融工具的风险披露。企业应该坚持谨慎性的原则，从现行会计准则出发，加大对金融工具风险的控制力度，保证风险披露的科学性与合理性。由于金融市场存在虚拟性、复杂性和杠杆性特点，容易出现市场风险、流动性、信用和法律方面的风险，存在各种不确定性特征。这要求企业提高对金融工具风险披露的重视程度，将衍生金融工具风险管控做到位。

第三，不断完善内控制度。企业要确保内控措施更加有效，并达到既定的要求，在内部环境、风险评价、控制活动、信息沟通和内部监督等方面进

行分析，保证不相容职务相分离，让企业治理结构风险得到有力控制，达到有效规避风险的目的。

3. 强化企业运用金融工具的能力

第一，拓宽金融工具应用范围。在经济全球化进程中，我国金融工具应用范围也要进一步拓展，企业在进入资本市场的过程中，应该注重对金融工具的创新。企业通过在生产经营中应用各种金融工具，可以实现资金运营效率的大幅度提升，保证资源配置更加科学与合理。

第二，金融工具也是一把双刃剑，有着风险与收益并存的特点。金融工具在企业中的应用，可以有效降低成本融资，提升风险控制效果，当然也容易出现一些不可抗拒的风险。企业管理者需要从实际发展情况出发，对金融工具的利弊做出理性与正确的分析，有效消除风险带来的各种威胁，积极总结经验，达到趋利避害的目的。

第三，完善金融工具内部管理制度。金融工具自身也存在风险，企业需要完善内部管理制度，安排专人负责监管，确保更好发挥出金融工具的作用，在提升风险防范能力的同时，也让资金安全得到可靠保障，此外，在数据分析与处理后，也便于企业了解市场发展变化，有针对性地对决策做出调整。

4. 提升财务管理人员素质与能力

在金融工具的发展与应用过程中，我国对金融市场专业人才的要求也变得更加严格，但是现在也缺乏这方面的专业人才，不利于发挥出金融工具在企业财务管理中的作用。现在很多企业的财务管理人员对金融产品的认知不到位，此外，也有部分管理人员未掌握金融工具的风险控制与管理方法。尤其是对衍生金融市场产品来说，风险问题比较多，财务管理人员不能及时、全面掌握市场情况，对风险问题很难采取有效的规避措施。因此对于市场、信用及流动性等方面的风险，无法保证企业预测与分析的准确性和有效性。要想避免出现这些问题，企业应该重视培训教育工作，促使财务管理人员掌握知识、提升能力，更好地执行会计准则，也掌握更多金融工具方面的知识，确保今后可以更好地胜任财务管理工作。此外，企业也要与高校、行业部门等进行合作，为财务管理人员学习与培训创造更多机会，促使他们对金融产品的认知与操作得到增强，应用也更加合理，并建立更加健全的风险控制系统，真正将金融工具在财务管理中的作用体现出来。

　　总之，企业在财务管理活动中应该将金融工具的作用发挥出来，促使自身有效应对各种金融方面的风险。近年来，我国金融市场发展速度很快，金融工具种类也越来越多，然而站在整体角度来说，与国外相比还有很多问题与不足，表现在金融市场规模较小、类型也不完善，这就要求利用金融工具做出深入分析，确保进一步在企业财务管理中发挥出应有的作用，也为促进金融市场的发展奠定良好的基础。在实践过程中，要对金融市场的法律规范进行完善，不断完善企业内控制度，优化风险管理流程，并培养更多素质高、能力强的财务管理人员，促使企业更好地将金融工具的作用发挥出来，获得更大的经济效益。

第三章　企业财务管理与数字化转型背景及相关技术支持

第一节　数字经济的产生与发展

一、数字经济发展的基础与规律

从要素来看,数字化资源已经成为数字经济发展的必要基础之一。在新知识时代,将数据资源进行生产函数转换后产出知识和信息,与资本、劳动力等传统生产要素并列成为经济发展基础,同时削弱了传统生产要素的容量问题对经济发展的限制,为新经济体系发展注入新生力量。

从平台来看,信息数字化平台、信息通信基础设施和数字化平台作为数字要素的载体。现代数字化平台能够存储大量数据资源,给数据传输提供便利;信息通信基础设施增加了人机交流深度,实现了人与信息之间的智能交互发展;数字化平台可以分为创新驱动平台和数据交互平台,该平台承载数据交换功能,为数据开发提供充足的空间环境。在平台基础上进行数据存储与传输,进而利用数字技术进行智能化升级,反复循环形成扩大数字经济特有的系统体制。平台发展的力量不可小觑,随着网络效应的正向反应,平台提取炼化数据的能力也有所提升,使得数字平台能够迅速崛起成为数字经济发展的重要基础。

从技术来看,数字技术的产生对数字经济的高质量发展起着先导驱动作用。信息通信技术催生信息技术革命,技术的进步会推动产业变革的发展,可以说数字技术是数字经济发展的不竭动力，数字技术的突破对发展数字经济产生了极大的促进作用，数字技术的创新推进数字经济的高端化发展趋向，随着 5G 技术、云计算、人工智能等新技术出现，形成了数字经济间的技术交叉，进而促进了数字经济价值链增值活动。数字技术的关键在于将数据进行智能化转变处理，在数据价值链中强大的转换数据能力会带来强有力的竞争优势。

从系统来看，数字经济整体发展给环境和经济带来了一定的系统性变动，整体系统的应用能够为数字经济发展带来延展与反馈效应，因此在系统性发展上是数字经济基础的关键一环。系统本身在于数字经济产业的变动与发展，其与传统经济发展系统相辅相成，系统的融合与扩张发展成为数字经济的整体支撑，为数字产业提供整合效应环境，而数字经济的范畴和影响范围更为广泛，给数字经济的发展提供环境支持。

在探讨数字经济发展基础后，数字经济的发展规律遵循三大定律。

一是梅特卡夫定律，是由美国经济学家乔治·吉尔德提出的关于网络技术和网络价值的规律，最终以网络公司创始人梅特卡夫命名该定律，该定律很好地诠释了网络的外部性问题。该定律具体是指网络收益的涨幅是用户数量的双倍，可用的机器数量越多，则该产品的附加收益就越大，而新加入用户则会免费享受产品增加的边际收益，一般每增加一位接触购物软件的顾客，便可以扩大一个单位的现有价值，刺激经济增长，在数字经济发展中，网络化信息平台同样具有外部性特质，遵循梅特卡夫定律。

二是摩尔定律，由戈登·摩尔提出，该定律是指在特定期间，信息计算增长能力翻番，但是其产品价值会相应减少。在数字经济发展中，数据资源是其重要的基本要素之一，数据增长的速度符合摩尔定律要求。

三是达维多定律，该定律由经济学家莫顿提出，主要阐述了初代产品进入市场，经过一系列筛选，所形成的马太效应。

数字经济的发展历程必然受上述三个定律的影响，也同样是区别于传统经济发展的特征所在。

二、数字经济发展的趋势

继全球传统经济变革创新发展之后，数字经济发展到今天已经成为一种新的经济形势，可以说数字经济的到来是我国高质量发展的助推器，是引领新经济、新业态、新模式发展的主要动力。

张新红认为发展数字经济将会对中国经济发展产生助推作用，加强基础设施建设、经济完成数字化转型成为我国当前发展数字经济的必然要求。

许旭从发展五大动向、价值创造四大规律和发展五大新路三个方面对数字经济发展总趋势进行了归纳总结。

张晓从产业、技术、投资、服务、市场和治理六大方面阐述了数字经济发展的新动向，各个互联网产业相互融合、技术创新升级、服务和市场不断改造升级、加大产业的治理力度都是数字经济发展趋势下的发展大方向。

张晓通过构建以产品服务、市场、政策、技术和产业为核心的理论框架，分析出数字经济发展要实现这五个要素的良性交互循环。

张辉等以定性理论分析的方法对数字经济内涵、发展规律进行总结，分析得到数字经济的多个发展阶段，并提出数字经济发展要具备技术与市场双推动机制、人才和数据的完备内核、军民融合为抓手、发展中小新兴产业等特性。

郭哈等认为在未来的数字经济发展中应当重视数字技术的落地应用，充分实现实体经济与新兴技术结合，以推动经济的高质量发展。

第二节　数字经济的内涵与特征

当今世界正在发生着人类有史以来最为迅速、广泛、深刻的变化。以信息技术为代表的高新技术突飞猛进，以信息化和信息产业发展水平为主要特征的综合国力竞争日趋激烈。数字经济对经济发展和社会进步带来的深刻影响，引起了世界各国的普遍关注。发达国家和发展中国家都十分重视数字经济的发展，把加快推进信息化作为经济和社会发展的战略任务。

一、数字经济的内涵

数字经济是一系列的社会经济活动,它主要是以互联网为基础,以数字化的知识和信息作为最关键的生产要素、以信息和通信技术的有效使用作为提升效率及优化市场经济结构的重要推动力。基于互联网和数字技术,数字经济不仅全面地渗透到农业、工业、服务业三大产业中,也彻底改变了包括边际收益递减规律的经济增长方面等诸多传统定律,成为继三大产业经济之后更高级别的经济形态,未来很可能成为第四大产业。

二、数字经济的特征

数字经济的发展分为三个阶段,第一个阶段是数字基础部分的发展,即信息部门数字化,信息技术的创新和发展把经济带入了数字化时代,为发展数字经济奠定了基础;第二个阶段是产业数字化发展,即数字融合发展,数字化为经济发展提供了新的方向,特别是对于传统产业而言;第三个阶段是数字化转型,即数字化经济发展阶段,这个阶段既包括基础部分发展,同时包括数字化在传统经济中的应用。目前,中国数字经济的发展正处于第三个阶段。在这个阶段的发展过程中,数字经济表现出与传统经济有联系却又区别于传统经济的特征,结合以往对数字经济特征的研究,本部分接下来从数字经济本质、发展和影响三个方面展开对数字经济特征的分析。

(一)从数字经济本质层面分析

数字经济的本质也就是将数字经济与传统经济区别开来的依据是数字和信息,这一特点决定了数字经济具有数字化、信息化及高效性(快捷性)的特征。

1. 数字化和信息化

数字经济时代的交易过程是通过知识对数据进行处理,从而获得自己想要的信息,知识在发展过程中发挥作用,本身与传统的劳动力及资本完全不同。与土地、劳动力和机械设备等传统经济中农业和工业时期的社会主要生产要素相比。数字经济时期的核心生产要素数据和信息成为推动数字经济发展的关键，数字经济在发展过程中对数据资源进行加工，产生相应的信息，并参与到经济发展的过程中。数字化信息与传统生产要素相比，具有低成本和可复制的优势。

2. 高效性（快捷性）

伴随着数字经济的快速发展，通过大数据平台，企业可以将生产者和消费者直接联系在一起，在平台上通过信息交换。使供给与需求得到相应匹配，接着直接进行交易。数字技术的发展会帮助人类从传统烦琐的程式化工作中解脱，在这个过程中，中间商存在的必要性减少了，采用数字信息技术对交易信息的处理几乎可以在瞬间完成，进一步缩短了交易的距离和时间，突破了以往交易受到的地区之间的约束，短时间内将经济活动扩展到全国甚至全球。相比于传统的经济交易活动，采用了数字技术的交易使得交易活动变得直接快捷，在相同时间里可以发生多笔满足用户需求的订单，并且种类较多。数字经济时代对信息要素的高利用率极大地降低了交易成本，进而增加了经济效益，为居民生活带来了便利。

（二）从数字经济发展层面分析

数字经济在发展过程中，一方面表现在数字经济时代下网络用户的增加，另一方面表现在对传统经济产生的改变，即网络效应和渗透性特征的体现；同时直接连接交易双方，数据信息的可复制性，使数字经济发展表现出直接性的特征。

1. 渗透性

我国广阔的经济市场为数字经济的发展提供了优势，在数字经济背景下，人们的生产、生活与网络的相关性日益增强，几乎到了无法离开网络的地步。作为一种新型的通用目的技术，数字经济能应用到经济社会的每个行业，渗透于生产生活的每个环节。使得传统经济社会运行模式发生改变。随着数字技术与各行各业融合的步伐逐渐加快，三大产业之间实现数字化已经渐渐成为社会经济发展的大趋势，通过数字经济的高渗透性，产生出许多新兴产业,不断在传统产业中扩散,促进传统产业逐渐转型发展,模糊了我国三大产业的边界,极大促进了传统产业之间的融合及和新兴产业之间的相互影响。

2. 网络效应

网络效应是指产品的价值会随用户数量的增加而增加,用户在信息网络使用过程中做的某个决定会对其他用户的额外利益造成影响。网络效应产生于用户对网络信息的需求,用户人数增加会导致网络价值增长,交易成本降低会导致企业边际成本降低,但是边际收益增加,相应的规模效应也就越大。

3. 直接性

数字经济时代的关键生产要素数据资源在现阶段的重要性越来越明显,通过数据产生信息,信息流动性把交易双方联系在一起,交易过程中的中间环节大幅度减少,相关成本也得到了缩减,与传统经济交易过程相比,提高了这一过程的信息利用率。可以说在数字经济时代,经济活动全过程都可以通过数字化的信息来表示,数字经济的发展改变了以往的业务流程及进行交易的方式,通过数字技术参与的交易,使得双方的交易直接通过网络进行。打破了时空的界限,有助于促进经济发展全球化。

(三)从数字经济影响层面分析

数字经济在经济发展过程中带来的影响较传统经济时代具有边际成本递减和包容性的优势。

1. 边际成本递减

数字经济发展过程中的成本来源主要有网络建设及信息之间的相互传递,而这些成本不会随着用户规模的增大而增加,基础建设对信息可以进行长久持续的传递,而且信息本身具有可复制性的特点,所以从长期看,边际成本是很小的;同时数字经济发展具有累积增值的特性,边际效益递增的特点就体现出来了。

2. 包容性

包容性特征体现在机会平等和可持续发展两个方面。在数字经济发展过程中的数据、信息及一些基础建设都是公共的,消费者的使用机会是平等的,不具有排他性,不平等现象会降低。数据资产得到广泛应用,它独有的特点可以不断复制、可在所有人之间共享、无限增长及无限供给,打破了自然资源在传统经济中由于有限供给增长带来的制约,它成为数字经济发展的关键生产要素。传统实物交易是买方得到物品,卖方失去物品;在数字经济时代的交易过程中,购买者得到知识,但是消费者不会失去知识,知识信息在这个过程中会被重复使用,在交易双方之间形成双质的局面。知识在生产过程中几乎是零消耗,而且知识会被不断创新和利用,可以合理、高效开发现在拥有的资源,减少在使用资源的过程中造成的浪费及对环境造成的污染,加快社会经济运转的速度,从而极大限度地促进了整个社会财富的增长,有助于推动我国经济的可持续发展。

明确了数字经济的发展特征后,接下来对数字经济的内涵进行分析。本书通过梳理相关文献发现。学术界对数字经济的内涵认识各有不同,主要从两个角度入手,第一个是从经济模式发展过程角度出发进行分析。与传统经济相比,数字经济是经济发展过程中的一种新形态;信息及数字技术在发展数字经济过程中具有重要的作用;数字经济与传统经济之间通过互联网连接起来。随着数字经济的不断发展,单纯从某个数字经济特征的角度理解数字经济的内涵有些片面,并不能对数字经济的发展进行全面概括。综合现有学者的观点,本书从数字经济发展表现出的特征出发,并结合数字经济模式发展过程来分析数字经济的内涵。

首先,从本质上看,数字经济的特征是数字和信息化等,反映出数字经济发展的基础是数字化和网络平台,数字化体现出数字经济背景下的生产要素变成了数据,数据资源在数字化转型阶段发挥的重要作用越来越明显,经济活动全过程都可以通过数字化的信息来表示。其次,数字经济的发展表现出网络效应、直接性和渗透性的特征,体现出互联网参与经济活动发展的全过程,数字经济的发展并不局限于互联网本身,还把数字化活动贯穿于传统经济的发展过程中,企业可通过借助网络平台实现信息交换,匹配供给与需求,将生产者和消费者直接联系起来,为企业创造了新的发展机遇,中间商存在的必要性减小了，缩短了交易的距离和时间，突破了以往交易受到的地区之间的约束，最终提高交易效率。最后，数字经济时代为传统经济的发展带来突破边界、成本低和效率高的优点，表明了数字经济并不是单一式经济，它的发展并不会排斥其他经济，最终会与传统经济协同成为经济共同体。

通过以上分析，数字经济的内涵是指以数字化信息为基础，一方面，促进数字经济基础建设；另一方面，借助网络平台，基于其融合性和包容性特征，把信息化发展带到传统经济之中，形成传统产业数字化的一种新的信息化经济形态。在数字经济时代，经济发展会把各个经济主体直接联系在一起，最终发展成为一种网络共享和资源共享的经济体。

三、数字经济的范围与范式

（一）数字经济的范围

目前数字经济发展处于数字转型阶段，根据对数字经济特征和内涵的分析，把数字经济的范围概括为以下两部分。

第一部分是指数字经济基础产业的发展，即第一个层次的发展，信息产业内部数字化发展，以及由此产生的一系列新兴产业，例如，电信业、软件业、信息技术服务业和大数据产业都包括在这一范围内。

第二部分是数字经济在第二个阶段发展过程中扩展出的范围，这一部分是指传统产业数字化，即在基础产业发展的背景下，基于渗透性和包容性的特征，在传统产业中不断扩散，促使传统产业不断数字化和智能化的那部分。

（二）数字经济的范式

数字技术具有基础牢、应用广和互补强的特点，为未来经济社会的发展提供了可能。数字技术的创新发展，大幅提升了经济效率，带来了基础产业、投资创新及管理方式的跃进式发展。以互联网发展为例，互联网企业、网络运营商和移动设备生产企业就在不断的融合发展中持续壮大，与以往传统行业模式不同，时间、空间和地域对其的限制不再像对传统经济形式那么明显，它极大地改变了人类的工作、学习和生活方式。

第三节　我国发展数字经济的意义与优势

一、我国发展数字经济的战略意义

随着全球信息化步入全面渗透、跨界融合、加速创新、引领发展的新阶段，我国也借势深度布局、大力推动数字经济发展，从而使其逐渐成为整体经济创新发展的强大引擎，并为全球经济复苏和优化发展提供借鉴和启发。数字经济是在计算机、互联网、通信技术等新一轮信息革命的基础上发展起来的，因此也被称为信息经济。发展数字经济显然具有十分重要的意义，有利于推动新常态下我国经济发展和创新战略的落地。

（一）经济新常态需要发展新引擎

经过 40 多年的高速增长，我国的经济发展逐渐步入增速放缓、结构升级、动力转化的新常态阶段，整体发展环境、条件和诉求都发生了深刻改变。如何认识、适应和引领新常态，打造经济发展新动能，便成为我国实现经济跨越式发展的根本议题。

（二）信息革命推动社会生产生活方式变革

从人类社会的发展历史来看，每一次产业革命都实现了社会生产力的大幅提升：农业革命推动人类从采集捕猎转为种植畜养，大大增强了人们的生存能力，使社会从野蛮、蒙昧时代进入文明时代；工业革命推动家庭作坊式的手工生产形态走向规模化的机器大生产，极大地提升了人类社会的生产能力，改变了以往的物质匮乏状况。同样，以计算机、互联网、通信等先进技术为代表的信息革命推动了社会生产生活方式的数字化、网络化、信息化和智能化，数字化工具、数字化生产及数字化产品等数字经济形态快速崛起，为新常态下我国经济发展提供了新动能。

（三）数字经济拥有广阔的发展前景

基于互联网信息革命发展起来的数字经济不仅深度释放了原有的社会生产力，也创造出了更具价值的全新的生产力。数字经济的快速崛起和发展，大大提高了现代经济效益，推动了经济结构的转型升级，成为全球经济走向复苏与繁荣的重要驱动力量。

（四）发展数字经济成为国家战略选择

面对新一轮互联网信息化革命浪潮，我国政府也根据基本国情和整体需要，提出网络强国的发展战略，积极推进数字中国建设，从而使得数字经济上升到国家战略层面，成为新常态下经济结构转型升级和跃迁式发展的新动能。

二、我国发展数字经济的优势

（一）数字经济全面渗透到生产生活各个领域

1. 数字经济引领传统产业转型升级

以制造业为例，工业机器人、3D打印机等新装备、新技术在以长三角、珠三角等为主的中国制造业核心区域的应用明显加快，大数据、云计算、物联网等新的配套技术和生产方式开始得到大规模应用。

2. 数字经济融入城乡居民生活

网络环境逐步完善和手机上网迅速普及，使得移动互联网应用的需求不断被激发，基础应用、商务交易、网络金融、网络娱乐、公共服务等个人应用发展日益丰富，其中手机网上支付增长尤为迅速，网上支付线下场景不断丰富。各类互联网公共服务类应用均实现用户规模增长。此外，数字经济正在变革治理体系，倒逼传统的监管制度与产业政策加快创新步伐。

（二）数字经济推动新业态与新模式不断涌现

1. 中国在多个领域步入全球数字经济的领跑者行列

近年来，中国在电子商务、电子信息产品制造等诸多领域取得突出成就，一批信息技术企业和互联网企业进入世界前列。

2. 中国分享经济成为全球数字经济发展的排头兵

随着共享经济领域的不断拓展，我国共享经济的市场交易规模不断增长。从市场结构上看，我国共享经济市场主要包括生活服务、生产能力、知识技能、交通出行、共享办公、共享住宿及共享医疗等七大细分领域，全面就业形势总体稳定并好于预期，离不开一系列保障就业政策的实施，也得益于共享经济发展提供了大量灵活就业岗位，在拓宽就业渠道、增强就业弹性、增加劳动者收入等方面发挥了重要作用。

3. 中国电子商务继续保持快速发展的良好势头

进入 21 世纪以来，中国的数字化浪潮风起云涌，逐渐在全球商业领域内确立了领先地位。

（三）中国数字经济未来发展的战略与方向

从未来发展看，我国数字经济发展已进入单纯用户数量扩张向深度应用转型的阶段。在"大物移智云"等新一代信息技术的推动下，在用户流量红利递减的背景下，需要破除单纯的互联网营销思维、流量思维、平台思维等，推进数字经济在多个领域的融合发展，使数字经济成为我国经济转型升级的新动力。

我国在推进数字经济与实体经济融合发展方面有很大的空间。我国数字经济在不同行业、不同环节发展仍有较大的差异。从制造业看，其流通端的数字化做得较好，但生产端做得不好，生产领域的数字化有很大的发展空间，仍需要做进一步的努力。而服务业数字化中间投入较多，数字化对生产服务过程改造较大，但在后端的服务营销方面，仍主要是采用传统的模式，这一方面与服务业的特性有关，另一方面也说明未来基于位置的服务等模式在服务领域有较大的应用空间。从农业来看，我国农产品网络营销占全部农产品营销额的比重不超过 3%，整体的数字化改造空间较大，是我国数字经济发展的一个重点。

综上所述，我国数字经济发展已取得了一定的成就，但是，在数字技术应用到实体经济，提升实体经济效率方面仍有较大的空间。未来我国数字经济发展的战略重心，一方面是提升数字经济的核心技术，另一方面是促进深度融合发展。

第四节　企业财务管理之 5G 支持技术

数字经济是经济增长的新引擎，而 5G 则是数字经济时代的新引擎，可以把 5G 网络看作一把钥匙，它能够帮人们解锁原先难以数字化的现实场景，让数字技术以更小的颗粒度重塑现实世界。5G 的商业普及推动了万物互联化与数据泛在化。由此可见，5G 新动能架起了桥梁，打通了产业鸿沟，成为数字经济时代的加速器。

一、5G 的定义与阶段

5G 是新一代移动通信技术发展的主要方向，具有超高速率、超低时延及超大连接的特点，是未来信息基础设施建设的重要组成部分。它可以进一步提升用户的网络体验，满足未来万物互联的应用需求，是各行各业数字化转型与升级的重要途径。

（一）5G 的定义

5G 指第五代移动通信技术，是新一代蜂窝移动通信技术，其性能目标是高数据速率、减少延迟、节省能源、降低成本、提高系统容量和大规模设备连接。

（二）5G 的发展阶段

移动通信技术基本保持了 10 年一代的发展规律，从 1G 到 5G 经历了五个发展阶段：1G（20 世纪 80 年代）是以模拟通信为代表的模拟蜂窝语音通信，实现了移动通话功能；2G（20 世纪 90 年代）是以时分多址和频分多址为主的数字蜂窝语音技术，引入了短信和无线应用协议，实现了大幅降低通话成本；3G（21 世纪 00 年代）是以码分多址为核心的窄带数据多媒体移动通信，实现了视频和互联网业务；4G（21 世纪 10 年代）是以正交频分复用和多人多出为核心的宽带数据移动互联网通信，开启了移动互联网的序幕；5G（21 世纪 20 年代）是以空中接口三大关键技术为核心，多种技术融合与完善的有机数字生态系统，突破了传统带宽的限制，解决了时延性和大量终端接入的问题，实现了人、物、数据的互联互通，并通过进行智能方式传递，具备了软件化、云端化和服务化的特性。

二、5G 技术的功能特点

与 4G 相比，5G 无论在网络速度还是网络容量方面，都有了质的飞跃与提高。具体而言，5G 具有速度更快、功耗更低、时延更短和覆盖更广的特点。

（一）速度更快

5G 时代的极大优势即网络速度，5G 网络的平均速率从 25 Mbit/s 提升到 100 Mbit/s，峰值从 300 Mbit/s 提升到 20 Gbit/s。在 5G 网络环境下，下载一部高清影片只需 1 s；用 4G 网络下载一集电视剧的时间，用 5G 网络可以下载 20 集电视剧。5G 克服了 4G 网络带宽小、速率低和高延时的瓶颈，让用户感知"弹指一瞬"的速度。

（二）功耗更低

智能产品、物联网服务的普及离不开能源与通信的支撑，而能源的供给更多依赖电（电池），故通信能耗的降低是"重头戏"。

（三）时延更短

超低时延是 5G 的重要特性，这是远程医疗、在线教育及财会管理等对网络时延和可靠性的高品质要求的结果。3G 时代端到端的时延约为几百毫秒,4G 时代端到端的时延约为 10 ms,5G 网络端到端的理想时延为 1 ms。5G 实质上是以相关技术为驱动,从人与人、人与物、物与物的连接延伸到万物互联。

(四)覆盖更广

4G 网络虽然覆盖较广,而 5G 网络将覆盖社会生活的全方位,主要表现在两个方面:一是广度覆盖,指 5G 网络能够覆盖人迹所至的地方,包括偏远地区、丛林峡谷区域;二是纵深覆盖,指 5G 网络可以对移动通信质量(如信号不稳定)进行更高品质的深度覆盖。

三、"5G + 智能会计"的融合应用

5G 技术与财务会计的深度融合,能够提升会计服务质量、赋能企业财务转型、创新移动财会模式、提高风险的可控性。

(一)提升了会计服务的便利性

从物理的财务部门到网络的指尖财务,会计服务的便利性与可得性双提高。5G 网络全面覆盖后,因采纳了人工智能、虚拟现实/增强现实(VR/AR)及生物识别等技术,线下的会计服务将会更加智慧化,线上的财会服务将成为主流,会计远程服务的质量和效率将极大提升。

(二)创新了移动财会的新模式

传统财务承载资产、负债、费用等基础数据信息,随着 5G 技术与移动互联网的快速发展,网络的峰值速率可达 10 Gbit/s,时延可低至 1 ms,可连接终端的密度可达 100 万台/千米。财务会计业务流程的网络时延问题得到解决,运用智能终端设备提供业务指导、远程审批、线上业务办理、发票上传核对等服务,为员工、顾客、供应商等提供沉浸式的服务体验,企业财会实现了"无人化""自助化""智能化"。例如,生物识别技术与 5G 结合,

通过眼动识别、人脸微表情识别、声纹识别等，给财务会计的刷脸支付核算业务带来丰富的数据支持与真实的场景体验。

（三）提高了企业经营风险的可控性

5G 技术应用加速了传统风险控制模式向数据风险控制模式的转型，针对业务中的风险控制与成本控制问题提供及时有效的解决方案，能够实现资金流、信息流、物流的三流合一。

第一，企业外部风险控制。5G 技术融合大数据技术，辅助企业获得海量数据（如供应商金融数据、消费者行为数据、同行企业经营数据），通过整合大数据并进行分析，企业能够对相关组织与群体进行"精准画像"，据此判断其信用额度和发展潜力，极大地提高了风险的可控性。

第二，企业内部风险控制。5G 技术使得"万物互联"，大量设备与业务人员被连接到互联网，产生丰富真实的业务数据、财务数据和税务数据，企业的经营行为、产品状况、营销收入和成本费用，都可以通过传感器、光器件和射频器件实时传递到终端，形成企业名片，从而帮助企业深入了解经营情况并做出精准的风险评价。

第五节　企业财务管理之物联网支持技术

物联网被称为继计算机、互联网之后，世界信息产业的第三次浪潮。物联网产业的发展将由信息网络向全面感知和智能应用两个方向发展、延伸，形成云、管、端的开放式网络架构。随着信息技术发展，互联网、物联网已经连接世界，其核心和本质即一切业务数据化，数据赋予智能财务以新动能。

一、物联网的定义与特征

（一）物联网的定义

物联网最早是由凯文·阿什顿在 1999 年提出来的：一个由通信设备连

接而成的世界，它们被称为物联网，物联网是通过装置在物体上的射频识别、传感器及二维码等技术，通过接口与互联网连接，为物体赋予"智慧"，实现人与物体"对话"，达到物体与物体之间沟通的互联互通，简单地讲，物联网就是物与物的互联网，是利用最新信息技术将物互联网连在一起的新一代网络。实际上，物联网是互联网的延伸与扩展，互联网时代接入的是电脑和手机，物联网时代几乎所有的东西都可以接入，如空调、冰箱、电视机及扫地机器人都可以接入物联网。

（二）物联网的基本特征

物联网的基本特征主要有三个方面。第一，物联网是各种感知技术的广泛集成应用，物联网部署了多种类型的传感器，其获得信息与数据具有实时性，并能根据环境变化与频率自我更新，据此衍生出新知识与信息。第二，物联网是建立在互联网基础上的泛在网络。毋庸置疑，物联网的基础与核心仍为互联网，"Internet of Things"是手段，"Internet of Service"是目的，通过有线网络、无线网络与互联网融合，将物体信息实时准确地传送，传输机制通过泛在网络适应各种异构的网络协议，以保障信息的正确性、即时性和有效性。第三，物联网具备智能处理数据的能力。通过融合传感器与智能处理，利用云计算、模式识别等智能技术，物联网可以实现分析、挖掘、加工海量信息，针对用户的差异化需求，提供异质性的信息服务和应用模式。

二、物联网的技术与结构

（一）物联网的技术组成

物联网的核心技术是普适网络、下一代网络和普适计算。第一，普适网络指普遍存在、无处不在的网络；第二，下一代网络指可以在任何时间、任何地点互联任何物品，进行信息访问和信息管理的网络；第三，普适计算指普遍存在的计算方式。另外，为了提供综合性的智能信息服务，物联网还需要其他的技术支撑，包括射频识别、传感器与传感网、信息物理融合系统、无线通信网络、嵌入式系统、云计算等。

（二）物联网的层次结构

物联网的基本体系包括信息感知层、物联接入层、网络传输层、智能处理层和应用接口层五个层面。各层之间既相互独立又联系密切，同一层次上的不同技术互为补充以适应不同环境。其中，信息感知层通过各种手段实时自动转化数字化信息，是物联网发展和应用的基础；物联接入层通过移动无线网络等技术将信息感知层采集的信息进行汇总整合；网络传输层则通过IPv6、Wi-Fi等技术将感知到的信息无障碍地、高可靠地、强安全地进行传输；智能处理层进行物联网基础信息运营与管理；应用接口层最后完成服务呈现工作。物联网融合边缘计算与机器学习，最终目的是数据的快速响应，预测性计算成为主流。

三、"物联网＋智能会计"在物流业的融合应用

2021年全球移动连接数达275亿个，其中物联网连接数达到157亿个。智能物流、智能制造、互联网等连接数将呈指数级增长。物流可以看作是制造商的产品生产通过物料采购和实物配送分别向供应商和客户延伸构造的供应链。物联网在现代物流业的应用体现在集光、机、电、信息等技术于一体的信息技术在企业的物流系统的集成化、自动化、智能化与网络化。

（一）物联网升级了企业物流的信息化与水平

首先，物联网技术将射频识别电子标签嵌入物流设施（托盘、物架、集装箱等）、电子设备（仓库门禁、装卸设备等），标签中的记录使得物流管理系统实时掌控物流进程，协助企业工作人员做出最优决策，从而提高了物流、财流、人流和信息流的资源配置效率。其次，物联网技术提高了企业运输的智能化能力。现代物流信息技术融入了计算机技术、条码技术、全球卫星定位系统和地理信息系统，物联网技术将进一步升级运输的智能化管理。例如，运输线路的检查点能够实现车辆自动感应、货物信息自动获取并上传至企业

管理平台，方便企业即时了解货物状态与位置。

（二）物联网技术加速企业物流配送中心一体化

当货物入库时，货物附着的感知节点自动读取数据，与订单进行比对并更新库存信息；货物出库时，货物被送往装有感知节点的传输带，配送中心根据客户需要进行配货；货物库存过程中，射频识别阅读器实时监控货物库存量，感知货物数量及货架位置，当货物库存量下降到一定水平时，系统自动向供应商发送订单进行自动补货；仓储货物二维码技术，贯穿产品生产、仓储、运输、营销和使用的全生命周期，通过信息编解码实现了物流、防伪、溯源管理，打通生产、物流、营销、财务等各环节。出库入库一体化的智能管理，提高了企业的运行效率，降低了管理和运营成本。物联网融合供应链与智慧生产，创新了智慧物流的网络开放共享模式。

（三）物联网赋能物联网业务分析平台

通过与财务处理平台进行数据对接，物联网赋能物联网业务分析平台，实现数据管理、数据处理、数据分析、任务引擎和平台管理。其中，数据管理指提供元数据管理，主要指非结构化数据、半结构化数据和结构化数据；数据处理是提供数据仓库技术提取、加载、转换、聚合等服务；数据分析是指为系统平台提供数据挖掘、专家系统等服务；任务引擎指提供任务流程的执行容器、相关任务管理、任务监控等服务；平台管理是指提供系统配置、用户管理、故障管理、报表统计。物联网发展经历了"连接—感知—智能"三阶段，"一库六系统"的物流信息系统不断完善，其以企业内部运输、调度发运、在途监控和风险控制为主要功能，同时具有为生产企业增值服务的能力。

第六节　企业财务管理之光学字符识别技术

财务人员通过光学字符识别（OCR）系统，及时获取发票上的信息（公司抬头、金额、编号等），不需要人工录入，直接导入数据库；把手机摄像头对准名片，即可实时导入客户信息，所有这些场景都用到一项共同的技术——OCR。因 OCR 技术软件的稳定性、便捷性及通用性，已经普及推广到文档及证件识别、信息管理、图像编辑、财务管理等诸多方面。

一、光学字符识别技术的定义与阶段

（一）光学字符识别技术的定义

光学字符识别技术是将任何手写或打印的图像转换为可由计算机读取编辑的数据文件的手段。OCR 通过扫描纸质的文章、书籍和资料，借助与计算机相关的技术将图像转换为文本，达到提高工作效率和改善文本存储能力的目的。OCR 技术可以分为传统 OCR 技术方法和基于深度学习的 OCR 技术方法。除了 OCR 之外，文档图像分析和识别（DAR）与场景文字识别（STR）也是文档图像处理领域更宽泛的概念，前者针对文档的图像识别与处理；后者针对自然场景中的文字检查与识别，是 OCR 的重要分支。随着技术不断发展，OCR 的内涵也在不断拓展。相比于传统的 OCR 技术，基于深度学习的 OCR 将繁杂的流程解构为两部分：一是用于定位文本位置的文本检测；二是用于识别文本具体内容的文本识别。

（二）OCR 技术的发展阶段

第一阶段：萌芽阶段（20 世纪 20 年代—20 世纪 60 年代）。第二阶段：缓慢发展阶段（20 世纪 60 年代—20 世纪 90 年代）。第三阶段：发展应用阶段（20 世纪 90 年代—21 世纪 00 年代）。

二、OCR 技术的主要内容

基于 OCR 识别系统的目标是把图片信息内容转换为计算机可以处理的字符，不仅减少了存储空间，方便查询和提升检索速度，而且减少了人力手动输入的时间，降低了出错率。当前 OCR 技术主要包括图像预处理、文字特征抽取、数据库对比识别和字词后处理等。

（一）图像预处理

图像预处理包括图片二值化、去噪、倾斜校正处理等方面。二值化能够将待处理图片区分为前景和背景，从而更好更快地识别文字；而针对扫描、发票等文档图片上的墨点和印章，去噪可以减少对 OCR 的干扰。

（二）文字特征抽取

文字特征抽取属于传统的特征提取方法，主要包括基于结构形态的特征提取和基于几何分布的特征提取。前者提取方法主要包括边界特征法、傅里叶特征方法、形状不变矩阵法等；后者提取方法可分为二维直方图投影法、区域网格统计法。

（三）数据库对比识别

对图片文字字符特征统计完成后，OCR 产生一组数据或者向量匹配数据库，数据库的字集与待匹配文字由相同的特征抽取方法所得。匹配距离算法方法主要有松弛计算匹配方法、欧式距离空间匹配方法、动态规划匹配法等。

（四）字词后处理

从数据库匹配得来的文字，通常由一系列的相似候选字组产生。字词后处理通过联想词改错和纠正功能，依据前后的识别文字，通过贝叶斯统计概率算法找出合乎逻辑的词，然后改正识别错的字，从而提高匹配的正确性。

三、"OCR 技术＋智能会计"的融合应用

OCR 文本识别技术在会计业务上的应用，主要是进行凭证识别，如增值税发票识别、支票识别、银行票据识别、营业执照识别等。OCR 文本识别技术融合大数据、人工智能、云计算等新技术，能够识别并存储纸质资料，拓展会计数据来源，丰富完善数据维度，降低企业内部风险，提高财会服务水平。

（一）拓展财会数据来源，丰富完善数据维度

在工作实践中，OCR 工作主要流程环节涵盖待识别数据导入、OCR 识别模块、识别数据存储及财务应用。

第一，OCR 辅助财会系统输入图像，对图像进行降噪处理，校正倾斜与变形部分，将图片发布到图形通道；第二，OCR 识别模块获取处理后的图片并进行预处理；第三，OCR 文字检测，对文本进行分隔与文字分隔；第四，进行 OCR 文字识别并发布到文字通道，对财会模块中的数据进行持久化存储；第五，开发数据应用接口供财会平台分析使用。随着数字化财会平台的建设，智能化会计模式已经形成。以电子发票为例，传统财会模式下，人工甄别很难在众多资料中发现两张发票存在同样的内容（如发票识别号），采用 OCR 技术应用到智能会计中，可将所有业务活动电子化以建立数据库，实现了重复筛查以全面反映财会问题，另外，还可以依靠辅助系统提取会计数据进而建立模型。大大拓展了数据来源，丰富完善了财会数据维度，"点"或"面"的数据系统升级为立体式会计平台模型，从而构建业财税管一体化的财会立体架构。

（二）促进会计核算模式革新，加快企业财务转型升级

传统会计核算属于典型的事后监督、单一口径，业务人员完成工作后，将业务数据上报财务人员，后者进行收入、成本及利润核算。当前企业生产经营强调信息的综合性、信息颗粒度的精细化及反馈时间的实时化，倒逼财务融入业务，由事后监督转向事前预测、事中控制及事后监督一体化。OCR 融合 5G 技术助力业财融合、实时核算和精益管理，为经营及业务管控提供全面、精准、智能的决策信息。

（三）提高财会服务水平，降低企业内部风险

文本信息是互联网资源的主要组成部分，文本正以指数级数量不断翻番。首先，引入 OCR 技术，融入自然语言处理，在很短的时间内提供更多

有价值的信息，不仅提高了业务财务的自动化水平，而且提高了财会工作效率。其次，利用识别技术进行信息加工、数据存储、知识挖掘和平台利用，不断地优化企业的工作流程，大大降低了运作管理成本。再次，将结构化数据、半结构化数据转换为可识别的文本数据，开放业务财务数据的接口服务，提高了用户体验效果，提升了财会服务质量。最后，基于财务大数据，OCR结合物联网、机器学习算法，建立智能分析模型，观察大数据集合，从无到有创造财务信息，从有到精发现用绩规律，构建智能会计系统，转变会计核算职能，降低企业内部风险，赋能企业创造价值。

第七节　企业财务管理之机器学习技术

人们对机器学习和深度神经网络这两个密切关联的领域研究已经持续了几十年，机器学习是人工智能领域中最能体现智能的分支。从历史看，机器学习是人工智能中发展最快的分支之一；从狭义角度看人工智能就是以卷积神经网络（CNN）为代表的深度学习算法。以机器学习技术为核心的人工智能，推进智能财务平台建设，通过深度学习与进化计算，按业务驱动财务、管理规范业务和数据驱动管理推进，实现大共享、大集成、大数据和大管理。

一、机器学习的定义与类型

机器学习是一个研究领域，让计算机无须进行明确编程就具备学习能力，汤姆·米切尔给出了更工程化的定义：一个计算机程序利用经验 E 来学习任务 T，性能是 P，如果针对任务 T 的性能 P 随着经验 E 不断增长，则称为机器学习。作为计算机科学的分支，机器学习致力于如何利用代表某现象的样本数据构建算法，这些数据可能是自然产生的，也可能是人工生成的，更可能是来自其他算法的输出。

按照是否在人类监督之下进行训练，机器学习可以分为五个主要类别：有监督学习、无监督学习、半监督学习、强化学习和深度学习。

第一，有监督学习是指提供给算法数据的包括所需解决方案的训练，例如，垃圾邮件过滤器是一个典型的案例：通过大量的电子邮件示例及其所属的类别（垃圾邮件还是常规邮件）训练，对邮件进行分类。

第二，无监督学习是指训练数据都是未经过标记的，系统会在没有"老师"的情况下进行训练。

第三，半监督学习是无监督算法和有监督算法的结合，是指处理部分已经标记的数据。

第四，强化学习是指自行学习什么是最好的策略，它的学习系统能够观察环境、做出选择并执行动作，从而随着时间推移获得最大回报。例如，很多机器人通过强化学习算法学习如何行走。

第五，深度学习多采用半监督式学习算法，是对人工神经网络的发展，通过多层非线性信息处理结构化模型，因其可自动提取的特征，更适合处理大数据。

二、机器学习的历程与方法

（一）机器学习的历程

机器学习是人工智能（AI）发展到一定阶段的产物，目前共有五个发展阶段。第一阶段：机器"推理期"（20 世纪 50 年代—20 世纪 70 年代）。人们认为只要能赋予机器逻辑推理能力，机器就具有智能。第二阶段：机器"知识期"（20 世纪 70 年代中期—20 世纪 80 年代）。费根鲍姆等认为要使机器具有智能，必须设法使机器拥有知识，基于逻辑表示的符号主义学习技术蓬勃发展。第三阶段：机器学习"学习期"（20 世纪 80 年代—20 世纪 90 年代）。美国卡耐基梅隆大学举行了第一届机器学习研讨会，1986 年第一本专业期刊《机器学习》创刊，"从样例中学习"的主流是符号主义学习，其代表包括决策树和基于逻辑的学习，机器学习开始成为一个独立的学科领域，各类机器学习技术百花齐放。第四阶段：机器学习"统计学习期"（20 世纪 90 年代中期—21 世纪初）。"统计学习"取代连接主义技术占据了主导地位，其代表性技术是支持向量机及更一般的核方法。第五阶段：机器学习"深度学习期"（21 世纪初至今）。连接主义学习卷土重来，掀起了深度学习的热潮。深度学习实际上就是很多层的神经网络。虽然深度学习技术设计的模型复杂度非常高，但是由于大数据、云计算的辅助支持，"调参"后容易"过拟合"，为机器学习走向实践提供了便利。

（二）机器学习的方法

第一，统计分析。统计分析是机器学习的基本方法，是指对信息进行搜集资料、整理资料、量化分析和推理预测的过程。例如，进行财务预测、市场分析及文本识别等，都与统计分析关系密切。

第二，高维数据降维。高维数据降维是指采用某种映射方法，降低随机变量的变量，主成分分析是常用的线性降维方法。例如，将数据从高维空间映射到低维空间中，从而实现维度减少。

第三，特征工程。特征工程是指从原始数据提取特征的过程，目标是使特征能表征数据的本质特点，基于特征建立的模型在未知数据上的性能可以达到最优，最大限度地减少"垃圾进入，垃圾出来。

第四，模型训练。模型训练是指建模后的数据收集与机器训练过程，实现训练过程的可视化、模型保存与数据应用。

第五，可视化分析。可视化分析是指利用人类的形象思维将数据关联，并映射为形象图表的一种数据分析方法。

三、机器学习＋智能会计的融合应用

机器学习与智能会计的融合主要包括再造业务财务流程、变革智能账务模式和强化决策支持功能等方面。

（一）再造业务财务流程

飞速发展的互联网、物联网产生的海量数据，使得人们从数据中获取更大的价值，而云计算的蓬勃发展扩展了数据的存储能力，基于机器学习及深

度学习的算法平台，通过大量高效的机器算法组件，企业可以快速实现业务流程优化，解决业务财务中的信息不对称问题，实现会计信息的迅速传递与整合，提供及时、准确、全面的会计信息。针对传统财务报表滞后单一、会计处理流程缓慢的"痛点"，智能会计系统同步财务数据处理，将公司的生产经营与账务处理紧密结合，根据需要随时出具各种业务的动态指标与财务报表。分析型的管理会计将取代传统核算型的会计成为主流，提高了会计对管理决策的支持力度。挖掘差异化的会计信息分析功能，使得会计功能从传统的反映与控制向经济决策支持、风险管理和组织治理过渡。

（二）变革智能账务模式

第一，人工智能技术赋能智能账务，账务处理软件根据发生的业务自动匹配会计科目、自动生成摘要凭证并自动审核，最后生成各类账表。

第二，作为连接业务端与财务端的重要桥梁，智能会计引擎经过大量标签化数据的训练之后，能准确识别业务信息并转换为记账凭证，通过明细账和总账的财务信息转换，实现了业务发展与财务管理的协同配合，以机器学习技术为核心的智能化技术则在最切合的层面上提高了会计引擎的效应。

第三，通过影像扫描技术实现原始凭证电子化后，智能会计引擎将从业务系统中提取信息并进行转换，通过监督式学习的机器算法，提高了记账效率与准确性。

第四，机器学习再造的智能会计成为集高效率财务核算流程、多维度财务管理职能于一体的平台工具，推动企业的财务模式由核算向管理不断进化。

（三）强化决策支持功能

第一，机器学习技术助力智能会计获取有效、丰富的数据信息。机器学习的过程可分为训练与预测两个阶段，训练指将存储的历史数据通过机器学习算法进行处理并产生模型；预测是在该模型的指导下，输入新的数据之后能够输出相应的结果。机器学习提高了经营预测模型的准确性，为企业的决策活动提供指引。

第二，机器学习对会计系统中端的智能化改进，可以兼容结构化程度较高的财务数据、半结构化与非结构化特征突出的非财务数据，将数据来源由企业内部拓展至企业外部，优化了智能会计在企业财税融合、经营预测和风险管控等维度的职能。

第三，机器学习技术是支持智能会计决策的强有力工具。通过监督式学习与无监督式学习，智能会计平台能够有针对性地解决不同类型的决策问题，基于数据的内在关联得到特定的决策模型与决策规则，实现决策过程的自动化，为企业管理者进行决策提供高效辅助。

第四章　基于数字化的
财务管理转型

　　财务管理作为社会经济发展的产物，带有社会性和技术性，而信息技术尤其是互联网技术大幅缩短了信息收集、处理和发布的时间，使信息得以在一个较短的时间内，在无限广大的空间范围内进行收集、整理、加工和发布，从而大大提高了信息的相关度和实用性，也大大提高了信息的及时性和准确性。正是由于信息技术的这一特性，基于信息技术对财务管理转型将是必然的发展选择。

第一节　财务管理转型的必要性与经验

一、财务管理转型的必要性

　　财务管理转型，也称为财务转型，指为提升企业竞争力而采取的财务变革，目的是使企业价值最大化。随着企业对财务工作提出决策支持、风险监控、创造价值等更多职能要求，财务职能从传统的核算型、管理型向战略型转变，成为更注重公司价值创造的管理合作型部门。

　　随着 21 世纪经济全球化的进程加速，企业及其经营环境都发生了极大的变化，在宏观层面，以"金砖四国"为代表的新兴市场不断崛起，企业在全球的市场中拥有了更多更自由的竞争，随之而来的，在全球化的财务领域中的安然事件、中海油新加坡事件等导致人们对公司治理和财务会计管控越发担忧。企业的所有者要求有更高的管理透明度和对违法行为的严厉问责，同时，也希望财务部门能持续提升公司的价值创造能力。因此，财务部门如何在更严格地遵守相关法规和进一步改善业绩的双重要求下完成角色使命，成为新时期财务工作必须面对的挑战。这种挑战使得财务转型成为必然要求。

（一）财务管理环境的变化促使财务转型

在传统的企业管理中，财务战略主要从资金的筹集与运用等方面进行谋划，财务管理具有相对独立的内容，其主要从事企业业务流程的计量核算及信息反馈，但目前这种独立性不断降低。一方面，在现代市场经济条件下，财务管理需要处理资金的需求和统筹、企业对现金流状况的关注及现代企业制度的规定等内容，参与到企业核心管理中，使得财务管理已经不只是企业生产经营过程的附属职能。另一方面，财务管理与其他职能战略呈现日益密切的联系，如根据企业经营管理的需要筹集、投放资金，考虑企业的投融资需求制定股份分配政策等，因此很难将各类企业活动完全单独界定为财务类工作。面对日益复杂的财务管理环境，企业需要通过财务转型实现价值管理，开发企业生产、销售、采购等经营环节的价值增值潜力，优化各类作业流程，持续提升企业价值，实现财务部门从传统的簿记和控制转型为更注重公司价值创造的管理合作型部门。

（二）财务管理内容的变化促使财务转型

随着信息技术的发展，企业 ERP 系统得到了广泛的应用，传统的财务管理内容正发生着悄然的变化，表现在财务会计工作中，核算工作的比例不断下降，财务分析和统筹业务不断增加，可见在原有财务管理范畴的基础上，财务工作的外延扩展到了预算计划、价值管理等领域。传统的财务理论与现有的财务管理活动不相适应，必须向着一种全新的面向业务管理的财务模式转变，实现财务管理的角色定位和能力升级。

（三）财务管理作用的更好发挥需要财务转型

从新时期企业发展对财务的需要来看，财务管理需要重点强化三个主要职能，即资源配置、过程管控和信息提供，财务管理要在经济活动从源头到末梢的全过程中发挥作用。在经济活动的前端，财务管理要整合内部资源，以市场为导向，运用全面预算管理体系对资源进行科学合理配置，推动企业资产、收入和成本费用的结构性调整；在业务开展过程中，要利用财务分析、检查等手段，建立财务预警体系，为业务发展提供支撑；在经济活动的后端，要通过高质量的财务信息为决策提供支持，引领经营管理实现企业价值最大化。这一系列过程的动态发挥，要求财务管理在处理能力及组织结构上进行变革，从而达到预期的效果。

二、财务管理转型的经验

在财务数字化的基础上，通过业务整合、高效处理、管理服务到决策支持，国内外许多企业已经成功探索出一条适合自身的财务转型路径，其中的经验值得借鉴和思考。

（一）财务数字化建设——中远集团案例

中国远洋运输集团（以下简称"中远集团"），是一家以航运、物流为核心主业的全球性企业集团，在全球拥有近千家成员单位、8万余名员工。随着中国加入WTO后企业业务的迅速扩张，中远集团原有的电算化核算型财务会计系统功能上的滞后性与制约性问题已变得越来越突出，面临巨大的转型压力。

在经过一系列准备之后，从2001年开始，中远集团开始实施了以SAP财务管理系统为中心软件的中远财务信息系统项目，该项目由总经理担任项目领导小组组长，总会计师担任项目工作小组组长，并组建以财务业务骨干和IT精英相结合的项目实施团队，项目分为三期实施，至2008年，集团旗下400多家公司已完成系统上线工作，同时在实施过程中还为各上线公司陆续开发了一系列配套的接口和应用系统,如与上下游企业的业务接口,全球现金管理系统;中远财务公司结算核算系统;审计系统;中远财务信息查询系统及 SAP-OA 系统等,为集团各层面的科学决策提供了强大、关键的支持,财务工作绩效显著提高。

中远集团信息项目的成功实施,表明财务数字化项目在我国企业中拥有巨大的应用空间,其成功推进需要充分的调研论证、公司领导的高度重视和适合企业情况的实施进程,这几方面尤其值得国内企业参考。

(二)财务共享的构建——苏宁电器案例

苏宁电器作为一家大型的全国连锁家电销售商,面对不断增加的全国连锁门店,传统的财务核算和管理越来越不能满足公司经营的需求,因此,从 2007 年起,苏宁电器启动了财务转型,借鉴工业化流水线的操作,通过成立财务服务中心,在一个或多个地点对人员、技术和流程进行有效整合,实现公司内各流程标准化和精简化。

苏宁电器的财务服务中心,设有应收账款、应付账款、总账会计、资金结算、档案等十个部门,同时按照业务的协调需要,各个部门进一步细分,设置不同的业务工作小组。在财务服务中心内部,每个部门通过协作,以流水线作业的方式,共同完成公司的基础财务核算工作。以发票处理为例,每月财务服务中心将收到约 8 万份发票,如果是专人负责发票签收、记账和归档等工作,其人员需求和业务量可想而知,同时难以保证处理的准确性,但是通过财务服务中心的专业分工、协作,由档案管理部负责发票的签收、派工,应付账款部负责发票的记账,税务会计部负责发票的认证,完毕后提交档案部进行归档保管,流程清晰、分工合理、环环相扣,共同组成了发票处理工作的完整闭环。通过合理的分工,提高了工作效率,同时每个环节实现数据稽核,有效防控了风险,保证了业务处理的准确性。随后,苏宁电器在服务中心的基础上分别成立了财务规划中心、财务支持中心和结算管理中心,以利用服务中心的核算信息,全流程、全维度、全时间的对财务实行优化和监控管理。

苏宁电器财务服务中心和各专业管理中心的建立,有效满足了业务对财务高效、完善的处理要求,为国内企业开展会计组织转型提供了借鉴。

从目前来看,国内企业的财务转型实践还集中在运用信息化手段高效处理业务和会计组织转型层面,转型建设有待进一步深化。

第二节　财务管理数字化的基础理论

一、企业数字化理论

"数字化"一词最早是由日本学者梅掉忠夫提出,他在《论信息产业》(1963)一文中提出:"数字化是指通信现代化、计算机化和行为合理化的总称。"随后这一概念在日本、中国和俄罗斯等东方各国流传开来,并逐渐将这一词推广至国家数字化。在 1997 年我国召开的首届全国数字化工作会议上,将国家数字化定义为:"在国家统一规划和组织下,在农业、工业、科学技术、国防及社会各个方面应用现代信息技术,深入开发广泛利用信息资源,加速实现国家现代化进程。"企业作为国民经济的一个微观主体,是社会所需产品与服务的主要来源,因此企业数字化作为国家数字化的重要分支,其推广与应用直接关系到社会的稳定与发展,以及人民的生活与安康。

简单来说,企业数字化就是将信息技术应用到企业管理的各个环节中去,以提高企业经营效益与市场竞争力。按照功能可以划分为财务、生产、库存、销售等业务模块,其中发展相对成熟的部分有以会计信息系统为代表的财务核算模块。现今企业信息化正在向着智能与协同的方向发展壮大,并为各业务模块的发展与优化提供新思路。

企业数字化作为一个相对宏观的概念,财务管理数字化是企业数字化的重要组成部分。而换一个角度来讲,企业数字化是财务管理数字化发展的土壤,对于财务管理数字化的发展起到了重要的引导作用,起到了有效的支撑。财务管理数字化的健康发展与企业数字化的发展水平息息相关,没有企业数字化的良好的数据支持,企业数字化的财务、业务的集成,以及企业数字化的布网式监督管控，财务管理数字化的效能将会被极大地削弱。

二、财务集中管理理论

企业财务集中管理是指，企业通过集中核算、统一管理和报告制度，对企业进行财务管理与监督，主要的内容包括：财务的集中核算、集中控制及决策支持。

财务集中管理体系主要包括核算层、管理层及决策层，其中核算层肩负着系统对信息源的掌控程度的把握作用，是整个财务管理信息化乃至企业数字化实施的重要基石。管理层作为系统中企业战略方针与具体预算的执行和管控者，它是财务管理数字化贯彻执行的重要保障；决策层在系统中直面企业高层，为企业高层的各重大决定提供有力证据，在引导企业的总体走向上起重要的作用。因此，财务集中管理在企业财务管理数字化建设中提供了一个整体的管理框架并渗入管理脉络，从横向和纵向上管理和掌握整个企业的运行情况，是财务管理数字化实施成败的关键保障。

财务集中管理实施的保障要素归结为制度、流程、组织和平台四点，制度的规范化、流程的标准化、组织调整及职权重新分配，另外通过搭建信息平台支持其正常的运行，是财务集中管理的基本前提。财务集中管理体系的设计将直接影响财务管理信息化实施的成败，而制度的统一与流程的重组、规划对于整个企业的管控效果起到了关键性作用。因此，企业财务管理数字化的实施必须以财务集中管理的实施为基础，而在此之前制度的统一规范、流程的重组优化、组织的匹配调整及平台的搭建都不容忽视。

三、全面预算管理理论

预算是一个相对宽泛的概念，它具体反映在企业经营活动的方方面面，例如有现金预算、费用预算、资本预算、损益预算等。预算首先是一项计划工作，是对目标结果的量化表现，对预算的管理并不是简单的记录与比较，而是作为企业进行管控的重要手段。在企业预算理论形成之初，预算管理的职能定位就是计划和协调，经过多年的发展，预算管理理论逐步囊括了控制、激励和评价，并逐步成为企业进行内部控制的重要手段。也正是基于预算管理功能定位的逐步成形，以及企业内外环境、企业跨越式发展、企业现代化管理的综合需求，使得企业预算管理的实施迫在眉睫，全面预算管理的理念也逐步形成。

全面预算管理的主要内容包括有经营预算、资本预算、筹资预算及财务预算四个部分。基于各企业具体情况的差异化，使得全面预算管理在应用的过程中设计和规划都存有差异，预算管理的模式和体系都有待考量。近年来，价值链及供应链的广泛研究为全面预算管理的实施提供了创新性的思路，但是实施效果不尽如人意，直到信息技术条件下的各大管理软件及作业成本管理的提出，使得全面预算管理的应用开启一个新篇章，全面预算的思想逐步通过计算机技术、信息技术在企业管理中的应用过程中体现出来，全面预算管理系统面世并推广应用。烦琐的预算编制工作得到了有效的解决，同时全面预算管理系统必将向着更深入的管控和下钻式的预算差异分析方向进军。

近年来，随着企业数字化的发展与其功能的逐步深化，为全面预算管理的思想的生根发芽提供了沃土。同时全面预算管理也逐步成为继企业资金管理的第二大财务管理数字化核心内容。有专家预测，在不远的将来，全面预算管理必将与企业的战略相融合，贯穿于战略的制定、落实、监控与考核，同时全面预算管理还将以企业价值链为根基，进行整个价值链的资源优化配置。

四、商业智能系统

商业智能（BI），是于 1989 年由分析师 Howard Dresner 提出的。商业智能是指将数据转变成信息的过程，并且最终将信息转化为知识。商业智能是伴随着信息技术的发展进步及推广应用而逐步发展起来的，它借助于数据仓库、数据挖掘等技术，进行多维度的分析和深入的挖掘，将杂乱的数据最终转化为具有决策价值的知识，并将其应用于各个商业活动。

数据仓库、数据集市、数据挖掘及联机分析处理是商业智能技术的核心组成。其中，数据仓库充当了企业业务数据的存储器，对企业的各项业务数据进行统一和集中管理，与数据集市一起为 BI 的正常运作奠定坚实基础，数据挖掘的主要功能是对数据库中数据进行判断与提取，为联机分析处理的分析和处理工作起到重要的辅助性工作。

对于企业来讲，财务管理数字化的实施为其管理的进步提供了良好的阶梯，但是数字化的背后却有潜在的危机，那就是信息爆炸，并且这一危机已经逐步显露。在企业财务管理数字化建设中引入商业智能，以融合企业内部信息，针对不同管理者的需求，挖掘有价值的信息，并将其转变成知识，全面满足各级人员的个性化需求当是大势所趋。

第三节 财务数字化管理系统

一、财务数字化管理系统的主要内容

从业务流程上分，财务数字化管理系统可分为电算化会计信息系统、财务管理计算机系统和电子商务部分，其中电算化会计信息系统是运用电子计算机技术对会计信息进行管理的人机结合的控制系统，简称会计电算化。它为计算机财务管理提供了精确的理论基础，使财务管理向数字化发展，进而提高了工作效率和成功率。电子商务是利用电子手段进行的商务活动，它以网络为基础，不受时间限制，是财务数字化管理的升华，是财务数字化管理成功的体现。三者关系是密不可分的。

（一）会计电算化信息系统

1. 会计电算化信息系统是财务数字化管理的基础

（1）财务管理计算机系统与会计电算化系统的关系

财务管理计算机系统和会计电算化系统有着密切的联系。过程中所采用的技术是基本一致的。因此，财务管理信息系统的设计可参照会计电算化系统进行，在具体设计过程中，可吸取会计电算化系统设计过程中的经验和教训。

（2）会计电算化系统是财务管理计算机系统的基础

财务管理计算机系统中使用的大部分数据都来源于会计电算化系统，因此这些数据可以和会计电算化系统共享，也可以直接通过转化程序获得，而不需再经过人工数据采集过程。

（3）财务管理计算机系统的建立，使会计电算化信息系统进一步完善

财务管理计算机系统将为企业的生产和经营管理提供更多、更有用的管理数据，特别是财务管理计算机系统，在充分利用会计电算化系统数据的基础上对企业的资金运动情况进行的财务预测、监督、控制与分析，使得会计电算化系统的数据资料得到了充分的利用，增强并扩大了会计电算化系统数据的使用效率。

（4）会计电算化信息系统的组成

一个会计信息系统通常由多个不同功能的子系统组成。每个子系统完成特定的会计数据处理，提供特定部分的会计信息；各子系统之间互相传递信息，共同完成一个既定的系统目标。会计的三项基本职能是反映、监督和参与决策，也分别称之为会计的核算职能、管理职能和决策职能。通过会计核算来反映企业的经营活动情况，通过会计管理来监督企业的经营活动情况，通过会计决策来参与企业的经营管理。因此，会计电算化信息系统按职能通常分为电算化会计核算信息子系统、电算化会计管理信息子系统和电算化会计决策支持子系统。

2. 会计电算化信息系统在企业管理信息系统中的位置

从对管理信息系统的分析可知，企业管理信息系统是由众多的子系统组成的生产经营系统，各子系统有着各自不同的作用和任务。电算化会计信息系统是企业管理信息系统中的一个子系统，具有十分重要的地位。由于会计是以货币的价值形式反映企业再生产过程中的资金形成、使用和分配过程，反映和监督企业整个生产经营活动，因此，电算化会计信息系统与其他管理信息子系统相比具有如下特征。

（1）定量化

会计作为重要的企业管理活动之一是通过货币计量以达到管理目标。因

而，与其他子系统不同，会计信息系统更侧重于定量化的管理，并且要精确。电算化会计信息系统所产生的产品（会计信息）必须符合国家统一的会计制度的规范要求。

（2）全面化

会计信息是系统反映和控制企业产、供、销、人、财、物各个环节、各个方面，并全面参与企业管理的综合信息。例如，企业的设备管理子系统只是对本单位生产资料使用价值的管理，而会计对在企业生产经营过程中只要能够用货币计量的经济业务事项都可以进行管理，并且其价值管理和综合管理的功能突出。会计信息系统是保证企业以最小的投入取得最大的经济效益的子系统。可以说，企业各部门的管理人员都在某种范围内利用会计信息。

（3）复杂化

正是由于会计信息系统全面地反映和控制企业生产经营活动，使它不仅内部结构十分复杂，由若干子系统构成，而且，它跟其他管理子系统及企业外部联系也十分密切和复杂。会计信息系统从其他子系统中取得有关信息，加工处理后又提供给有关系统，使得系统内部和外部接口比较复杂。

（4）信息最大

鉴于以上特征，又决定了会计信息系统要收集、处理、存储和提供大量的经济信息。据测算，会计信息量约占企业全部信息量的70%左右。

综上所述，会计电算化信息系统在管理信息系统中占有十分重要的地位，与其他子系统相比，电算化会计信息系统处于整个系统的中心位置，如果把管理信息系统比作大脑，那么，会计信息子系统就好比神经中枢系统，控制着整个系统的运行。因此，在建立企业管理信息系统时，必须综合考虑各子系统的要求和特点，使其结构合理，最大限度地实现数据共享，提高系统整体效率。

（二）财务管理计算机系统

1. 财务管理计算机系统是财务数字化管理的核心

财务管理计算机系统是一种新型的人机财务管理系统。它以现代化计算机技术和信息处理技术为手段，以财务管理和管理会计提供的模型为基本方法，以会计信息系统和其他企业管理系统提供的数据为主要依据，对企业财务管理中的结构化问题进行自动或半自动的实时处理；而对那些半结构化和非结构化的问题，则通过提供背景材料、协助分析问题、列举可能方案、估计各种不确定方案的结果、预测未来状况等方式，为企业决策者制定正确科学的经营决策提供帮助。

从财务管理的具体内容来看，财务管理中的一部分问题，属于结构化的问题，具有固定的处理模式，具有一定的规范性；而财务管理中的大部分问题则属于半结构化或非结构化的问题，都是难以事前准确预测的，且各种问题及解决问题的方法是随环境的变化而变化的，这就决定了财务管理的不规范性。但是，从另一角度看，企业财务管理中的各种问题又以企业的内部环境为其基本环境条件，这又决定了企业财务管理以企业管理各子系统的信息数据为基础。通过对这些数据的分析，可以对企业财务管理中的各种问题进行预测和判断。可见，财务管理计算机系统实际上是一种综合了计算机管理信息系统和计算机决策支持系统的综合系统，它具有管理信息系统和决策支持系统的一切特点。

2. 电子商务下的财务运行

电子商务在改变传统会计运行环境的同时，也改变了建立在此基础上的会计信息系统的应用环境。基于电子商务的会计信息系统必须是建立在企业内联网、外联网、互联网基础之上的。目前，美国的许多会计和管理软件已实现了这一目标。我国的会计软件公司也在往这个方向发展，有的已推出了称之为"网络财务"的第一代产品。

毫无疑问，基于电子商务的会计信息系统也必然是基于互联网的会计信息系统。为了突出网络社会会计信息系统的本质特征，也可以把这个系统叫作基于电子商务的会计信息系统，即不能把互联网对会计信息系统的影响仅看成一次像过去 Windows 代替 DOS，C/S 结构代替 NOVELL 结构的纯技术进步，而应当把它看成会计信息系统结构的质的进步。

会计信息系统是为企业经营管理服务的，它总是建立在一定的企业组织与业务环境之上。电子商务改变了企业的组织结构、业务流程和货币结算程序，也改变了会计信息产生和存在的形式，这必将给会计信息系统带来深刻的影响。

（1）改进会计信息的检索以及输出方式

在电子商务下会计信息系统采用线上的输入方式来替代之前传统的纸质输入方式，从而极大地提高了企业的数字化程度及企业运营的效率。无纸化的输入方式不仅能够有效降低纸质资料的装订及打印的成本，还在一定程度上节约了人力资源上的投入。除此之外，无纸化的输入方式也是进一步使得资料的查阅及信息检索的方式变得更加的便利。将所有的财务报表资料及数字信息输入电脑，然后由会计人员进行计算得出结果，这样的方式比之前传统的方式更加详细和完善。与此同时，关键词搜索、日期搜索等多种检索方式，这样也是极大地提高了数据资料的查阅效率。

（2）有效降低了生产成本和销售成本

据相关调查结果揭示，电子商务的出现有效地降低了产品的生产成本及销售的成本，并且生产和销售成本降低的幅度在 3%～37%不等。而对于企业来说，电子商务针对的不仅是企业成品销售的环节和材料选购上，还在一定程度上反映了企业内部每一个生产环节半成品和成品的转移等。电子商务会以数据化传输的方式将产品的半成品材料传输到下一个环节当中的系统模块上，并且让其参与到这个系统模块的运作中，然后通过企业电算化的会计信息系统将该数据储存起来，将其用于企业整体的数据化管理的运行，这在很大程度上降低了企业的生产成本及销售的成本。

二、财务数字化管理的意义

企业财务数字化管理是企业财务管理史上的一次革命，它不仅是财务管理发展的需要，而且是经济和科技发展对财务工作提出的要求，是时代发展的要求。同时，财务数字化管理已成为一门融电子计算机科学、信息科学和会计科学于一体的边缘学科，在经济管理诸领域中处于领先地位，正在起到带动经济管理诸领域逐步走向现代化的作用。具体来讲，财务数字化管理的意义主要体现在以下六个方面。

第一，减轻了财会人员的劳动强度，提高了会计工作效率。实现财务数字化管理后，只要将记账凭证输入电子计算机，计算机就可以自动、高速、准确地完成大量的数据计算、分类、存储、传输等工作。这不仅可以把广大财会人员从繁杂的记账、算账和报账工作中解脱出来，而且也大大提高了会计工作效率。

第二，促进了财务工作规范化，提高了财会工作质量。财务信息系统对财务数据来源提出了一系列规范化的要求，这在很大程度上解决了手工操作中的不规范、易出错、易疏漏等问题，使财务工作更加标准化、制度化和规范化，财务工作的质量得到了进一步的保证。

第三，促进了财会人员素质的提高。财务数字化管理的开展，一方面，由于许多工作是由计算机完成的，财会人员有了更多的时间，可以学习会计和管理方面的新知识；另一方面，要求广大会计人员学习掌握有关财务数字化管理的新知识，从而使广大财会人员的知识结构得以更新，素质得以提高。

第四，促进了财会工作职能的转变。在手工条件下，财会人员整天忙于记账、算账、报账，财会工作只能实现事后核算的职能。采用电子计算机进行会计数据处理后，不仅提高了财会人员的工作效率，使财会人员可以腾出更多的时间和精力参与经营管理，更好地发挥财会人员应有的作用；而且由于电子计算机能够存储并迅速处理大量的数据，完成在手工方式下难以完成甚至无法完成的对会计信息的分析、预测、决策工作，实现会计的事前预测、事中控制的职能，从而使财务管理能在加强经营管理、提高经济效益中发挥出更大的作用。

第五，促进了会计理论和会计实务的发展，推进了财会制度的改革。财务数字化管理不仅是财务核算手段和财务信息处理技术的变革，而且必将对财务核算的内容、方式、程序、对象等会计理论和实务产生影响，如由于账簿存储和处理方式的变化导致账簿的概念与分类的变化，由于内部控制和审计线索的变化导致审计程序的变更等，为了适应这些变化，财务管理制度也要进行相应的改革。

第六，奠定了企业管理现代化的基础。现代企业不仅需要提高生产技术水平，而且还需要提高企业管理水平，实现企业管理现代化，才能提高企业经济效益，使企业在激烈的竞争中立于不败之地。会计信息是企业管理信息的重要组成部分，而且多是综合性的指标，具有涉及面广、渗透性强等特点。实现了财务信息化管理，就为企业管理现代化奠定了基础，并且可以带动或加速企业管理现代化的实现。

第五章 智能化与企业财务管理研究

第一节 智能化的内涵与机制探究

一、智能化的内涵

智能化作为世纪之交出现的新实践，至今尚无统一的概念定义。仅谷歌的 CNKI 知识元数据库，就收录了几十个关于智能化的定义。多数人将智能化理解为一种数据处理技术。智能化是一个历史过程，又是一个时代概念。在汉语中，"化"有融合、扩展、演变之义。因而智能化是智能作用范围的扩展及水平不断提高的过程，是人类让产品、工具和工作方式变得越来越"聪明"的历史过程。广义的智能化，是人类从动物界分离出来并不断进化的漫长历史过程，包括：直立行走，扩大视野；学会用火，熟食增进大脑的发展；语言体系的形成，加强人类的互动和协作，推动抽象思维及工具的应用，延长四肢和大脑等。

现在讨论的智能化，是基于人工智能应用越来越广泛的背景。因而它是一个时代概念，具有人工智能的要素和协同智能的本质。由于无论是人类智能，还是人工智能，都在不断进化发展，因而智能化是一个永无止境的过程。

根据以上分析，将智能化定义为是在产品、工具或工作系统中协同应用人类智能和人工智能，以提升其功效的过程。

智能化的物质体现包括各种智能化产品和智能化工作系统。目前智能化产品种类繁多，例如，智能手机、智能冰箱、智能电视机、医用 CT 机、自动驾驶汽车等。智能化工作系统，例如，智能家居、智能电网、云翻译系统、

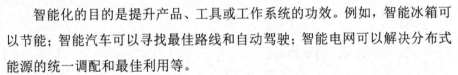

反导系统等。

智能化的目的是提升产品、工具或工作系统的功效。例如，智能冰箱可以节能；智能汽车可以寻找最佳路线和自动驾驶；智能电网可以解决分布式能源的统一调配和最佳利用等。

智能化的本质特征在于智能的协同发展和应用。智能化既不是单纯的人脑功能开发，也不是单纯的信息技术开发和计算机网络应用。智能化是通过人类智能与工具智能协同发展，个人智能与组织智能、社会智能协同发展，不断提升科技、经济和社会活动功效的过程。

智能化是发挥人类智能和工具智能各自特长的过程。人类智能是智能发展的源泉，工具智能虽然在某些方面还不能取代人类智能，但是在分析计算等方面可以超越人类智能。

个人智能是人类智能的基础，但经过整合和互相激励，组织智能无论在内容，还是在水平方面均可以超越个人智能，对于高度复杂的产品和工作系统，还需要在更大范围内开发利用社会智能，才能获得预期的功效。

在这里，需要区分若干相关概念。

智能化不同于计算机化。计算机仅仅是人类发明的工具智能，属于人工智能的范畴。而人工智能均发端于人类智能。到目前为止，要让产品、工具和工作系统变得更加聪明，人类智能始终发挥主导作用，计算机仅发挥辅助作用。

智能化也不同于知识化。一方面，知识化强调的是开发人类智能的意义，未能反映人工智能在现代社会发展中所起的巨大作用；另一方面，知识化主要是指经济结构的变革，是指社会经济的发展，从以物质与能源为经济结构的重心，向以知识为经济结构的重心转变的过程。智能化则是在生产和管理过程中广泛采用人类智能和人工智能以提升功效的生产方式的变革。

智能化不同于机械化、自动化。机械化是用机械工具代替部分手工劳动，主要是人类肢体功能的延伸和替代；智能化是用人工智能代替部分脑力劳动，主要是人类神经系统特别是脑功能的延伸和替代。自动化与智能化存在交集，自动化应该包括智能化和非智能化两类技术。其中智能化主要是指自动化系统中起综合判断和产生指令的中枢部分，非智能化技术，主要解决根据指令执行操作的任务。

二、智能化的机制探究

智能化可以大大提高产品、工具和工作系统的功效，大大提高劳动生产率，因而人们力图加快智能化的进程。这就需要探讨智能化的机制，智能化的机制包括个人智能开发、知识管理、社会智能协同、智能工具化、人机协同和制度激励六个机制。

（一）个人智能开发机制

智能化虽然涉及组织智能、社会智能和工具智能，但其基础还是个人智能。人类通过学习、实践等途径，可以提升思维和创新能力。参与 IBM 公司领导的"蓝色基因计划"的科学家达门德·莫哈说："人类大脑具有一种惊人的将跨意识的多重含义信息整合的能力，它可以毫不费力地创建时间、空间和物体的种类，并得出感官数据的相互关系。大脑可以完成各种无与伦比的技艺，令现在的计算机望尘莫及。"

根据中国科学院心理学研究所尹文刚博士的研究，人类大脑至少还有50%没有得到开发。

个人智能开发最直接的途径就是教育培训。有报道说，日本松下电器公司，由于常年进行全员创新教育培训，企业员工创意力猛增，公司拥有 5 万多件专利，员工所提创意提案每年高达 150 多万件。美国商人彼得·尤伯罗斯通过学习和运用德博诺博士"六项思考帽子"方法，成功举办了 1984 年洛杉矶奥运会，将原来是一个财政负担的政府项目，变成了可以商业运作的盈利机会。

（二）知识管理机制

通过知识管理，将个人的隐性知识转化为显性知识，通过知识交流共享，建立公共决策体制，形成组织智能。从历史角度考察，通过统一语言文字，发展教育和通信，实现了个人知识的传播、积累和传承，推动了生产力的提高和社会的发展。现代社会由于互联网的出现，人类智能的发展呈现更快的速度。

美国巴克曼实验室开发了一个称为 KNetix 的知识管理系统，让分散在全球 80 个国家的全体员工贡献并分享知识，该系统由于能收集让新产品成为快速转移上市的最佳实践，使该公司新产品的收入比例从占总收入的 22% 提升到 35%，新产品相关利润提升 10%，对顾客问题的响应速度从原来的几周缩短为几个小时。

（三）社会智能协同机制

现代社会是一个分工协作高度发达的社会。一项智能化的产品、一种智能化的工具、一个智能化的工作系统，常常需要整合社会各方面的力量进行开发。例如，苹果公司的 App 将唱片公司、歌手、作家、游戏及应用软件开发商，以及业余电子程序编写高手等整合在一起，为"粉丝"们提供上万种消费选择。

近年来发展的云计算、云存储和云安全等，更体现了社会智能的专业化和分工协作的大趋势。

（四）智能的工具化机制

人类智能一定要物化为产品、工具或工作系统，才能称为智能化。可见智能化是人类智能外化、物化的结果。通过在产品、工具和工作系统中植入和集成人类的智慧，例如，各类专家系统可以大大提高效能。由于计算机不存在生理心理的局限，信息采集、计算和存储能力可以大大超越人类，而且不会受到情绪波动的干扰，因而可以表现出高超的智能。

1996 年 2 月 10 日，在美国费城举行的国际象棋比赛中，由 IBM 开发的采用 32 个微处理器并行计算的深蓝计算机，首次挑战国际象棋世界冠军卡斯巴罗夫，成绩为 2:4。经过不断改良，工程师们在深蓝输入了 100 多年来优秀棋手的对局 200 多万局，每秒钟可以计算 2 亿步，可搜寻及估计随后的 12 步棋，而一名人类象棋好手大约可估计随后的 10 步棋，最终在 1997 年以 3.5:2.5 击败了卡斯巴罗夫。

利用新型软件、模仿人脑的神经结构，采用大量并行分布式网络建造的人工智能电脑，能听懂声音并具有高超的联想记忆能力和学习能力，1989 年美国贝尔实验室制成了可供神经电脑使用的集成电路。1992 年三菱电器公司开发出神经电脑用的集成电路芯片，现在纽约、迈阿密、伦敦飞机场已经用这种神经网络检查爆炸物。

（五）人机协同机制

人机协同是智能化最本质的特征。人类发明了计算机这样的智能工具，计算机反过来支持人类发明创造。科学家、工程师及项目经理确定工作目标和思路，计算机完成信息搜索、高速计算、参数关联、图像显示、模拟仿真和决策反馈，帮助人们提高效率、实现目标。同时，计算机及信息平台需要人们维护和不断改进。通过协同工作，智能化水平不断提高。

以专家系统的开发为例，基于规则的专家系统结构包括知识库、数据库、推理引擎、解释设备和用户界面。知识库、数据库、推理引擎、解释设备和用户界面是由某领域的专家（或专家团队）、知识工程师、程序员、项目经理乃至终端用户协力开发的。用户提出对专家系统的要求，专家提供相关领域各种情景和解决方案的理论知识和经验；知识工程师负责设计、构建并测试专家系统，搞清楚专家解决问题的事实和规则，以及专家表达的方法，选择特定的开发软件或专家系统框架，或选择编程语言以解决知识的编码，之后负责专家系统的测试、修改，并将系统集成到工作平台；程序员负责编程，用计算机能接受的语言描述专家知识；项目经理负责项目的组织协调。而专家系统的开发及应用，还需要计算机与一些组件相配套，如允许专家系统融合外部数据文件和以常用语言编写的程序的外部接口、知识库编码器、测试工具及输入输出设备。

第二节　人工智能技术对财务管理的推动

一、RPA 技术对财务管理的推动

（一）RPA 技术的概念及特点

机器人流程自动化是一种基于软件机器人和人工智能概念的计算机脚本语言，用于实现用户界面（UI）的自动化技术的软件工具。RPA 具有多功能、跨应用的特点，可以执行删除重复、可复制和常规性任务，解放劳动力，以此达到帮助员工提高效率的目的，还可以连通企业内外部信息系统，使数据的集成拿取便捷简单，以此提高用户的使用感。

RPA 擅长于模仿人类操作方式解决大量重复性质的工作，其具有以下的技术特点。第一，持续工作。RPA 可以全天候 24 小时操作处理，这大幅提升了企业财务管理的工作效率。第二，规则明确。前期工作人员需要编写基于明确规则能够完整运行的脚本，促使 RPA 能够持续运行。第三，以外挂形式存在。RPA 在另外的系统中运行，不会改变企业的架构。第四，增强模仿能力。RPA 按照人工操作方式来运行。

（二）RPA 财务机器人的概念及功能特点

财务机器人是 RPA 技术运用于财务领域的产品，它可以通过模拟在现实工作中会计人员的工作流程进行自动化操作，根据 RPA 的技术特点发现它适合代替工作人员完成工作量大、规则明确、重复率高的基础业务内容。可以把 RPA 财务机器人当作是财务部门的虚拟会计，从事的工作为传统的人工操作中重复性的工作流程，只不过被放置在特定的流程节点进行自动化的工作。

结合 RPA 的功能和特点，总结出 RPA 财务机器人的功能如下。第一，数据检索与记录。计算机模拟财务人员常规人工操作的流程，并记录这套程序，在相关类似的业务发生时自动触发执行需要数据的检索与记录。第二，图像识别与处理。RPA 财务机器人借助光学字符识别（Optical Character Recognition，OCR）技术自动扫描识别凭证等文件，并提取出与业务相关的文字、数据，再经过系统筛查，留下可以用于自动化处理的数据。第三，平台上传与下载。RPA 财务机器人根据预定的运行脚本自动登录企业内外部信息系统，完成相关财务信息的上传与下载。第四，数据加工与分析。RPA 财务机器人对于搜索和下载到的数据自动进行筛选、审查、计算和分析。第五，信息监控与产出 ORPA 财务机器人可以基于模拟人类判断，实现工作流分配、标准报告出具、基于明确规则决策、自动信息通知等功能。

因为 RPA 独有的技术特点，导致 RPA 财务机器人比较擅长处理大量重复的业务内容和基于明确运行规则模拟人工操作的流程。RPA 财务机器人的技术特点如下。第一，简单的重复操作，如相关数据的检索、下载、录入和审查等。第二，量大且易错的业务，如报销票据的审核、增值税专用发票的验证及与往来单位或银行的对账等。第三，系统内嵌的多个异构系统不会改变系统。第四，7×24 小时工作模式，弥补了财务人员工作精力及工作时间有限的问题，适合于企业 7×24 小时的业务。

（三）RPA 是实现智能财务的第一步

在财务管理领域，RPA 技术基本覆盖了财务运营管理的方方面面，如账单管理、报表管理、预算管理、信用管理、税务管理、流程控制等。每个企业流程的规范化、标准化程度不同，RPA 技术应用的范围也不同。

但是，RPA 技术仍然不是真正的智能财务。RPA 技术应用的实现基础依然是传统的流程规则的明确，它是针对企业现有信息系统提供的外挂自动化软件，对企业已经存在的系统、应用和流程，不会有任何的影响，而只是把需要人工操作的部分变成机器代替人来操作。

而智能财务的实现基础，是机器的自我学习、自我认知能力。RPA 不仅是只包含一个基于明确规则的自动化机器人，而是综合运用了人工智能的多项最新的技术，例如，图像识别技术、语音识别技术、自然语言处理技术、语义解析技术、规则与流程引擎技术及机器深度学习技术等人工智能相关技术，为企业提供多场景、全方位的智能财务服务。以实际的应用场景举例，真正的智能财务机器人，不仅要能自动化执行相关操作，如自动生成凭证、自动对账、自动月结、自动付款及自动报税等，同时还要具备自我学习、自我纠正的能力，通过机器的自我学习使自己的功能愈加强大。

从整个人工智能在企业管理中的应用过程来看，要实现企业财务运营智能化，先后需要经过业务流程自动化平台、机器人流程自动化（RPA）、自然语言识别技术、智能或认知计算及模型化业务等几个阶段的发展与沉淀。RPA 技术的深化应用与积累，将会是企业实现财务运营智能化的关键。

二、OCR 技术对财务管理的推动

（一）OCR 技术的概念

OCR 技术是通过扫描等光学输入方式将各种票据、报刊、书籍、文稿及其他印刷品的文字转化为图像信息，再利用文字识别技术将图像信息转化为可以使用的计算机输进技术。可应用于银行票据、大量文字资料、档案卷宗及文案的录入和处理领域。适合于银行、税务等行业大量票据表格的自动扫描识别及长期存储，相对一般文本，通常以终极识别率、识别速度、版面理解正确率及版面还原满意度四个方面作为 OCR 技术的评测依据；而相对于表格及票据，通常以识别率或整张通过率及识别速度作为测定 OCR 技术的实用标准。由于 OCR 是一种与识别率拔河的技术，因此如何除错或利用辅助信息提高识别正确率，是 OCR 最重要的课题，智能字符识别（Intelligent Character Recognition，ICR）也因此而产生。而根据文字资料存在的媒体介质及取得这些资料的方式不同，就衍生出各式各样、各种不同的应用。

OCR 可以说是一种不确定的技术研究，正确率就像是一个无穷趋近函数，知道其趋近值，却只能靠近而无法达到，永远与 100% 作拉锯战。因为其牵扯的因素太多了，书写者的习惯或文件印刷品质、扫描仪的扫描品质、识别的方法和学习及测试的样本等，多少都会影响其正确率，OCR 的产品除了需有一个强有力的识别核心外，产品的操作使用方便性、所提供的除错功能及方法，亦是决定产品好坏的重要因素。一个 OCR 识别系统，其目的很简单，只是要把影像做一个转换，使影像内的图形继续保存。若有表格则将表格内资料及影像内的文字，一律变成计算机文字，达到影像资料的储存量减少、识别有的文字可再使用及分析，当然也可节省键盘输入所需的人力与时间。

（二）财务领域 OCR 技术的应用

目前，在财务领域 OCR 技术应用主要分成以下两个模块。

1. 识别确认模块

OCR 影像识别的基础工作为定义识别引擎模板。模板根据位置、识别区域来确定影像中要转换为电子信息的内容，通过标示项由引擎自动定位确定影像区域，模板定义时可对识别内容进行校正。识别模板可以识别影像文件中的任何内容。OCR 识别了发票代码、发票号码、发票日期、金额、税额、总额、购方税号和销方税号 8 个识别项后，形成结构化数据，用于认证、记账等流程。

2. 记账应用模块

在财务共享中心中利用 OCR 识别结果，提升记账信息集成度，提高核算记账效率和质量。共享中心模板使用 OCR 识别结果，系统在初始形成凭证预制信息时，会根据 OCR 识别的结果对新项目中的税项进行预录入，按照识别信息逐行生成"应交税费——增值税"项目，并写入税额、税码信息，完全替代人工维护税金行项目工作。

第三节　人工智能财务在农业科研单位中的应用

进入 21 世纪，信息化、数字化、移动化、智能化等科学技术的快速进步，促进了互联网的蓬勃发展，互联网的发展又带动了各传统业务发展模式的变化，推动着社会经济发展不断变革。财务领域也不例外，随着大数据、云计算、移动化、云共享、人工智能等技术的应用程度不断拓展，并相继引入会计、审计等领域，使得会计确认、记录、计量和报告的模式不断改变与重构。从会计电算化到网络报销到财务机器人再到人工智能财务，无不印证着这一点。虽然人工智能不能等同于"智慧"，但它可以模拟人类部分的思维。随着人工智能在财务领域的引入，财务机器人基于强大的数据挖掘、深入学习能力、快速计算能力，可以像人类一样，自主搜集相关信息，并进行快速分析，得出相应决策，这必将进一步改变财务业务流程，促进财务管理未来发展模式的变革。尽管目前人工智能财务的成熟度与成本替代比仍不足以马上掀起财务领域的革命性变化，但其成本收益曲线随着时间的推移、技术的进步，必将迎来爆发性的拐点。

一、人工智能财务

（一）人工智能的定义

人工智能（AI）是研究、开发用于模拟、延伸和扩展人的智能的理论、方法、技术及应用系统的一门新的技术科学。人工智能是计算机科学的一个分支，研究应用计算机来模拟人类的某些智力活动，从而代替人类的某些脑力劳动。

（二）人工智能财务的定义及特点

人工智能财务基于大数据和云共享，以智联网采集的数据为基础，通过深度学习，模拟人类采集、处理、分析、预测、决策等情况的逻辑思维，通过云共享平台提供的智能算法、数据存储和高速计算功能，可以高效率地向管理者汇总、处理和分析财务数据。人工智能财务的应用，将促进现有会计准则和制度发生相应的改变，全面变革现有记账模式，为会计信息的生成提供新的路径，为财务管理决策提供动态准确的数据，为管理者制定企业发展战略规划提供支撑。

（三）人工智能财务的应用前景

为了应对企业日益复杂的管理难题，适应企业不断变化的创新需求，人工智能的应用势不可当。根据麦肯锡全球研究院对自动化的研究，财务管理中42%的业务可以实现全自动化，19%可以实现近全自动化。

四大会计师事务所于2017年年底，先后推出了各自的财务机器人，实现了财务业务数字化管理，用来替代财务工作中重复性较高的基础性业务。中国科学院经过统一规划、研发，率先在中央级事业单位开启了智能云财务管理，并选取了自动化研究所、动物研究所、过程工程研究所和空间应用工程与技术中心作为试点，让科研人员可以通过智能手机直接完成发票自动录入与记账、小额发票快速智能报销及移动审批等功能。

虽然目前人工智能财务技术和应用尚处于起步阶段，应用范围、层次和程度都不高，其各自推出的财务机器人本质上仍然是一款软件的应用，中国科学院的智能云财务管理也还有待进一步完善，但是在不久的未来，人工智能财务能够"像人类一样工作，把人从机械、重复的劳动中进一步解放出来"，让相关人员可以开展价值更高的工作，其应用前景光明，应用空间巨大。

二、人工智能财务应用产生的变革

（一）重塑财务管理职能

传统模式的财务存在着大量财务基础性工作、核算性工作，如审核、记录、报告等，人工智能财务的引入，将使财务工作朝着更加无纸化、自动化方向发展，人工智能财务会根据已经设定好的逻辑、程序，在后台不间断地运行，自我监测，处理大量重复性工作。这样，一方面可以解决农业科研单位财务人员短缺的问题；另一方面也可以促使单位的科研和财务一体化发展，相互融合，让财务人员有更多的精力通过人工智能财务提供的数据进行分析，为单位相关决策提供支持，将财务管理的功能向管理会计方面进行拓展，由现有的核算型转为服务和参与决策型。

（二）提高风险防控

农业科研单位现有的风险防控体系更多的是依靠内部或外部审计来实现的，而审计工作受时间成本、人力成本等因素的限制，无法进行全面审计，审计工作也需要大量的人工操作，人工操作不但存在人为失误的情况，还可能会出现故意操纵的问题，导致审计风险较高、风险防控效率打折扣。未来，随着人工智能财务的应用，各类网络数据将得到有效整合，如科研物资采购平台的数据、科研人员相关业务所产生的电子发票等数据，这些数据将通过手机、网站等各类工具上传到人工智能平台，"共享云"等人工智能技术保证了所有财务数据都是真实有效、客观实时的记录，无法被人为篡改或篡改概率很小，很大程度上降低信息失真的可能性，也不再需要审计人员单独对各类信息的真实性、可靠性和合法性进行辨别，人工智能财务能够很快地对相关数据进行整理、追溯和分析，完成相关审计工作，提高了风险防控的效率。

（三）提高财务管理工作效率

随着人工智能财务的引入，一系列标准化、重复性的工作都可以通过人工智能技术来实现，财务管理工作效率将进一步得到提高。特别是在农业科研单位异地基地财务管理方面，人工智能财务将发挥重大作用。异地基地管理人员在当地发生的业务，可以通过手机拍照后上传到"共享云"，由人工智能财务在"共享云"提取数据，并进行发票验真，报销后直接把报销金额汇款到经办人员的银行卡中，减少报销人员往返单位与基地之间的时间和差旅成本。这不仅给报销人员提供了便利，还可以提高财务管理的工作效率。同时，人工智能财务的数据挖掘、处理能力，可以实现在多重约束条件下的组合分析，大大提高各类报表生成的速度，提升财务支撑作用，提高财务工作效率。

（四）提升农业科研单位信息化水平

现阶段中央级农业科研单位财务信息化仍以上级法人单位为基础在进

行，财务软件也是简单的记账功能，上级部门所需要的相关财务统计、数据分析和处理工作还是依赖于单位自身财务人员提供的报表等来进行，没有实现完全意义上的信息化。未来，人工智能的引入，中央级农业科研单位将所属各机构的业务通过分散式处理后，集中在一个系统里，每个下级单位都成为财务数据的提供者、使用者和管理者，单位的财务系统数据将通过"共享云"技术，上传到中央级单位财务系统里。人工智能财务对这些数据可以进行分类，但是不会影响到研究所各自的数据流动和后续的数据使用。若上级单位开展审计，可以随时调取相关单位的数据，对下属单位的业务进行实时监控。同时还可以设置部分预警条件，让人工智能在后台实时监控，不间断运行。

管理部门还可以通过数据挖掘等算法，在"共享云"中找到管理所需要的相关数据、制定院所发展战略、关注重点潜力方向、分析区域差异情况、科学分配全院资源、防范各种风险等。同时，人工智能财务来自集中化、标准化和规模化所产生的节约效能也将进一步得到体现，促进农业科研单位财务管理模式的转变。

三、人工智能财务管理建议

（一）转变思维，迎接新产物

世界唯一不变的就是变化，人工智能财务是新时代的产物，它的到来势不可挡，就像工业革命时期，纺织工人无法阻挡蒸汽机的使用一样，财务人员也无法阻挡人工智能财务时代的到来。与其抱残守缺等待淘汰，不如解放思想、转变思维，以全新的理念、开放的心态、创新的模式，积极拥抱财务领域这场即将到来的巨大变革。把人工智能作为财务人员的助手，而不是竞争对手，只有这样，才能抓住机遇实现双赢。

（二）加强学习，培养人工智能时代新型财务人员

随着科技的发展，知识淘汰速度加快，学习不再是人生某一阶段受一次

性教育就一劳永逸的事情，做会计工作更是如此。

人工智能财务时代，伴随着众多传统财务岗位的消失，也将产生诸多新的财务岗位。人工智能财务是一种新型的高科技产物，虽然有其特有的优势，如减少失误、提高效率和减少成本等，但它在自主思考、与人沟通协作、应变反应等方面同样存在着劣势，因为它只是人类智慧整体的一小部分。故而人工智能财务并不会完全替代传统财务工作，这就给财务人员带来了机遇和挑战。所以，财务人员必须加强学习，实现自身的转型，由普通核算人员向综合型人员转型，提升自己的职业层次，做好人工智能不能完成的工作，以应对新时代到来产生的变革。

第一，要加强财务相关业务的学习，提升自己的业务水平。人工智能财务的"内核"就是财务相关的知识，只有不断提高自己的业务水平，才能具备良好的专业素养和专业判断，能够在实际工作中应对各种经济业务，做一些人工智能所不能完成的工作。

第二，要加强信息技术的学习。人工智能财务是信息技术在财务领域具体的应用，只有对信息技术有一定的了解，才能规划好、设计好人工智能财务的运行构架，才能管理好、维护好、监控好人工智能财务的运行。

第三，要加强对农业科研相关业务的了解。一名农业科研单位的财务人员不能脱离单位行业业务，空谈财务与管理。只有了解单位业务、懂得信息技术、精通财务管理，才能满足人工智能新时代对财务人员的基本要求。

（三）完善激励机制，提升财务人员素质

随着人工智能对财务管理和传统会计职业架构的冲击，会计人员的核算职能将会弱化，监督控制职能将得到进一步强化。为适应新形势的变化，农业科研单位财务人员需要从核算型会计向管理会计转型，向多元化、高端型发展，这就需要财务人员要懂财会、晓法律、通经济，且要成为具有价值思维和数据思维的复合型人才。

农业科研单位应建立健全的财务人员激励机制，不断激励财务人员提高自身素质的主观能动性，针对不同业务水平和能力的财务人员制定相适应的

专业岗位等级与考核制度，对于综合型、管理型人才的薪资应高于普通核算型人才。并且随着人工智能的进一步发展与引进，随着人工智能财务的进一步应用，综合型、管理型人才的作用将进一步凸显，应逐步扩大两者的薪资差距。

第四节　智能化视阈下财务管理的新逻辑

一、财务组织与认知的新逻辑

智能时代的到来改变了财务组织、财务人员的认知及财务信息技术，但更重要的是改变了财务逻辑，来自逻辑层次的改变才是最终的改变。当我们面对智能时代，苦苦寻觅该做些什么的时候，不妨跟着一起来思考智能时代的新逻辑。

（一）管控：局部与全面

现代财务管控受到组织壁垒的严重制约，从集团到业务板块，到专业公司，再到机构，每一个层次之间都存在着无形的数据壁垒。今天，当无法将人力直接渗透至最末端的时候，数据是实施集团管控的关键。而数据壁垒的存在，让管控的力量层层衰减。智能时代的数据将实现高度的集中和透明，数据无边界将成为可能。当数据壁垒被打破时，财务管控势必从局部走向全面。这是智能时代管控的新逻辑。

（二）组织：刚与柔

现代财务组织建立在刚性管理的基础上，泰罗的科学管理理论将人看作"经济人"和"会说话的机器"，强调组织权威和专业分工。刚性组织依靠组织制度和职责权力，管理者的作用在于命令、监督和控制。而智能时代需要的是更多的能动与创新，"会说话的机器"将被人工智能这个"真的机器"所替代。在智能时代更需要柔性组织，柔性管理擅长挖掘员工的创造性和主观能动性，依靠共同的价值观和组织文化调动员工的高层次主导动机，实现智能时代管理所需要的跳跃与变化、速度与反应、灵敏与弹性。这是智能时代组织的新逻辑。

（三）知识：纵与横

现代财务管理对财务人员的要求首先是专业的纵深能力。由于财务管理本身涉及会计、税务、预算及成本等多个垂直领域，很多财务人常年围绕一个纵深领域从事工作，也因此形成了自身在某一领域很深的专业能力。但在智能时代，财务管理的视野将被极大地打开，人工智能能够辅助强化财务人的知识深度，而更多需要的是具有横向宽度、能够进行跨专业领域协同创新的新知识体系。这是智能时代知识的新逻辑。

（四）观念：被动与迎接

如今财务人员的观念多数在潜意识中还是偏重被动的，在现今社会，财务人被认为自己也认为需要用严谨的态度处理和解决问题。管理层和业务部门也常常会认为财务是后台角色，做好自己的事情，有问题能解决就可以了。这些都是典型的被动观念和思维。在这种认知和定位下，财务能够掌握的资源就会极其有限，难以起到很好的管理推动作用。在智能时代，将更多地强调财务基于大数据和智能分析的主动发现和管理能力。对财务来说，要实现如此的观念转变，就需要逐渐转向强势财务，从被动响应变化转变为主动迎接挑战。这是智能时代观念的新逻辑。

二、财务管理技术的新逻辑

管理技术是财务主体的脉络。好的管理技术能够让财务主体运转得更具活力，并且焕发出青春的能量。财务管理技术的逻辑转变将让财务能够触及更为广阔的管理技术领域，获得更加先进和更有价值的管理技术工具。让我们从数据、计算、记录、流程和互联五个关键词来看财务管理技术的新逻辑。

（一）数据：小与大

传统的财务数据处理和数据分析都是建立在结构化数据基础上的，也可称为"小数据"。传统财务分析领域的技术工具也多是基于"小数据"开展的。对财务来说，即使在智能时代，"小数据"也仍然是不可舍弃的核心，毕竟太多的财务管理理论都是构建在结构化数据基础上的。但在手握"小数据"工具的同时，还要高度重视"大数据"。基于大数据的技术工具，让海量非结构化数据处理成为可能，这能够帮助我们跳出传统思维的局限，探索出一片广阔的新天地。这是智能时代数据的新逻辑。

（二）计算：本地与云端

传统的信息系统或者说计算多是构建在本地部署基础上的，从用户的角度来看，本地部署模式能够更加灵活地匹配管理需求，更好地支持按需建设。但随着本地部署量越来越大，所带来的负面影响是持续高昂的运维成本投入及企业大量资产的占用。但这些在传统时代由于算力有限带来的问题，并非不可容忍之痛。而在智能时代，大数据和机器学习对算力的要求都是海量的，传统的本地部署模式势必受限，云计算将成为首选，无论是公有云、私有云还是混合云，走向云端将成为必然。这是智能时代计算的新逻辑。

（三）记录：集中与分布

传统财务信息的记录采用的是集中记录的方式，或者说"有中心"的记录方式。这种方式的好处是数据存储量小、不会产生大量的资源消耗。但问题是，数据的安全性及一致性并不是很高。很多公司常见的财务问题是业绩不一致，或者可以解释成不同系统之间的同源数据不一致。而在智能时代，随着区块链技术的出现，记账方式发生了革命性的改变，从原来的集中记账转变成分布式记账，将财务信息进行去中心化的多账本同步记录。尽管这种财务信息记录模式会造成大量的数据冗余，但网络和存储的快速进步克服了这一不足，信息记录从集中到分布将有越来越多的应用场景。这是智能时代记录的新逻辑。

（四）流程：稳健与敏捷

为保持传统财务端到端流程的可靠性，大家更多的是进行流程固化，在业务流程相对稳健的模式下，流程的可靠性和维护的便利性得到增强，但丧失了较多的流程灵活性，以及对客户需求响应的可能性，从而造成客户满意度的下降。在智能时代，更为高效的流程引擎能够支持维度更加丰富的流程控制，并且能够基于动态数据分析及时调整流程控制参数。同时，流程中智能自动处理的环节增加，流程变动并不会给运营造成过多压力。在这种情况下，适度地将流程从稳健向敏捷转变成为可能，也将会赢得财务客户的青睐。这是智能时代流程的新逻辑。

（五）互联：数联与物联

传统的财务关注数字之间的联系，无论是流程处理还是经营管理，都更多地关注数字流转。数联时代将一系列的经营管理过程及流程转换为数字形态，从而可以开展量化管理。而在智能时代，可以在数联的基础上叠加物联的概念。随着物联网应用的逐渐展开，在企业经营中关键实物、运输、人、财务凭证等的流动都可以打上物联标签，而将物流信息进一步转换为数字信息，让我们可以通过数字进一步分析，引入在没有物联时难以关注到的管理视角，如更为复杂的物流运输的成本管理等。物联并不是排斥数联，这里强调的是将物联转换为数联，在数联里加上物联的信息。这是智能时代互联的新逻辑。

三、财务管理实践的新逻辑

管理实践是财务主体的手足。手足敏捷能够帮助财务主体变得更加刚劲有力。财务管理实践的逻辑转变，能够让我们在实践工作中引入不同的视角，通过另一种模式对现有的实践进行转换和升级。从绩效、预算、管会、控本、业财、共享和财资七个关键词来看财务管理实践的新逻辑。

（一）绩效：因果与相关

在传统的财务管理中绩效管理通常会预先设定因果，通过设定关键绩效指标（KPI），并设定目标值来监控业务部门的执行情况。当 KPI 结果发生偏离时，势必要找到其原因，再进一步寻求解决措施。这是典型的因果分析法，也是当下主流的绩效管理思维。但在智能时代，大数据并不强调因果关系，而是更关注相关性。这为经营分析打开了另一扇窗。基于大数据分析，从数据角度寻找影响 KPI 的因素，并获得其影响方向，直接对这些因素进行干预管理，不解释为什么，不用必须向业务部门说明其中的逻辑。这是智能时代绩效的新逻辑。

（二）预算：经验与数配

传统的预算编制或资源配置往往基于经验，即使采用复杂的作业预算概念，其中的业务动因也大多是基于经验形成的。说传统预算是一种经验预算是不为过的。这种经验预算对预算编制人员的经验要求很高，且其结果很不稳定，往往在预算沟通过程中会有很大的弹性和空间。同时，沟通双方都很难找到合适的逻辑说服对方。而在智能时代，依靠大数据的可预测性，通过分析数据，从结果出发，能够找到影响经营结果的热点因素。通过确定这些热点的资源投入，实现精准预算或精准资源配置，称之为数配。这是智能时代预算的新逻辑。

（三）管会：多维与全维

传统管理会计的核心部分就是维度，而维度往往又是很多管理会计人的痛苦回忆。在当前模式下，管理会计要实现多维度盈利分析的目标，关系型数据库的性能早已无法支持，多维数据库成为当下管理会计系统数据载体的主流。即使这样，在管理设计中，大家对维度仍然极其谨慎，减少一切不必要的维度，以提高运行效率。而在智能时代，无论是算力还是数据处理模式都将可能有更大的提升空间。尽管在当下还没有看到技术突破至理想的状况，但相信在不远的将来，维度的组合计算将不再是业务设计的约束，全维管理会计将成为可能，这是智能时代管理会计的新逻辑。

（四）控本：后行与前置

传统的成本管控往往是在成本发生后进行的事后追踪。即使往前推进一步，做到设计阶段的成本管理，这样的成本管理方式在现阶段也是必要的，是能够发挥作用的。但随着智能时代技术的进步，成本、费用被细分为许多子类，针对不同子类都可以进一步向前延伸，建立专业的前端业务管理系统，如商旅管理系统、品牌宣传管理系统、车辆管理系统、通信费管理系统等。这些前置业务系统和财务系统之间进行无缝衔接，将成本费用的管理前置到业务过程中。这是智能时代控本的新逻辑。

（五）业财：分裂与融合

传统的业务系统和财务系统之间存在一定的分离情况，业务系统通过数据体外传递的方式完成和财务系统之间的数据对接。而近年来，随着业财融合的深入，出现了单个业务系统在体内自建会计引擎，并对接财务系统的模式，但多个系统之间仍然是分裂的。在智能时代，随着会计引擎应对复杂性能力的提升，将能够逐步建立起大型企业内部统一的会计引擎，并作为载体融合多个前端差异化的业务系统，从而实现业财对接从分裂到融合的转变。这是智能时代业财的新逻辑。

（六）共享：人工与智控

当下的财务共享服务采用的是典型的劳动密集型运营模式，将分散的财务作业进行集中处理。这种模式的建立在过去十年内极大地解决了国内企业在会计运营成本和管控能力上所面临的问题。但也要意识到，劳动密集本身也存在着成本和操作风险。在智能时代，基于人工智能和机器学习的共享作业将逐渐取代依赖于人工作业的模式。基于前端数据的丰富采集，依托智能规则，可以大幅降低财务共享服务中心的作业人力，从劳动密集型运营转变为技术密集型运营。且依托人工智能，可以实现在智能作业时开展更加丰富的智能管控。这是智能时代共享的新逻辑。

（七）财资：平面与立体

在传统的财资管理系统中更多的是平面化的财资管理，所谓的平面化是指将财资管理的重点放在账户管理、资金结算、资金划拨、资金对账等交易性处理流程上。这也是很多国内企业目前资金管理水平的基本状况。而在智能时代，随着对复杂的资金管理模式技术支持能力的增强，财资管理将从平面走向立体。一方面，财资管理从交易处理模式转型为复杂的词库模式，在资产负债和流动性管理、风险管理领域开展更为丰富的实践；另一方面，财资管理从企业内部资金管理模式向供应链金融模式转变，构建起多维度立体的财资管理体系。这是智能时代财资的新逻辑。

第五节　财务分析智能化的实现及应用

一、财务分析智能化的技术实现

一般的决策支持软件通常隐含着至少一个假设即"其他条件不变"。这个假设条件的存在，虽然使软件编写变得容易可行，但使软件运行成果和企业的实际情况相去甚远。财务分析的智能化，应该借助于计算机技术，将企业的实际数据和决策模型动态连接起来，使过去的"其他条件不变"假设变成"其他条件已知并随经营状况的变化而变化"，这一改变使分析模型和软件的运行建立在企业实际数据的基础上，建立在数据与分析模型、分析方法动态链接的基础之上，实现有效人机互动，使会计人员摆脱手工分析的时代，替代人脑进行分析判断，自动生成图文并茂的财务分析报告，真正实现快速决策和准确决策。

财务分析智能化系统，从外部通过建立接口导入数据之后，存储到数据库之中，供用户和系统调用。用户提供分析指标、分析报告内容驱动分析模块，执行分析推理过程。在分析推理过程中，要使用知识库中效应模块的分析模型和分析经验，某些分析判断还需要借助于分析参数，分析推理运算生成分析结果（文字、图和表），再根据用户定义的报告输出内容和格式，经过报告生成器生成分析报告。

系统根据企业的财务报表数据，自动生成一个分析和评价企业经营和财务状况的图文并茂的报告。用户可以借助于该系统，设计撰写一份自己所需的财务分析报告，能够省去大量重复性的数据查找、指标计算、图表制作和报告文字撰写等工作。系统主要实现的智能化的功能有：① 自动导入财务数据，生成财务分析报告；② 可以进行年度、季度、月度和半年度分析，实现任何两期或三期的分析，生成环比分析报告和基期比分析报告；③ 可生成财务分析各个方面分析、内容分析、指标表和指标图，可自定义分析指标和分析报告；④ 可快速出具图文并茂、内容规范、繁简任意、格式可自定义的分析报告；⑤ 可对分析报告进行个性化编辑和修改。

历史经验表明，发展最快的企业是那些在企业管理方法、技术上获得了重大突破，首先采用适应时代要求的、先进的企业管理技术的企业。从发展趋势上看，智能化财务分析是一种客观需求，是财务由核算管理型向管理核算型转变的标志之一。财务分析智能化软件系统的推广和运用，将促进财务部门的分析工作变得高效和准确，并为企业的科学决策提供准确的、科学化的财务依据。智能化财务分析软件系统把专家学者的知识和科学方法用计算机软件固定下来，并能够让企业直接使用，使我们在工业化、信息化发展的同时，走智能化道路。

二、财务分析智能化系统的应用

（一）在企业中的应用

企业经营者、董事会成员、监事会成员、证券投资人员、银行信贷管理人员、企业财务管理部门、集团公司成员企业管理部门、政府机构、会计师事务所及管理咨询机构均是智能化财务分析系统的使用者。国内目前已有上万家企业单位使用了由北京智泽华软件公司出品的"智能化财务分析系统"。

传统财务管理系统虽然解决了自动记账、出表和一些会计数据的汇总统计工作，但仅仅是一种简单机械操作的替代，而对财务报告分析这一涉及专业技能的综合性工作，只能靠人工来完成。所以一到月末年初，财务部经理等企业管理层人士，就不得不在完成日常事务性工作的同时挑灯夜战，归集、整理、完成报表数据的翻译和解释，即完成仅能满足企业经营者单一需求的财务分析报告的编写工作。

其实，对同一企业的同一份财务报表，不同的报表使用者会得出不同的结论，因为他们的立场不同，对企业关心的角度不同。智能财务分析系统允许同一使用者以不同身份、从各个不同角度对同一企业的财务状况和经营成果进行审视，并做出不同的财务分析报告。这如同给企业的高级经理们提供了一面多棱镜，使他们可以从各个不同的侧面观察企业的外部形象并制定相关政策和策略。这极大地提高了企业的工作效率，使财务管理系统更好地为企业管理和决策发挥辅助作用。

系统直接从企业的财务管理信息系统中抽取数据，同时支持 Excel 报表的导入功能。在导入财务报表数据之后，一分钟之内生成一个内容全面、结论准确、图文并茂的财务分析报告。在实际分析中，财务分析智能化利用图表展现、文字描述等手段对收入（总收入、各单位收入和内外部收入）、成本、费用、税金、利润等方面进行深入分解分析，同时，对成本习性、盈亏平衡点、营业安全水平、财务敏感性和资金状况预警等方面都结合全面的财务数据进行挖掘分析，最后出具一个上百页图文并茂的财务分析报告，全面展现企业财务状况。

当用户将原始数据导入系统后，系统还可自动调用同比增减数、增减变化率及完成预算百分比等数据，生成自定义分析报告或表格，并能够实现各类财务指标的定义和计算，形成完整的财务指标体系。系统自动判断选取影响收入利润变化的前几个原因，并运用因素分析法分析销售量、销售单价对收入的影响。系统可从市场、产品、客户多个角度分析收入、利润的完成情

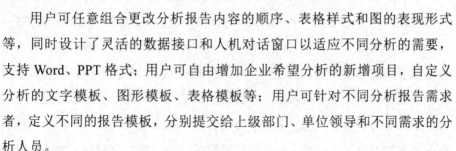

况，可对所分析的内容与预算对比、与上年同期的对比分析。

用户可任意组合更改分析报告内容的顺序、表格样式和图的表现形式等，同时设计了灵活的数据接口和人机对话窗口以适应不同分析的需要，支持 Word、PPT 格式；用户可自由增加企业希望分析的新增项目，自定义分析的文字模板、图形模板、表格模板等；用户可针对不同分析报告需求者，定义不同的报告模板，分别提交给上级部门、单位领导和不同需求的分析人员。

系统设置了财务分析工作中常用的基本模板，同时支持自定义。通过生成报告管理功能，用户可将已建立的文字、图表等分析模板组合成为一个新的图文并茂的大模块，并可将这个新组建的报告模块提交给相关人员审批；通过报告管理功能，可将经审核批准的报告模块组合成一篇完整的报告，并对这个报告模板进行管理，将已经组合完整的报告通过"生成报告"功能，以 Word 和 PPT 格式生成。用户可根据需要任意组合文字、图表，以适应不同分析的需要。

系统采用浏览器/服务器（B/S）架构，支持网络运行，数据共享，便于安装、实施和维护，还具有操作简单易用性、权限分配合理性等特点。用户通过网页浏览方式在各用户权限范围内操作系统，而且整个系统可实现轻松升级，只需在服务器安装升级程序即可完成。

（二）在金融领域的应用

银行信贷部的工作既繁忙、责任又重大，因此，许多不良贷款项目用假报表蒙骗了信贷员。在银行信贷部门推广使用智能财务分析方法之后，信贷部经理的梦想变成了现实，只要一得到贷款企业的财务报表，利用智能财务分析就可以得到具有专业水平的财务分析报告，这不仅大大提高了工作效率，也减少了因信贷人员知识结构或主观随意性对贷款者基本财务报表分析的误差。运用本系统可解决信贷人员专业知识的不足，提高银行的信贷资产质量。目前已经有 100 多家中国的银行机构使用了北京智泽华软件有限公司生产的"智能化银行信贷风险预警系统"。

智能财务分析系统同样可以作为投资者的参谋，有了它投资者就可以轻松便利地对上市企业的财务状况和经营成果迅速做出深入全面的分析判断。它是投资者手中的显微镜和放大镜，因为它善于发现问题和揭示蕴含在抽象数字背后的规律，激发人们进一步调查问题的原因。投资者只要访问智能财务分析服务网站，只要输入某上市公司的股票号码，就可以立即得到该公司的近期财务分析报告。由于这种分析报告既不是上市公司自己"粉饰"过的，更不是券商"包装"过的，而是计算机根据财务分析专家知识，由第三者的中立立场做出的，所以更具有特别的意义。

总之，财务分析的智能化提升了计算机财务管理系统的目标，丰富了计算机财务管理系统的功能，完善了计算机财务管理系统的结构，使财务管理系统面向管理决策，并有效地利用 IT 提高会计模型的使用价值，使得财务管理系统在性能上发生根本变化，财务管理系统具有更多"人性"已经成为现实。

第六节　财务决策支持系统智能化

一、人工智能下财务决策支持系统机制构建

（一）新系统功能与结构

新系统由数据层、分析层和交互层三部分组成。

数据层主要进行数据收集、清洗、数据挖掘及存储工作。借助自动数据传输程序及自然语言处理技术，可以快速获取本地数据库中存储的业财信息、审计信息、信用信息等内部决策有用信息，以及在互联网上公开的政府政策信息、税务信息、汇率信息、市场信息、法律信息、宏观经济信息等外部信息。这些海量异构数据被进行数据清洗和数据挖掘，从而形成多维度的有用的决策信息，并被分类存储在数据仓库中。数据仓库为新系统的深度学习和财务决策制定强大的数据基础，同时数据的提前处理和分类汇总也为财

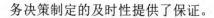

务决策制定的及时性提供了保证。

分析层负责开展财务分析、财务预测和财务决策活动。财务分析是开展财务预测和决策的基础，财务决策依赖于财务分析和财务预测的结果，分析层包含知识库、方法库、模型库及其各自的管理系统，以及人工智能分析系统。知识库中存储各类财务知识、常识及推理规则等数据，方法库中存储财务分析、预测及决策方法，模型库中存储财务分析模型。三个数据库的管理系统一方面负责接收人工智能分析系统的指令，从相应的库中调取所需知识、方法和模型；另一方面嵌入深度学习算法，在后台自动进行新知识、新方法和新模型的建立及对已有知识、方法和模型的改善，从而及时更新知识库、方法库和模型库。人工智能分析系统负责接收人机交互系统传达的财务决策目标，并据此向各库管理系统和数据仓库发送指令，接收数据进行分析，最后将结果反馈给人机交互系统。人工智能分析系统中包含若干嵌入深度学习算法的推理机，这些推理机一部分负责根据财务决策目标确定所需知识、方法、模型，另一部分负责进行财务分析以生成各类画像，还有一部分负责财务预测和决策的生成。

所谓"画像"是指通过数据分析和推理得到的以数字表示的对某一事物的全面描述。比如，根据数据仓库中的数据对组织结构、治理机制及风险偏好等企业特征进行刻画并对财务绩效、现金流情况、财务风险水平等客观情况开展实时分析，可以得出客观准确的企业画像。同时，通过对企业面临的投资、筹资环境、市场环境及宏观经济环境等外部环境信息进行分析，还可以形成外部环境画像。需要强调的是，各类画像中不仅包含最终形成的高度概括性的分析数据和结论，还可以进行数据钻取，可根据后续计算的需要钻取原始数据。依赖深度学习算法，可以实现企业画像和外部环境画像的匹配，进而进行财务预测，并在此基础上综合财务分析的结果，最终得到财务决策。在整个财务决策制定流程中，对于具有高度重复性、逻辑确定并且稳定性要求相对较低的部分，通过运用机器人流程自动化（RPA）工具实现自动化处理，从而进一步提高财务决策制定效率。

为了提高财务决策需求产生时系统的反应速度，在财务决策支持需求频率较低的时间段，比如，企业下班时间，新系统可根据以往财务分析、财务预测和财务决策的需求，推测未来可能的财务决策目标，并进行相关分析工作。当人机交互系统传达财务决策需求时，人工智能分析系统会根据深度学习的结果将企业画像、外部环境画像与决策目标相匹配，从而得到适当的财务决策。以企业金融资产投资决策为例，将由企业画像得出的企业财务状况和风险偏好等变量，由外部环境画像得出的市场系统风险、风险溢价等变量，以及由金融工具画像得到的不同融资策略的风险、成本等变量代入决策模型中，通过深度学习算法，将企业需求与金融工具特点进行匹配，从而选出最优投资组合。

另外，在财务决策执行过程中，通过不断更新数据仓库中的数据，新系统自动进行财务分析和预测，一方面实现了画像及时更新，为财务决策效率提供了保证；另一方面也实现了对财务决策执行情况的监督和控制，使风险点的及时预警和必要时对财务决策的及时动态调整成为可能。

交互层是联系新系统与决策者的纽带。人机交互系统使用语音识别和自然语言处理技术，因此决策者可以使用自然语言与新系统进行沟通。在进行财务决策的过程中，人机交互系统通过对自然语言的处理形成财务决策目标，同时将财务决策目标传达给人工智能分析系统。在完成财务决策后，通过人机交互系统，输出财务分析报告、财务预测报告及综合上述报告信息的财务决策报告，或根据决策者需求编制的定制报告。

（二）新系统信息化决策驱动机理

股东作为财务决策结果的最终承担者，却常因信息不对称而无法发现高管的代理问题，导致利益受损；高管作为企业的实际管理者，日常经营决策的制定同样受制于信息的片面性和模糊性。高质量的决策有用信息是保证决策质量的基础，提高决策有用信息质量应从提高数据的多维性、全面性和准确性入手，新系统以大数据为基础和驱动力。

借助互联网，新系统可以实时获取财务报表信息、供应链信息、市场信息、行业信息、证券市场信息，以及网络舆情信息等海量结构化、半结构化数据和非结构化数据。这些原始数据从多个方面描绘出了企业自身财务状况和面临的外部财务决策环境，但这些数据结构混乱、质量参差，无法直接用于财务分析，因此需要经过数据清洗和数据挖掘。经过大数据技术处理过的原始数据变成了多维度的决策有用信息，并按主题分类存储。以某类产品为例，通过多维度的决策有用信息，可以从产品型号、产量、销量、主要市场等多个维度提取有关的信息，快速获取某时某地该产品的销售情况。正如可以通过流动比率和速动比率等指标判断资产流动性，通过这些多维度的决策有用信息，深度学习算法会根据之前训练的结果对企业的偿债能力、盈利能力、经营能力、成长能力、风险承受能力、风险偏好等要素加以评价和判断。相比之前通过固化指标得到的评价结果，人工智能技术基于指数级指标得到的结果更加准确，从而保证了财务决策的适当性。

基于决策有用信息进一步开展财务分析、财务预测和财务决策工作。借助现有财务分析方法和对应的深度学习算法，可以对企业偿债能力、发展能力、盈利能力和营运能力进行分析评价。财务分析数据连同企业特征数据构成了企业画像。

同理，通过对其他主题多维决策有用信息的分析处理，可以得到外部环境画像、资产画像、客户画像等多类财务决策信息群，当财务决策目标产生时，深度学习算法在调整时得到的模型，新画像被定制，各类画像间互相匹配，并对不同匹配路径下未来的财务活动成果进行预测和分析，得到财务预测数据。在此基础上选择可以最大限度地满足财务决策目标的行动路径作为财务决策；决策者可以通过人机对话对输出的财务决策进行修正，修正的过程会影响最终的决策模型，以提高下次决策的质量。得到令人满意的财务决策后，决策者可以选择输出通用财务决策报告，或定制个性化报告。

财务报告的生成意味着海量数据到财务决策的转变全部完成。在这个过程中，数据被不断精简，并被赋予财务含义，推动了财务决策的最终生成。最后，财务决策执行过程中产生的数据又被重新收集，形成了"数据—知识—财务决策—财务决策执行—新的数据"的闭环。

（三）新系统决策模型构建

新系统在以管理会计信息为基础构建的大数据决策有用信息的支持下，进行包括筹资决策、投资决策、成本决策、股利分配决策和特殊财务决策在内的财务分析、预测和财务决策支持工作。财务分析和财务预测模块作为支持性模块，在每一次财务决策任务中都会被采用，以提供决策数据支持。

1. 筹资决策

首先，通过财务分析得到企业画像、外部环境画像和筹资工具画像为筹资决策提供数据准备。财务决策目标可能包括但不限于筹资期限、筹资金额和筹资成本要求等。当收到筹资决策目标后，新系统根据目标要求，在各类画像中提取相关的决策有用信息，包括企业的偿债能力、发展能力、营运能力、盈利能力、风险偏好等，外部环境中的银行利率、汇率、税收政策及市场风险等，以及各种筹资方式下的筹资工具风险、成本等特征，并借助深度学习算法将这些信息进行匹配，预测每种筹资路径下的筹资成本、筹资时间等数据，最后根据财务预测的结果，提出财务决策方案并根据决策者需求出具相关报告。

2. 投资决策

企业画像和外部环境画像仍是投资决策的基础，根据投资决策目标的不同，可能与决策相关的因素包括偿债能力、营运能力、治理结构，以及利率、税率、市场及行业因素和法律法规的合规性因素等。然后根据具体的决策目标，提取不同数据进行大数据分析和数据挖掘，定制拟收购企业画像、新产品画像、新设备画像、新技术画像及金融工具画像等。在此基础上，根据投资目标中包含的对投资回报率、投资规模等方面的要求，选取合适的算法。将各类画像进行匹配，并进行财务预测，根据财务预测结果生成财务决策并出具相关报告。

3. 成本决策

根据不同的成本决策目标，可以在企业画像的基础上进行数据钻取，获得人力成本画像、生产成本画像及资金成本画像等，以更详细、更准确地揭示企业在人力资源、生产经营和资金使用等方面的成本构成和成本规模。同时，当成本决策目标涉及供应成本或销售成本时，应定制供应商画像或分销商画像。然后根据决策目标中包含的对成本规模、产品或服务质量等方面的要求，对各类画像进行匹配，并对可能产生的财务后果进行预测，并最终得到成本决策。

4. 股利分配决策

根据对企业画像治理结构数据的钻取和外部获取的股东相关信息可以描绘包含股东性质、股东收入构成和股东风险偏好等信息的股东画像。根据股利分配决策目标的要求，关注企业能力、外部法律法规要求、税收政策、投资机会，以及不同股利政策和股利支付方式的适用条件和优缺点。将各类画像相匹配，寻找公司发展和股东权益保护之间的均衡点，从而做出最优决策。

5. 特殊决策模型定制

新系统不限于提供传统的财务决策支持辅助服务，对于上述财务决策目标之外的决策辅助需求，决策者可以进行特殊决策模型定制。当特殊财务决策需求产生时，借助深度学习算法，新系统首先会根据以往决策经验自动推理需要的画像类别，决策者可以对画像类别以及画像涉及的具体分析方面进行调整和修正。然后根据对财务决策目标的分解获得需要采用的分析方法，并应用对应深度学习算法进行运算，从而得到财务分析和预测。最后根据财务预测结果，提出决策建议供决策者参考。同时，本次财务决策支持过程中涉及的画像类型、分析预测结果及最终决策等内容，都会作为下一次特殊财务决策模型定制的素材进行分析和储存。

（四）新系统工作原理

财务决策通常是基于管理会计信息，综合其他决策相关信息，并借助专门的分析方法和模型做出的。比如，新产品开发投资决策需要收集变动成本、机会成本、专属固定成本等相关成本数据，并选择适当的定价方法，进而预测新产品的利润。同时还应综合企业的资金状况、市场需求情况及宏观经济情况等财务和非财务信息做出决策。新系统在进行财务决策支持时也是基于"决策有用信息—财务决策方法和模型—财务决策"的原理进行的。

1. 决策有用信息的获取

决策有用信息是财务决策的始点。例如，开发使用机器学习方式评估个人信贷风险指数业务的 Zest Finance 公司认为，"一切数据皆是信用数据"。对于企业来说，一切信息皆是决策有用信息。新系统在进行信息收集时不对信息进行筛选，从而保证决策有用信息的全面性。为提高决策有用信息的相关性和可用性，需要对这些数据进行进一步加工。对于非结构化数据借助自然语言处理技术进行结构化处理，提取关键实体信息，并挖掘这些信息间蕴含的数据关系。结合经过数据清洗的结构化数据进行数据挖掘。新系统可获得包含数据本身和数据间复杂关系在内的高质量的决策有用信息。

2. 财务决策方法和模型的建立

财务决策方法和模型是连接决策有用信息和财务决策的纽带，反映了二者之间的逻辑关系和因果关系。财务决策方法和模型对于财务决策质量影响重大。借助深度学习算法，向新系统输入决策有用信息，如果做出了正确的财务决策，就给做出正确决策的神经网络增强权重，反之就减少权重。这个过程就是对新系统的训练过程。在经过足够多次训练后，新系统就会总结出自己的财务决策方法和模型，在不需要人类参与的情况下做出财务决策。这些财务决策方法和模型可能有别于当前已固化的模型，相比固化模型，这些方法和模型是更加复杂的函数体系，对数据的拟合程度也更高。并且随着训练次数的增多，这些方法更加复杂，而财务决策质量也会随之不断提升。

3. 财务决策的生成

当新系统收到财务决策目标时，就会启动财务决策支持程序。新系统会根据财务决策目标选取经过训练得到的财务决策方法和模型，并根据方法和模型选取决策有用信息。经过计算和分析，最终生成财务决策。

二、人工智能下财务决策支持系统实施路径构建

（一）实施环境构建

系统正常运转需要周围环境提供支持和保障。实施环境包括相关支持系

统和规章制度。支持系统为新系统正常运行提供了物质、数据和人力资源方面的保证，而配套的制度支持则明确了责任和权限，规范了新系统的应用秩序。

1. 支持系统构建

（1）基础业务及财务系统构建

企业原有的业务及财务系统，比如，ERP 系统、HR 数据库等是新系统所需企业内部数据的重要来源。一方面，相比人工处理的数据，计算机处理的数据往往具有更高的可靠性，因此基础业务及财务系统覆盖范围更广，自动化程度更高，新系统中数据质量更高，进而为提高财务决策质量提供了保障；另一方面，基础业务及财务系统的构建使得数据导入工作可以完全由计算机进行，大大提高了数据导入的效率和效果。因而在构建新系统前，企业应先完善基础业务及财务系统构建。

（2）数据仓库构建

从基础数据库收集的信息都在经过清洗、加工和归类整理后按主题存储于数据仓库中，因此数据仓库中存储了各层次财务决策所涉及的全部数据，可以说，数据仓库为财务决策提供了数据基础，企业构建一个安全可靠且容量充足的数据仓库是必不可少的。大型企业可以构建自己的数据仓库，这种数据仓库构建成本偏高、可扩展性较差，但是可通过内网连接，安全性有保障。企业也可以选择云端数据仓库，其由专门的运营商构建和维护，企业只需要支付使用费，大大节省了企业的时间成本、人力成本和财务成本。同时，其安全性近年来也在不断提高。

（3）相关人才系统构建

新系统的使用是在公司财务领域的一次变革，不仅涉及管理者传统财务决策方式的改变，也将影响到普通员工的日常工作。企业一方面应关注员工心理，通过领导带头的方式积极推进新系统构建工作，另一方面应对员工及管理层进行必要的培训，使他们能够尽快熟悉并掌握新系统的功能和使用方法，同时，新系统的应用将会替代基层管理者完成其大部分原有工作，企业应加强对基层管理者的职业发展培训，使其掌握更高级的管理或专业技能，帮助员工提升能力从而为企业创造更大价值。

2. 相关制度支持

（1）授权制度

新系统为不同层次的管理人员提供财务分析、财务预测和财务决策支持，涵盖集团及不同级别子公司的业务及财务数据，涉及大量公司机密，因此必须对不同层次的使用者设置适当的权限，并严格禁止权限外的操作，以保护数据安全。

新系统使用者的权力主要包括财务数据审阅权力、财务数据修改权力和财务决策支持权力。权限设置应与不同层次管理人员的需求相匹配。对于公开信息应赋予所有新系统使用者查阅的权限，同时根据职能层次限制数据钻取的权力，达到权限设置的目的。高层管理者应区分集团高层管理者和子公司高层管理者。集团高层管理者的财务决策需求往往关系集团整体战略，涉及集团长远发展，因此应全面掌握集团内外部信息，以保证其可以实时进行报告审批和数据查询工作，并满足其财务决策的数据需求。子公司高层管理者的数据钻取权限则受到一定限制，仅限产生钻取本公司全部信息。中层管理者的财务决策需求主要涉及各部门自身发展，如控制部门成本。其数据钻取权限应限制在本部门内部信息范围内。

基层管理者的需求一般涉及企业日常经营活动，如原材料补给等，因此仅应被授予与其工作需求相关的数据钻取权限。

基于反舞弊考虑，财务数据修改权力应被严格控制，并执行授权审批程序。由业务和财务系统自动生成的数据不允许进行人为修改。当录入的数据出现错误需要修改时，应遵从不同业务部门的审批程序，如财务数据需要修改凭证记录时，须经会计主管取消审核。其他没有修改权限的人员则严格限制对新系统数据的修改。

财务决策支持权力同样与管理者层次相匹配。禁止为管理者提供高于其所在层次的财务决策支持，以防止企业商务机密泄露。同时，财务决策报告也仅限本次财务决策支持发起人和其上级管理者查阅。在新系统下，基层管理者的财务决策需求基本可由新系统自动完成，但基层管理者仍可随时查看这些财务决策报告，以实现对新系统的监督。

（2）追责制度

企业管理层始终是财务决策的主体，财务决策支持系统为其提供辅助决策功能，以帮助其提高决策置信，但最终决定权仍掌握在决策者手中，因此采用新系统并不应因此减轻管理层的责任。当出现错误的财务决策时，这项决策的发起者应对其负责，并视企业遭受的损失承担相应的责任。基层管理者应负有对新系统代替其做出的财务决策进行监督的责任，因此当自动执行的财务决策出现失误时，应查明基层管理者是否尽到了监督义务，若未尽到则应由其承担失职的责任。

（二）财务决策具体定制路径

1. 常规决策

常规财务决策是指企业在日常生产经营活动中频繁发生的财务决策事项，如最佳库存选择、采购时点确定和应收账款催收等，这类财务决策通常属于结构化或半结构化决策。通过对新系统的训练，可以得到这类财务决策的最佳决策模型。以采购时点确定决策为例，新系统通过实时收集的业财信息，可以监控原材料的仓储量、每日生产领用情况，根据销售合同、车间生产计划书等资料可以预测未来领料量，再结合供应商规模、销售情况、地址、天气等信息可以精准计算材料到达需要的时间。当上述信息代入训练得到的决策模型中满足再订货选择条件时，新系统就会做出采购决策，并自动通知仓库等相关部门。此类决策由各部门基层管理者主导，其所在部门负责执行，所涉及的基层管理者仅需定期对决策结果进行抽查，保证系统运行的稳定性即可。

2. 复杂决策

复杂财务决策又可称之为特殊财务决策，指企业在日常生产经营活动中不经常涉及的财务决策。这类财务决策虽然发生的频率低，但通常影响重大，因此对财务决策的质量要求更高。这类财务决策通常不再由财务部门主导，而是由中、高级管理层、董事会或专门成立的项目组负责。这类决策可以进一步分为两种类型，一种是新系统曾调练过的财务决策，另一种是全新的财务决策。

对于未经调练过的财务决策，新系统可以根据调练得到的知识和模型得出最终决策，但为了保证每一次的决策质量，在新系统做出决策后，应由负责组织对财务决策结果进行检验和评估。新系统会记录决策者对最终决策的修改，并对决策模型中的相关系数进行调整。每一次财务决策过程也是对新系统的训练，随着决策次数的增多，新系统的准确性和稳定性也会不断提高。

新系统并不是只能解决经调练的财务决策问题，对于全新的决策，新系统可以借助已有的知识和模型做出自己的推理和预测，并形成初步决策。决策者在获得财务决策结果后，可通过自然语言与新系统进行沟通，对决策条件进行补充和修正，进一步细化财务决策方案，针对部分财务决策进行深度探讨等，直至形成组织满意的决策方案。同样，在决策者对财务决策结果进行修正时，新系统会自主学习，并不断形成新的知识，优化参数设置，进而提高未来应对全新决策的能力和财务决策质量。

无论是常规财务决策还是复杂财务决策，新系统都会跟踪和记录决策执行结果。当结果符合决策目标时，相关参数会被加强；当结果出现偏差，但在企业可接受范围内时，系统会对参数进行修正。对于严重偏离决策目标的结果，新系统会分析成因，在修正模型的同时向负责部门或组织输出分析报告。

（三）财务决策评价与系统持续完善路径

1. 财务决策评价原则

（1）财务决策目标匹配原则

目标是财务决策的起点。不同层次的决策者具有不同层次的财务决策目标。高层次决策者的决策目标更加侧重于企业整体发展，比如，并购决策、新市场开发决策等。而低层次决策者的目标往往更加具体化，比如，供应商选择、生产线选择等。对于不同层次的目标应匹配不同层次的财务决策方案。针对高层次的目标，财务决策方案内容涵盖范围应更广，方案分析更细致，以实现对企业整体发展的指导作用。而针对低层次的目标，方案应更具体，具体执行步骤应更明确，以方便基层执行者参照执行。

（2）财务决策方案可行原则

财务决策对企业发展的影响一方面来自决策自身质量，另一方面来自决策执行效果。尽管新系统在财务决策制定过程中已经充分考虑了企业内部资源和外部环境的影响，在决策执行之前仍应再次进行可行性评价以确保财务决策质量。财务决策可行性评价要重点关注企业当前是否具有执行方案必需的关键资源，关键资源是否可以调用，以及用于该层次的财务决策方案中是否符合成本收益原则。另外还应关注企业外部环境是否能够满足方案实施条件，综合评估方案风险水平并确保其在企业可接受的范围内。这个原则在决策者参与的财务决策中尤为重要，一方面是因为涉及决策者参与的财务决策往往是复杂、非程序化且十分重大的决策，这样的决策对企业发展影响力更大，因而应更加谨慎；另一方面是因为管理者的能力限制和主观臆断等因素，在修改决策方案时可能无意间影响方案的可行性。

（3）财务决策过程合规原则

财务决策的程序正确是保证财务决策高质量和稳定性的一个重要保证：财务决策的制定始终遵循"提出服务决策目标—目标分解—画像—面像分解—财务预测—财务决策方案制定"的过程，省略过程中的任何一个环节，都会影响财务决策质量的稳定性，形成企业发展的隐患。新系统在每次方案制定完成后都要进行自检，以保证过程正确性。

（4）执行效果达标原则

财务决策执行效果是影响企业未来发展的另一个重要影响因素，因此在对财务决策进行事前评价之外，也要对财务决策的执行进行事中和事后评价。执行效果评价可以借助主要财务指标和业务数据与行业平均水平、行业领先水平、主要竞争者、企业历史数据及预算数据的比较分析进行，同时也要注意收集不同层次管理人员和实际执行者的反馈意见，当涉及企业外部利益相关者时，也要及时收集他们的反馈信息，从而使执行效果评价更加全面客观。对企业全体员工意见的收集有利于形成全员参与企业财务决策的氛围，通过对员工积极性的调动，更有益于保证财务决策执行效果。另外，由于实际执行者往往比管理层更富有实操经验，对他们意见的收集有助于发现理论分析中忽略的问题，也能进一步评价财务决策的可行性。

（5）财务决策过程成本收益原则

数据收集越全面，财务分析越详细，财务决策的质量就越有保证，但同时进行财务决策的成本也越高。如果借助新系统进行财务决策后，财务决策制定成功带来的收益无法弥补决策成本，那么即使财务决策质量得到显著提升，新系统也会被束之高阁。财务决策过程应符合成本收益原则，对于不同重要程度的决策目标，应设置不同的精度，进行不同详细程度的财务分析和预测，从而在保证决策质量的前提下控制成本。

（6）财务决策过程高效率原则

财务决策的制定是为了更好地把握经营机会，而机会是具有时效性的，如果财务决策制定过程效率太低，以至于错过了机会，即使最终得出的方案是正确的，也失去了意义。财务决策过程的高效率与财务决策的高质量一样重要。财务决策过程的高效率原则一方面要求新系统在进行数据运算时能够选择合适的算法，提高运算速度；另一方面同成本收益原则一样，要求对于不同重要性的决策目标控制不同的分析程度和决策精度，从而节约资源，提升决策效率。

2. 系统持续完善路径

系统持续完善伴随财务决策评价进行，财务决策评价贯穿于财务决策的事前、事中和事后，并始终遵循财务决策评价原则。当最终决策方案制定完成后，首先进行决策过程合规性评价、目标匹配性评价和可行性评价，只有当这三个评价都达标后，才会发布财务决策，并通知相关人员执行。在执行过程中实时收集财务数据，并开通员工意见反馈通道，收集各层次员工的反馈，同时借助官网、营销人员电话沟通等手段收集外部利益相关者的反馈，从而对财务决策的执行效果进行监督和控制，并对可行性进行二次评价，以保证企业以高效率朝着正确方向发展。在财务决策执行完毕后，再对其综合评价，包括对财务决策制定过程的成本收益原则评价和效率评价。对于重大财务决策，可以根据管理层需求出具分析报告，报告内容可涉及财务决策制定过程、修改次数及原因分析、执行效果评价等。

在财务决策正式实施前，当对决策过程合规性评价出现问题时，应评价问题对最终财务决策目标匹配性和可行性的影响，考虑是否需要暂停财务决策的执行。同时，因为过程合规性问题的存在可能还会导致其他财务决策出现同样的失误，所以应及时分析导致问题发生的原因并进行弥补。当目标匹配性和可行性出现问题时，应立刻停止执行，并查找问题出现的原因，尤其注意该问题的出现是否还涉及过程合规性问题。只有当修改后的财务决策通过上述三个评价后才能进入执行阶段。在财务决策执行过程中，如果发现实施效果不尽如人意，应分析决策可行性是否存在问题及企业外部环境是否发生了重大变化，并视实际情况决定是否需要暂停执行。如果可行性出现了问题，在调整现有财务决策的同时，应注意查找决策过程和可行性检验过程存在的问题。如果外部环境出现了重大变化，应及时对财务决策进行相应修正，并对新决策重新执行上述评价程序。在修改财务决策方案的同时，新系统收集错误出现的原因。通过自我学习对自然语言处理系统、财务分析和决策模型等进行调整和修正，以提高下次财务决策支持质量。

（四）人机协同实现机理

决策者是财务决策的主体，主导财务决策的进行，人工智能下的财务决策支持系统旨在为决策者提供更加智能和个性化的财务决策支持，通过实现人机协同提高财务决策质量，而非取代决策者的职能。人机协同通过充分的人机交互活动得以实现，并贯穿于财务决策方案制定和执行过程始终。

1. 财务决策目标提出与分析

财务决策目标由决策者提出，是新系统开始财务决策支持的驱动力。当新系统接收到具体财务决策目标后，自动对目标进行分析，分解出其中隐含的约束条件，整个过程不需要人工参与，由新系统自主进行。目标分析效果受到训练次数的影响，对于新出现的复杂决策，分析效果可能不够理想，因此在决策方案生成后需要决策者进行审定。

2. 财务决策方案制定与反馈

财务决策方案制定与反馈由新系统主导。根据财务决策目标分析的结果，新系统自主调用企业画像，进行财务分析、财务预测和财务决策方案制定工作，并以图形、表格等多种形式输出决策方案和依据。决策者不需要参与新系统中决策的生成过程，这并不意味着决策者不参与财务决策制定，因为对于复杂或重要的财务决策，决策者应在决策结果输出后对报告进行审阅，并对自动生成的财务决策进行审定和修正。

3. 财务决策方案审定与修正

财务决策方案审定与修正需要人机高度且密切配合。财务决策报告包含决策过程中涉及的财务分析和财务预测数据，并可根据需要向下钻取原始数据，从而将决策思路清晰地呈现给决策者，决策者可以检查决策逻辑，并将根据自身知识和经验得出的决策与新系统的财务决策进行对比，当出现差异时，决策者可直接在系统中对决策方案进行修改，也可修正或加入新的决策约束条件，并要求新系统重新决策。审定与修正过程对于复杂或重要的财务决策是必不可少的，这一方面保证了最终财务决策的质量，另一方面也使新系统得以自主学习，提高每次决策的准确性。

4. 总结与评价

总结与评价由新系统主导。对于修改后的财务决策，新系统对最终结果进行保存和评价，对于不符合标准的方案及时预警，提醒决策者注意；对于合格的方案则直接输出。评价过程虽由新系统主导，但仍需要企业内外部利益相关者的广泛参与。通过收集利益相关者的反馈，对财务决策制定及执行效果进行跟踪并持续改善财务决策。评价结果一方面以报告形式定期输出交由管理层审阅，另一方面用于新系统的自主学习。

第六章 数字化转型背景下的企业新财务管理模式

第一节 数字化工作系统与工作方式

数字技术带来了新的顾客价值空间,同时顾客价值创造与获取方式也发生了改变,而企业据此构建的数字化工作系统赋予了数字化工作者更灵活自主的工作安排与更大的工作能力成长空间,这在一定程度起到了提升工作成效的作用,并让企业对数字化工作者及其工作方式有了新要求。

一、提升工作成效与实现路径

为提升数字化工作者的工作成效,数字化企业以改进工作绩效为目标,创新工作系统,由原来关注顾客交易价值的工作系统转向关注顾客体验价值的工作系统。然而,看似高效的数字化工作系统,却总因为新工作者的慢成长与优秀工作者的快离开,低效地运作着。造成这种困境的原因是,在工作系统与工作方式的数字化变革中,大部分企业改变的只是分配固定任务与管控工作者行为的工作形式,而非针对创造顾客价值与赋能工作者成长的工作系统进行变革。

数字技术改变了取得工作成效的方式。在工业时代,顾客价值的创造主要取决于企业对外部资源的有效整合与对内部资源的高效运营。工作者主要通过做出企业规划的关键行为,完成企业安排的具体任务并取得工作成效。在这种传统的取得工作成效的方式中,工作者的能力和意愿是影响工作成效的两个核心因素。

体现传统工作成效获取方式的典型管理工具是工业时期的封闭式岗位设置与行为绩效管理。企业基于对工作者的一般能力假设使用这些工具，目的是提高产出效率。为了帮助一般工作者取得工作成效，企业单方面确定岗位设置与工作任务，通过指定工作者的关键行为，确保工作者完成任务，企业的人力资源管理实践与工作方式也基于这一关键行为而构建，因此，工作者只需具备平均水平及以上的能力，做出标准化行为即可取得工作成效，这使得工作任务管理与工作行为控制成为工作系统的关键。

数字化时代的技术赋能，使得工作者等各方与顾客的互动对数字化顾客价值的创造产生了重要影响。在符合企业价值主张的前提下，工作者能否获得授权与赋能，协同其他利益相关者直接创造顾客价值成为取得工作成效的关键。与此同时，数字技术的发展不但使得工作者获取理论知识与实践经验的成本大大降低，而且拓展了工作者的视野，升级了工作者的认知，最终大幅提升了工作者的能力与成长速度。

无论是数字化顾客价值创造的新方式，还是工作者成长的新速度，都比数字化工作者更在意自身所创造的顾客价值与可预期的能力发展前景。而只有在数字技术赋能下，企业与工作者就创造数字化顾客价值达成共识，并在此基础上，以共同规划的工作战略目标为起点，数字化工作者才能凭借动态工作能力，协同利益相关方，最终完成创造数字化顾客价值的目标。在新的取得工作成效的方式中，工作者根据自己对战略目标的理解，适时动态调整自身行为的能力、协同利益相关者发展的意愿、参与创造顾客价值的机会成了影响工作成效的三大核心因素。

数字技术带来了全新的取得工作成效的方式，企业不能再单方面设定工作任务，并仅依靠管控工作者来取得工作成效，而是需要通过与工作者树立共同目标，并赋能工作者来取得工作成效。在这种新的取得工作成效的方式之下，企业的人力资源管理实践将转向以顾客价值为共同目标，并在此基础上通过赋能工作者以数字化工作方式提高工作成效。

数字化工作方式与传统工作方式的差异，体现在取得工作成效的过程中，工作者是否从受企业单方面控制的任务型工具人转变为价值共创者。不同于被企业设立固定路径的角色设定，在数字化工作方式中，工作者既是工作目标的共同管理者，又是结果产出的关键领导者。

体现新的取得工作成效的理念的典型管理工具是目标设计与关键结果管理，合理的目标设计及与关键结果对照，能促进工作者能力提升，激发工作者潜能，企业的人力资源管理实践也将为匹配这种新的取得工作成效的方式而改进，以激活、赋能工作者为人力资源管理实践的核心。

二、重新认识工作系统与实践

在 IT 业时代的工作系统中，人力资源管理实践基于企业是顾客价值创造与获取的主体这一假设进行。在此类系统中，工作者被视为完成任务的工具人，企业在完成对工作任务的单方面分解后，通过人力资源规划、招聘与配置、培训与开发、绩效管理、薪酬与福利及劳动关系六大模块保证工作者完成工作任务，取得工作成效，进而组建工作团队并配备相应的固定管理者角色。在传统的取得工作成效的方式中，企业以流程为导向所构建的工作系统是高效的。

在数字化时代，数字技术不但提升了工作者创造与获取顾客价值的能力，还重新定义了取得工作成效的方式，数字化企业与数字化工作者围绕数字化顾客价值创造与获取，重新构建工作系统。

数字化工作系统认知更新框架能够有效地帮助理解工作系统与人力资源管理实践的关系。

当工作者不再通过完成工作任务来取得工作成效，而是直接创造与获取顾客价值时，就必须以顾客价值为核心来理解工作系统与人力资源管理实践。数字化工作系统认知更新框架的核心是数字化顾客价值，数字化企业与数字化工作者根据数字化顾客价值制定价值目标与规划，并通过价值赋能助力数字化工作者更好地创造数字化顾客价值，并在合理的价值评价与分配模式下，以价值连接与契约机制保证数字化顾客价值持续产出。

企业只有将数字化顾客价值视为工作成效的核心，才有助于数字化顾客价值创造及数字化工作者成长。这样的认知变化最终将深刻改变企业的工作系统与人力资源管理实践。数字化企业与传统企业使用的管理工具之间根本的差异并不是数字技术应用，而是工作系统的核心设计。继续沿用原有的工作系统，根本无法提升工作成效。

三、数字化工作模式

以完成工作任务为核心的工作系统，将管控工作者视为其工作模式的根本，而数字化工作系统则围绕数字化顾客价值创造与获取建立敏捷团队，更关注快速响应数字化顾客价值，以赋能工作者并协同团队中所有工作者达成更高目标为核心，把这种数字化工作系统中的工作方式称为数字化工作模式。数字化工作模式有三个核心要素：组建数字化团队、塑造数字化领导力及打造数字化个体。

组建数字化团队。工作者的工作成效由完成任务转向创造数字化顾客价值时，团队的目标将从由管理者分配转变为由团队共同承诺。团队分工与合作的方式由统一分配任务和单一角色，转变为团队动态配合和复合角色。团队控制与反馈形式，也由阶段性的静态考核转变为基于过往背景、当前成果与未来可能的动态观察。

塑造数字化领导力。过往的工作任务和路径均由管理者独立决定，并通过目标逐层分配与行为直接管控进行管理，在技术帮助下，工作目标设定由自上而下的分配转为管理者与工作者共同规划目标，对照双方工作进度共同推进。

打造数字化个体。数字技术赋能工作者并提升其工作效率已经成为当下趋势，但大多数工作者仅停留在能够在数字技术帮助下完成任务的阶段。真正的数字化个体是个体在对多种技术有了全面理解，对价值目标有了清晰认识后，从思维逻辑（基于数字经济的共生思维）、认知视角（商业活动的系统视角）到具体行为（一切围绕顾客价值创造的行为）的全面数字化。

数字技术全面提升了工作成效，并正在改变工作系统运行方式与工作者工作方式。企业如果希望在数字化时代取得更好的工作成效，跟上工作者的发展，就需要更新自身取得工作成效的方式，将以完成任务为中心的传统工作系统变革为以顾客价值创造为中心的数字化工作系统，并在此基础上打造数字化工作模式。

四、新工作范式及其特征

基于对全球就业市场动态发展的观察，特别是基于对企业、平台公司和人力资源服务机构访谈和实地调研，初步归纳出由工业化就业模式向数字化工作范式转换呈现出三个典型的形式特征。

（一）从组织型就业转向自主型工作

工业经济范式决定了以雇主组织为中心的就业模式。按照诺贝尔经济学奖获得者、已故芝加哥大学经济学家科斯的解释，在工业经济条件下，由于市场交易成本太高，组织型就业实际上是一种帕累托均衡。在组织型就业模式之下，劳动者个人依其与组织所签订的雇佣合同，集聚于组织大脑之内，嵌入科层制的管理体系之中，听从组织计划指挥控制，接受组织培训开发，履行岗位职责，交付产品与服务，换取工资报酬和福利保险。但是，劳动者将其所在的组织视为最大的客户，而非他们生产的产品或服务的直接消费者，无法形成客户导向的职业规范，不仅提高了组织的管理成本，也隔断了劳动者与消费者经由他们的产品或服务而建立起的社会联系。更重要的是，劳动者因受制于严格的泰勒科学管理规则而缺乏自主性，从而不断挫伤他们的积极性与创造性。

自主型工作并不是排斥组织型就业，而是基于劳动者个人的自由选择而确定更适合自己的工作形态，表现为从雇主组织的就业决定权转向更多的劳动者个人工作自主权。在自主型工作范式下，劳动者既可以继续按部就班地为一个组织工作，成为组织型就业模式中的一员；而且即便如此，也可以借助数字技术的强大力量在组织授权范围内拥有更大的自我决策权限与自主空间。劳动者个人还可以作为一个自由工作者在各类不同的数字平台上寻找自己擅长并感兴趣的工作任务来做。更为神奇的是，劳动者可以同时为就业模式下的组织及工作范式下的客户工作,例如,一个大学教师既可以作为大学的全职教师,也可以在业余时间作为网约车司机为乘客服务。这种新工作范式对组织也是同样有利的,数字技术平台不仅可以实时开展数据分析监控经营状况,帮助企业降低对人员的依赖,而且可以通过在线交付工作成果降低突发事件的风险和组织管理的成本,赋能企业更多关注劳动者所交付的结果和客户的满意度。当然,这必然对雇主组织的人力资源管理体系变革提出全新的要求。

(二)从集中型就业转向分布型工作

工业经济范式下就业模式的最大特征就是集中型就业:工作时间集中、工作地点集中、工作过程集中及工作交付集中。这意味着劳动者必须在特定的时间点上、时间段内及时间节奏中聚集于雇主组织所确定的工作地点,遵循同样严格受控的工作流程,执行生产、管理和服务任务并交付工作成果。在工业技术经济条件下这种完全的雇主导向而非劳动者导向的集中就业模式也是最优的,虽然这种在同一时间、同一地点、基于现场交付的集中型就业不只是无法经受突发公共卫生事件的影响,也会受到突发自然灾害的重创,而且一旦线性的生产流程设计出现问题就会导致整个生产过程的停顿。

显然这并不是企业本身希望如此,而是工业经济范式固有的特征,是由技术经济条件约束确定的,数字技术可以突破集中型就业模式的工业技术约束而向分布型工作范式转换。而在企业方面,数字技术平台已经高效地通过业务数据监测、物流追踪、精准营销和在线支付等服务帮助企业优化市场经营,而且通过移动远程办公、在线招聘、人工智能甄选和薪税支付等服务帮助企业优化组织管理,正在通讨工业互联网、人工智能、材料科学与纳米技术和 3D 打印等帮助企业优化生产制造流程,开始打造一个不仅能够实现最终产品或服务准时交付与质量控制而且可以最大限度地避免外部环境不确定性影响的数字化分布型商业模式。这个新商业模式成长的过程也是传统的集中型劳动力管理模式变革的过程。在劳动者方面,数字技术平台则可以帮助劳动者根据企业的工作安排与个人的实际情况选择工作时间、地点、交付的最优组合，既能够让劳动者（也包括企业）获得最大的自由度和自主性，同时还能够保证最大的劳动生产效率，降低通勤时间与财务成本，降低突发事件在集中型就业模式下的安全健康风险和连续生产风险。

（三）从单一型就业转向多元型工作

工业化就业模式的单一性表现在劳动者就业的"单一雇主、单一岗位、单一关系、单一期限"。

"单一雇主"就是劳动者不仅是组织型就业，而且在一个特定的时间段，甚至整个人力资本生命周期内只为一个雇主组织工作。

"单一岗位"是指雇主组织基于科学管理设计实行的严格的人岗匹配制度，劳动者因为职业教育或普通教育而专长于特定的岗位职责所要求的任职资格，并在此岗位上长期工作而形成岗位专用性人力资本，从而构成其一生一成不变的职业生涯。雇主会在组织内部设立职业发展通道，帮助劳动者获得纵向的职位晋升。

"单一关系"意味着劳动者与雇主只存在唯一的基于劳动合同的劳动雇佣关系，而它的历史也只不过百年时间。

"单一期限"则是主流的就业范式提倡长期雇佣乃至终身雇佣，各国劳动雇佣法律政策似乎都推崇"无固定期限雇佣合同"而持续加持单一的长期性就业。这种单一型就业模式对雇主和劳动者都是刚性约束。对劳动者而言，它不仅缺乏工作广度与深度，工作世界体验单一，难以激活个体潜能，缺乏丰富性、满意度与幸福感，而且不利于劳动者目光向外，适应工作市场的动态变化。对雇主而言，它不仅无法最优配置人力资本，而且难以灵活地应对瞬息万变的市场竞争。

在数字技术急速发展的经济体系中，单一型就业模式既不是企业发展的稳定器，也不是劳动者职业发展的保障网，更不是社会所追求的"稳就业"的避风港。一旦环境发生剧烈变化，反而更有可能引发"就业硬着陆"。由于数字技术赋能，多元型工作范式不仅能够得以顺利实现，而且能更好地满足企业和劳动者的最大利益。多元型工作是一种更具包容性和灵活性的工作形态。在多元型工作范式下，劳动者依然可以只为一个雇主组织工作，也可以同时服务于多个不同的雇主，甚至可以以服务一个雇主为主业，而同时以服务多个客户为辅业。劳动者既可以终其一生在同一个岗位上兢兢业业，打造个人干净纯粹的职业生涯，也可以尝试完全不同的工作任务，创造个人丰富多彩的职业人生。劳动者既可以继续维持与雇主紧密的长期的劳动雇佣关系，也可以与一个或多个雇主组织建立工作关系、合作关系、合伙关系、社群关系等更加五彩缤纷的人力资源关系。

五、新工作方式的构建——智能协同

不同于以企业为中心的商业活动管理系统，将管控其他主体视为其管理系统工作方式的根本；数字化商业活动管理系统是建立在数字化顾客价值的基础上，以协同其他主体作为其管理系统工作方式的关键。企业必须合理利用数字化技术，并以协同为核心，重塑数字化工作战略、打造数字工作组织与赋能数字工作个体，把这种新管理系统的工作方式称之为智能协同。智能协同的工作方式包括三个部分：确定数字工作战略、构建数字工作组织与赋能数字工作个体。

第二节　财务管理面临的挑战与机遇

数字化的发展使得世界正在经历人类历史上最具变革性的时代。这是一个最好的时代，数字技术的深入发展，为传统核算带来了更多好用的工具，绩效管理、质量管理、客户服务也越来越多地依靠系统支持来完成。

财务管理在企业中是关键的一环，严格意义上讲，财务管理是对企业成长的管理。财务管理系统是最先使用数字化方式的管理系统。虽然层出不穷的新技术已逐步应用于财务管理领域，但大多数企业只关注经营过程中的数据统计和核算，忽视了市场竞争力、客户管理及员工管理等方面的重要信息，因此无法对未来发展方向进行有效预估。有效运用数字技术服务于可持续经营，将成为数字化时代企业面临的最大机遇和挑战。

一、数字经济时代财务管理面临的挑战

（一）新财务管理模式——价值驱动

创造价值是转型面临的最大挑战。财务管理模式需要由价值记录转向价值创造。从价值记录转向价值创造的过程也是财务管理模式的升级过程——从共享财务到业务财务再到战略财务。在财务管理模式的升级过程中，对财务人员的素质要求也是逐渐上升的。

共享财务（智能化）：所有交易流程在共享中心或外包实现自动化处理，共享财务人员主要管理异常情况。

业务财务（业财一体化）：财务管理与业务紧密协同，业财一体化更强调外部性，强调将财务数据与外部信息紧密结合，以辅助建模和预测业务成果，优化战略计划，确定最佳业务机会。业财一体化也是企业信息化建设的重心，对财务人员的综合能力提出了很高的要求，需要财务人员在"专业"和"综合"方面同时做出改变。

战略财务（更具弹性）：战略财务将通过战略风险管理来管理不确定性，财务人员需要使用预测分析来评估战略决策带来的影响，为可能到来的冲击提前进行规划和管理。随着分析技术升级，以及数据规模和复杂性不断提高，财务管理的价值驱动模式在人工智能和认知科技推动下将不断创造新的方式和可能。

（二）财务人员角色的转变

首先，在数字经济高速发展的当下，财务人员面临新挑战，亟须转变思维，加强业财融合的深入探索，提升本职工作的技能。其次，组织变革引发职能新变化。随着组织形式不断更迭变化，财务核算的属性和边界不断被打破和迭代，财务管理职能也不断衍生出新需求。"高价值业务＋跨界"的新职能对财务人员提出了挑战。

（三）数字化时代企业协同需求

财务人员和领导者的观念转变是决定因素，企业管理者需要对自身财务数字化程度现状及能力进行正确认知。协同才是数字化时代组织效率的本质，协同共生理念是财务管理体系的关键。

二、数字经济时代财务管理发展的机遇

随着数字经济发展，企业也经历了从会计电算化、财务信息化，到财务智能化的转变，越来越多的企业正从智能技术的应用中受益，OCR 影像识别、财务机器人 RPA、规则引擎及银企税资直连平台已经成为今天财务共享服务中心的标配。虽然层出不穷的数字技术和智能手段已逐步应用于财务管理领域，大大提高了传统财务核算工作的效率，但时代发展对财务管理也在不断提出更新更高的要求——财务要真正向价值创造型财务转型升级。在生态经济的大背景下，如何找到业务财务和战略财务的管理抓手，让其充分发挥作用，成为数字化时代的重要命题。

财务作为货币化的业务语言，是商业世界的数字化雏形。如今迈入数字化时代，企业内外部的各项活动，以及消费者、供应商、员工等多元主体的各项信息都可以被收集转化为数据，财务部门作为数据的加工方，成为实现数据采集整理、分析洞察及预测决策的企业数字化闭环的关键节点——当企业边界被打破，财务的边界也应该被打破——财务，不仅需要走出财务部门的职能边界，与业务紧密结合，更要走出企业组织的主体边界，与产业上下游深入连接。数字化时代的财务管理，也应从核算型、业务型、战略型，发展到财务 4.0 阶段——生态型。

工业时代，业务即财务，财务即业务。数字化时代，一切业务数据化，一切数据业务化。财务部门成为数据化闭环的关键节点。数字化时代，财务管理应该聚焦于产业生态价值的创造。作为数字化时代生态价值衡量的工具，财务管理成为企业在产业互联网时代的全面赋能体系，这就为财务创新，特别是财务管理创新提供了巨大的时代机遇。

第三节　第四张报表的提出

　　财务报表的种种"先天"条件，决定了单独的财务报表无法为企业提供全面、相关、及时的数据和信息。在工业时代，会以业务报表对其进行补充。业务报表由业务部门主导编制，可以更加深入地反映业务发展的各项组成要素，包括数量价格、分区域分产品线构成及增减变动的构成等，但业务报表同样面向过去，反映的是企业价值的结果，不能反映生态圈内各个利益相关者的关系，也不能反映用户价值和员工价值的变化。在数字化时代，面对生态经济，财务管理工具也需要变革和创新，这样才能真正支撑组织数字化时代的新发展。

　　数字化时代下企业转型与财务相关的底层根基是顾客价值增值的实时呈现。将各主体对顾客价值的创造实时反映和呈现在账户中，实现财务管理体系与顾客价值增值对接，是广大财务人员最关心的问题。数字化时代优秀企业的界定标准也呈现出了改变，即财务直接反映顾客价值已经成为优秀企业的衡量标准之一。

一、财务报表概述

（一）财务报表的定义

　　财务报表是反映企业或预算单位一定时期资金、利润状况的会计报表。我国财务报表的种类、格式、编报要求，均由统一的会计制度做出规定，要求企业定期编报。国营工业企业在报告期末应分别编报资金平衡表、专用基金及专用拨款表，基建借款及专项借款表等资金报表，以及利润表、产品营销利润明细表等利润报表；国营商业企业要报送资金平衡表、经营情况表及专用资金表等。

　　会计报表应按期报送所有者、债权人、有关各方及当地财税机关、开户银行、主管部门。股份有限公司的会计报表还应在股东会议召开 20 日之前备置于公司办公处所，供股东查阅；公开发行股票的公司，应按财政部有关规定公布有关报表文件，月份报表应于月份终了后 6 日内报出；年度会计报表应在年度终了后 4 个月内报出。

（二）财务三大报表与第四张报表

财务报表是随着商业社会对会计信息披露程度要求越来越高而不断发展的。主要有资产负债表、损益表、现金流量表和会计界争论的第四财务报表。

1. 财务三大报表

财务人众所周知，在会计上有三大财务报表，分别是资产负债表、损益表和现金流量表，这三张表代表了一个企业全部的财务信息。可以通过解密财务报表对外来判断一个企业是否值得投资，以及对内制定企业发展战略路线。

（1）资产负债表

资产负债表是反映会计主体在特定日期（如年末、季末、月末）财务状况的报表。资产负债表的雏形产生于古意大利。随着商业的发展，商贾们对商业融资的需求日益加强，高利贷放贷者出于对贷款本金安全性的考虑，开始关注商贾们的自有资产状况，资产负债表应运而生。

（2）损益表

损益表也称收益表、利润表，它是总括反映企业在某一会计期间（如年度、季度、月份）内经营及其分配（或弥补）情况的一种会计报表。

随着近代商业竞争不断加剧，商业社会对企业的信息披露要求越来越高，静态的、局限于时点的会计报表即资产负债表已无法满足信息披露的要求。人们日益关注的是企业持续生存的能力，即企业的盈利能力，于是，其间损益表开始走上历史舞台。另一种观点认为，损益表出现的直接原因是近代税务体系发展的要求。

（3）现金流量表

反映企业在一定会计期间现金和现金等价物流入和流出的报表。这张表所解释的就是在过去的这一段时间里（如月度、季度、年度），这个企业收进多少现金，付出多少现金，还剩多少在银行里。通俗地说，就是要搞清楚这一段时间从我手头上经手了多少实实在在的票子，收了多少票子，支出了多少票子。

2. 会计界争论的第四财务报表

第四财务报表要求企业披露的主要是三表之外的事项，包括披露企业面临的或有事项、企业所从事业务的详细介绍，并附上详尽的风险分析和企业的抗风险能力。

二、第四张报表的设想

（一）从数据到价值

三大财务报表是每个企业都有的，反映了企业的财务情况和经营状况，也是向外部投资者、现有的合作商及整个行业展示企业本身的一种方式。目前社会处于大数据时代，无论在哪个行业里，数字化已经与我们息息相关，在管理工作中新的工具层出不穷，这些新的工具能使企业在数字化时代中看清发展方向。

那数字化是什么？数字化代表了什么？其实数字化就是大数据。自2010 年以来，数字化被社会各界频繁地提到，在此期间，智能手机被大规模普及和应用。回看目前的手机，手机上很多 App 已经运用大数据技术，但是这些技术对于很多传统企业而言，尚未被应用，这背后带来一个效应，个人对技术的应用史无前例地第一次领先于企业。电脑刚刚在个人中得到发展运用时，企业技术领先于个人技术，此时也包括互联网行业。短短几十年间，个人本身对于技术掌握和应用已经超过了企业，究其背后的原因，发现有一个连锁效应。例如，对于新兴的技术，我们本身能够直接与企业对话，对企业提出更适合自己的服务，这一切全然颠覆了绝大部分企业原有的服务模式。比如，最为常见的消费品行业，对于消费品行业而言目前它们已将自己四分之一到三分之一的营销搬到线上，消费品行业不再简单考虑如何把产品卖给零售商，还需要往深层次考虑，如何跨越中间商和零售商，直接面对客户端在技术、订单等方面的需求。

数字化的出现一方面是让企业端能够直接运用到全新技术上，客户端会一直领先，因为新的技术始终会不断出现。从这方面来讲，数字化的出现也让传统企业的运行模式发生了改变，变得更加迅速，更具有敏感度，还让社会对此有更好的接受度，最重要的是能快速地把很多新技术转变为企业自身的生产力和竞争力。

（二）第四张报表的提出

德勤的相关负责人提出：如果只用传统一张报表来反映企业的信息具有滞后性，对于企业的未来发展十分不利，非财务数据的第四张报表的到来是大势所趋。

德勤第四张报表是一张关注于业务数据的数字资产表，通过揭示业务数据与财务之间的关系，来帮助企业将数据变现，并实现事前决策。即便是没有营利、未上市的初创公司，也可以通过数据来表明它未来可能的价值；通过这些数据，甚至可以看到企业自身未来一段时间的预测资产，从而在增收和节支方面避开风险，和财务数据滞后的反应速度相比，业务数据显得更加灵敏、更具有前瞻性。

很多上市公司其实已经开始在报告中使用非财务数据。企业投资者和合作者、企业内部管理者、决策者甚至内审委员会，都慢慢开始通过企业的非财务数据来及时迅速地了解企业当下的情况及未来发展的趋势。于是，第四张报表应运而生。

（三）第四张报表的构想

企业应该把与自身有关的大数据收集起来，分析这些大数据之间存在的关系，让企业内部的管理者能够及时地了解企业的最新情况，以此做出相应的战略调整。

1. 重业务数据而非财务数据

对于传统企业而言，企业价值评估模型的假设是通过企业的财务数据和

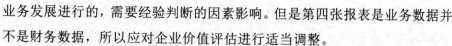

业务发展进行的，需要经验判断的因素影响。但是第四张报表是业务数据并不是财务数据，所以应对企业价值评估进行适当调整。

不同于传统的三张财务报表，第四张报表更关注企业的业务数据，尤其关注用户数量、用户标签、用户使用行为等互联网特性的业务数据。对于互联网属性较强的企业，以及正在经历数字化转型的企业，这些数据不仅能够揭示用户行为和喜好，并且能够预示企业未来的价值。通过分析这些业务数据，了解其关联特征、增长趋势、波动等情况，可以对企业的成长性与未来价值形成有效的判断依据。

2. 融合第三方数据和企业第一方数据

目前很多企业发现了数字资产对于企业的重要性，数字资产不仅在外部环境中有大量的数据累积，企业自身也需要积累庞大的用户信息，但是如何筛选和甄别有效的数据，是第四张报表存在的意义。

当然有了第四张报表也不意味着放弃传统的财务报表，毕竟有些传统的企业是不适合的。两者应该互相配合，彼此补充。

若想真实有效地评估企业运行的情况，需要在第四张报表里体现出"第三方数据"和"企业第一方数据"的融合。第四张报表需要从企业外部收集独立于企业的第三方数据，可以利用大数据、第三方数据库共享等方式，这些方式可以让第四张报表的客观性和真实性得到保障。融合第三方数据和企业第一手数据，并且在此基础上对融合的数据进行数据对比、分析和匹配，深挖数据背后更多的价值。

在编制报表时，应该把财务数据作为基础，利用大数据，把财务数据和业务数据相结合，可以编制出更符合目前企业在资本市场融资的情况。

3. 实现结构化和规范化

企业内部和外部都有非常多的数据，但是由于数据之间存在差异，往往得到的数据价值关系不是很清晰，此时管理层很难把握数字资产的价值，第四张报表在评估数字资产时，结合结构化和标准化，实现了结构化和规范化，特别是针对企业管理层的角度，以一种通俗易懂的方式表达，能够更为有效率地反馈企业价值。

把大量的数据收集起来并且汇聚到一起，以管理层能看懂的方式，结构化和规范化的方式呈现出来，成为一个可理解性强的分析报表，让企业的管理层能以此作为参考进行分析和判断，这便是第四张报表的意义。

三、第四张报表的内容

无论是什么企业，在编制第四张报表时都应该具有一定的共性：以用户为中心，结合用户数据分析、产品数据分析、渠道数据分析共同编制出第四张报表。

（一）用户数据

对于新兴互联网企业而言，用户对于企业非常重要，可以从用户年龄段、用户所属区域、用户活跃度、用户参与性、用户忠诚度和用户黏性等多方面来体现用户的数据。以此作为用户数据的基础，进而对用户数据进行深度分析，获得相应的指标。

用户数据是衡量 GMV 的重要指标。消费者在选择消费平台时可以收集到消费者的很多数据。例如，消费者的性别、年龄段，消费者在哪个时间段使用平台，在浏览商品期间是否会分享给他人，是通过平台账户分享还是其他社交 App，使用时长等。企业可以把此类关于平台的用户数据，做成相应的表进行深入分析。

（二）产品数据

产品数据对于新兴互联网企业是很重要的。产品数据可以囊括企业产品规模、产品核心竞争力、产品差异性、产品研发投入及客户对产品的满意度等。

产品是企业与用户建立联系的手段，产品数据是基于此所构建的，结合以上产品数据，进而对产品数据进行深度分析，可以建立产品信息的评价体系。

（三）渠道数据

对于电商而言，渠道数据是很重要的。可以从数量和质量两个方面来衡量企业的渠道数据。数量是从企业的现状和变化来反映企业渠道的，包含规模、构成及结构改变；质量是从企业的营销渠道上反映的，营销渠道主要用于分析企业渠道的稳定性、安全性、获客的质量、获客的能力、响应速度及聚客水平等。

（四）社会责任

企业的社会责任主要包括企业对待自然资源的态度、企业的社区保护计划相关信息、企业的慈善捐助活动情况和企业在环境保护方面的行动及措施等相关的社会责任方面的信息。企业应及时把自身履行社会责任的情况披露给信息使用者，让利益相关者对企业的发展经营起到监督和评价的作用，从而提高企业的社会效益和名声，进而实现社会贡献的最大化。社会责任披露应该遵循以下原则：社会性原则、可靠性原则、有效披露原则、政策性原则、一致性原则和及时性原则。

同时在编制第四张报表时应该遵循会计信息质量要求进行披露，如可靠性、相关性、可理解性、重要性、真实性、客观性、可比性、谨慎性和及时性。

四、第四张报表的职能

（一）参与经济决策

根据企业决策目标收集和整理企业的有关信息和资料。

（二）预测企业前景

通过国家政策制度、客户需求及企业现有生产能力，综合反映企业的未来发展前景。

（三）经济决策评价

通过建立相关指标体系，按照企业战略目标和经营方针，对决策所产生的结果进行评价，最终为利益相关者评估企业发展状况提供有力依据。

五、第四张报表的应用价值

第四张报表较传统的三张财务报表提供了更多的非财务信息，这给企业融资提供了更全面具体的信息；让投资方能了解企业的实际盈利能力；给企业内部管理层和治理层提供更多的决策依据和管理指导。

（一）从企业融资的角度

第四张报表提供企业的用户数据、渠道数据和产品数据，这些数据对于新兴互联网企业是至关重要的。在新兴互联网发展的前期，传统财务报表所体现出的关乎企业的盈利能力、偿债能力、营运能力和成长能力和企业真实的情况是有偏差的。对于新兴互联网企业而言，第四张报表所含有的非财务数据能够体现企业真正的盈利水平和企业业务运作状况的真实性，更能展现企业的成长潜力。这对于想要获得融资的企业具有重要意义，也对投资者具有重要参考价值。

（二）从管理者的角度

对于企业管理者而言，第四张报表结合了企业的用户数据、渠道数据和产品数据，这些数据为企业管理者在管理企业、进行战略分析和决策时提供了帮助，发挥了无可取代的作用，若企业仅根据传统三大报表进行规划和决策容易出现偏差，传统报表对于非财务信息而言很滞后，第四张报表正好弥补了滞后性这个问题；第四张报表具有前瞻性，二者相结合，让管理者能做出合理科学的决策，从而能更好地管理企业。

（三）从风险管理的角度

第四张报表的重点是业务数据分析，而业务数据和财务数据具有很大的关联性。

若业务数据和财务数据表现特征出现较大偏差时，那么可能存在风险，这个风险会提醒审计和风险管理部门，便于其识别风险范围，预先发现并及时处理。

第四张报表的创新意义很大，这也是会计工作从绩效记录到价值创造演变的大趋势。第四张报表还对会计人员提出了一个巨大的挑战，未来5～10年，可能会发生会计革命。革命的发起一定不是内部，而是来自跨界，或许正是业务行为与财务行为的融合。

第四节　新财务管理模式应用初探

《管理会计兴衰史》中指出，就当今企业所处的环境而言，企业的财务管理系统已经远远不能满足企业管理的需要。数字化时代，企业需要借助数字技术，回归顾客并制定"有效价值增值"的科学发展战略，但至今"有效价值增值"的目标尚未被明确提出，新的财务管理模式亟待挖掘。

一、财务进入 4.0 阶段

技术进步推动产业革命，产业革命催生管理革命。新一代数字技术革命，让数据成为除了人力、资本、技术之外的新生产要素，对数据要素价值的挖掘和使用，重新定义了产业进行价值创造的方式——从工业时代的线性价值链向数字化时代的交互价值网不断演化。

在工业时代的卖方市场中，价值链是线性单向的，研发生产和采购营销多是基于供给端的判断，更新失败、库存积压的情况非常普遍；数字化时代，消费端的数据被实时获取，根据市场营销情况，可以反向指导供应链进销和工厂生产，并根据消费者的画像和偏好，洞察消费趋势，实现按需研发、以销定产，更高效地匹配生产要素，在数据驱动下实现高效的资源整合。完全按需提供定制化的产品和服务将成为所有行业的标准。利用数据重组使得其他生产要素成为企业新的核心竞争力，数字技术的应用，突破了工业时代大规模机器生产的效率天花板，让"多对多协同""大规模私人定制"成为可能。

数字化时代，上半场的消费互联网，改变了人们的生活消费方式；下半场的产业互联网，则会改变产业链各个环节的组织方式和互动方式。

面对数字化时代从消费互联到产业互联的渗透发展，企业的边界被突破，产业价值链在重构，而企业在数字化时代的决胜战略也在发生变化——从工业时代的规模经济，到消费互联网的平台经济，再到产业互联网时代全新的生态经济模式。一个企业只有充分洞察外部生态的变化，把握市场需求，连接更多的利益相关者，共创、共赢，才能实现持续成长。

同时，数字化时代也意味着要应对千人千面、快速迭代、无限极致的用户需求，企业必须足够灵活。而判断一个企业是否具有互联网基因的关键正是在于看它能否变得轻盈敏捷，能否快速响应用户需求，高效组织资源，实现交付。众多互联网公司已经开始实行"中台"架构，包括阿里的数据中台、腾讯的技术中台、美团的用户中台等。将企业长期建设的资源和能力统一为中台，为前台提供强大的专业服务支撑，从而赋能前台更加敏捷地服务用户和市场。产业互联网时代，企业的管理模式也在变革，前中后台将成为新型组织架构，前台主战，中后台主建。前台有一线的决策权，权责对等，责任承担和利益分配也在前台完成；中后台的核心是共享，将具有共性的业务提炼出来，沉淀为中间件，由前台根据需要进行调配，减少重复建设，提升资源的利用率，最大化匹配企业的发展。

二、共生增值表

传统的损益表，是封闭的企业视角进行各项商业决策的动因，也是企业的出发点，而非行业生态的出发点。具体来看，对于制造业，营销收入是由销量和价格决定的，在确定营销价格时，传统企业采取的方法一般是对标行业竞品价格，确定自身产品的价格区间，即企业考虑的要素是定什么价格可以把产品卖出去，而不是用户感知到的价值是什么。很多时候实施低价策略也是为了暂时抢占市场份额、挤压竞争对手空间，而不是考虑产品本身的定位和对用户体验的影响。而为了提升产品销量，传统企业往往会采取经销商压货式营销，通过压货实现企业自身营销收入的增长，却把仓储成本和资金成本抛给了合作伙伴,以牺牲合作伙伴的利益,来实现企业自身价值的提升。

和企业收入相关的,还有各项营销策略和营销费用。为了激励经销商、提振渠道营销,企业会制定各项返利和渠道费用策略,这些策略短期内可以刺激企业营销收入的上升,但从长期来看,是否真的创造了客户价值、塑造了品牌形象,还是仅实现了一次性的货品倾销,都需要认真审查。在成本端,各项原材料、零配件的采购,都是分割的而非联动的。供应商不参与产品设计,因此零配件的参数匹配相对被动,库存管理一般是滞后的。而生产制造过程由工厂按照生产规划进行分配,由于生产周期的限制,生产计划和营销计划不一定匹配,也会出现库存超期和存货跌价等管理难点。最终,制造型企业实现的利润是各类产品营销利润之和,扣除压货促销、库存超期、多级分销等各类信息不透明所带来的成本费用,以及不可见的对企业品牌、客户价值的长期潜在影响。

而共生增值表,首先以客户为中心。通过对消费数据的分析,企业可以对用户群体进行细分,从而确定不同级别、不同需求重点的用户。例如,从活跃程度角度,用户可以分为交互用户、活跃用户、创客用户和终身用户。对于重点用户,企业掌握了更为全面的用户画像、消费习惯、行为偏好等,可以围绕他们进行全生命周期的产品定制和精准营销,深度挖掘用户需求,邀请用户间接或直接参与产品设计,快速迭代,实现产品创新。除了用户,企业也需要考虑各个利益相关者,包括核心渠道商、核心零售平台、核心供应商等。各方基于用户体验,可进行持续迭代创新,从而为用户提供始端到终端的产品和服务;各个利益相关者在参与过程中可以更精准地获取数据,从而更充分地发挥各自的价值。共生增值表的出发点,首先就是用户和利益相关者,目的是实现生态圈价值总量的增值。

在实现了生态圈整体的增值后,下一步就是对增值的分享。

从用户和利益相关者角度出发,生态圈的利润就不再是产品营销的硬件利润,还包括圈内的各项生态利润。对于这些额外创造的利润,则可以根据投入情况,在资本方、生态圈参与方、创客(用户)之间进行分享。增值分享后,是企业自身的收入与成本核算。企业的收入与成本,除了传统的硬件收入与成本，还包括分享的生态收入与成本。企业作为生态平台，用户和生态资源越多，企业平台的生态边际成本越小，生态利润则越高。

在人单合一模式下，企业平台连接了企业内外部的各个利益相关者，而实际执行各项业务项目的，则是企业内部的各个小微组织，各个小微主是小微组织的 CEO，充分调动小微的主观能动性和企业平台的资源能力，和创客、其他利益相关者共同合作，实现生态圈整体的价值增值。小微作为自主经营单元，重构了企业的传统损益表，例如，营销的量价确定，由企划小微、营销小微、市场小微共同确定，各个小微考虑问题的出发点，是策略能否切实提升生态圈的整体价值。损益表中的营销收入，是各个营销小微和市场营销经营的结果，是进行了增值分享后实现的企业产品收入和生态收入之和。企业的成本和费用，也是研发小微、生产小微、供应链小微等基于其面对的利益相关方，进行整体生态价值提升后所发生的成本费用。企业损益表中的剩余利润，由于是各个小微自主经营的结果，在一部分留用为企业发展基金或留存收益后，其余部分可作为小微的分享利润，向小微进行分配。

经过共生增值表的运作，传统损益表中的各个项目，重构为由各个小微构成的损益表，收入、成本及费用的驱动因素不再相同，从而最终实现了企业商业模式和管理模式的转变。

共生增值表颠覆了传统损益表，变过去的以企业为中心到现在的以用户为中心，驱动由封闭到开放的，有用户和资源方参与的模式。它将自上而下的管控变为从用户到用户的循环生态模式，将事后算账的项目制度颠覆为各利益相关者参与的增值分享。

第四张报表共生增值表实际上不只是一张报表，而是一套报表，在原有财务会计三表一注的基础上，以管理会计为枢纽，进行内外结合、预实结合的实时动态展现，承接企业战略，全面衡量用户、员工和其他利益相关者的价值，是覆盖企业价值创造、衡量、评价及分配全流程的管理工具。

数字化和信息化的本质区别之一，在于信息化反映结果，数字化追究动因。共生增值表作为企业在数字化时代的新型管理工具，突破了传统财务报表的视角，在管理工具层面实现了从事后反映结果到动态反馈动因的跨越，

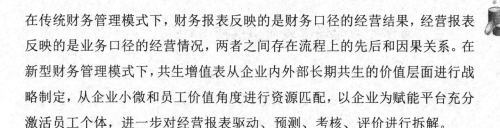

在传统财务管理模式下，财务报表反映的是财务口径的经营结果，经营报表反映的是业务口径的经营情况，两者之间存在流程上的先后和因果关系。在新型财务管理模式下，共生增值表从企业内外部长期共生的价值层面进行战略制定，从企业小微和员工价值角度进行资源匹配，以企业为赋能平台充分激活员工个体，进一步对经营报表驱动、预测、考核、评价进行拆解。

共生增值表和经营报表之间也是互为因果的关系。

共生——用生态重新定义报表。共生包括两个层面，一是生态圈的共生——用户与用户、用户与企业、企业与企业、企业与员工之间，形成利益共创的共同体，构成共生、互生、再生的生态圈；二是生态组织的共生——企业由科层制向平台制转化，小微作为自主经营单元，成为企业网络的构成要件，直接连接员工、用户和合作伙伴，企业付薪转化为用户付薪，企业成为无边界、自驱动的生态组织。

长期价值——内外结合，虚实结合。长期价值评估依赖更为全面的大数据集市：财务、业务、内部和外部数据在数据集市全面汇集，一方面实现了数据口径的统一；另一方面提供了多维度的价值评估要素，不仅关注过去，更关注未来的变化。长期价值评估基于智能化、云计算的实时共享：数据驱动，支持精准评估、及时纠偏、可靠预测，通过预实结合，实现自主经营单元的自驱动、透明管理和员工个体的个人绩效，有助于实现实时、高效、灵活的智能运营和决策。

底层逻辑转换——事前算赢，业绩对赌。第四张报表共生增值表的架构体系和传统三表一注存在底层逻辑的不同，具体包括：① 报表编制主体不同，共生增值表的编制主体包括多方，既有生态圈中的用户、合作伙伴、企业生态利益相关者，也有生态组织内的自主经营单元（小微）、员工个体；② 报表编制目的不同，共生增值表注重价值增值的衡量，即注重未来价值，而非历史价值的核算；③ 报表编制方法和编制逻辑不同，共生增值表面向未来，以全面实时滚动预算为工具基础，以事前算赢、业绩对赌为管理基础，从而让共生增值表真正成为一项贯穿企业计划预算执行考核的管理工具。

三、零售业共生增值表应用探析

随着产业互联网的崛起，新零售有了更具时代特色的定义——新零售的本质，是对传统商业进行数据化升级改造——未来的商业，应该是品牌方通过线上、线下等各种渠道和消费者互动，为消费者提供随时随地随场景变化的产品、服务和体验。

传统零售的核心问题是不知道客户在哪里，以及商品卖给了谁；数字化零售的本质是借助数字技术，将产品和服务从企业送达消费者的全过程数字化，并将客户的消费相关数据反馈给企业。通过数据洞察，更深入地挖掘客户需求、指导产品研发，进行更精准的营销活动，提供更到位的消费体验，从而提升客户获取率、转化率、留存率和复购率。

数字化零售，让企业知道客户是谁、在哪里、他们的消费习惯和偏好如何，通过以客户为中心，重塑人、货、场的关系，让消费者随时随地随场景，体验和购买自己喜欢的产品和服务，真正消除企业和消费者之间的隔阂，从而提升企业的效率和效益。

零售业共生增值表的设计思路如下。

随着消费互联网的发展，围绕消费者，企业逐渐建立起完整的渠道通路网络——既包括线下的直营和加盟的零售门店、各级分销代理商，也包括线上依托各大电商平台的旗舰店和线上分销网络。线上、线下的渠道通路在多年发展后实现了融合，在品类组合、价格营销等方面实现了体系化的布局管理。

建立起全面的渠道通路网络体系后，企业可以尝试建立消费者数据库，对每次营销记录背后的消费者画像和行为偏好、通路特性等进行采集和归纳，从而掌握消费背后的动因。

当企业获取了全渠道的数据信息，将全网的营销情况、订单情况、库存情况、配送情况和会员情况进行整合，则可以形成企业整体的大数据中心和业务中心，也就是企业中台。基于企业中台的数据进行数字化建设，对数据资产进行加工，可以深入挖掘数据价值，指导企业预测和决策，包括对品类、价格、促销、返利、库存等进行规划，对人员、团队、目标、绩效等进行管理，为对客户进行深入分析、探讨，实现研产供销一体化协同问题提供数据驱动的解决思路，实现对经营管理活动的反哺，从而实现数字共生。

第七章 智能财务视域下企业财务共享实施及发展

　　财务共享中心的构建是一项非常复杂的系统工程,在整个实施过程中需要有坚定的信念逐步推进。从进程来看,财务共享中心的实施主要可分为规划、设计、实施/迁移、持续运营与优化这四个阶段。企业应根据自身情况,寻找适合自己企业文化和业务模式的方式,把握工作节奏和工作重点,循序渐进,稳步推进。

　　财务共享中心实施与运营的核心工作就是把设计阶段的方案落地,转化为实际操作,最后落实到每一笔具体的业务,每一个具体的业务节点。同时,财务共享中心还要顺应企业的发展趋势,持续优化和改进,建立一个涵盖系统、流程、人员、制度、质量等多维度的长效优化机制,推进财务共享中心的稳步前进,从而更好地支撑企业的战略发展,为企业创造更大的价值。

第一节　财务共享中心项目的实施方法

　　实施财务共享服务后,企业的管控能力得到了大幅提高,有效降低了财务运作的成本,同时还可以为企业的全面预算、成本管控、风险管理、绩效评价等工作提供更高质量的财务信息,进一步提升管理能力。但相比于一般项目,财务共享中心的实施与运营更为复杂,涉及财务会计、项目管理、组织行为等多学科理论知识,同时还要进行完整的项目规划、科学的实施步骤,以及制定可能出现的风险或问题的应急预案,从而有效保障财务共享中心项

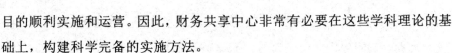

目的顺利实施和运营。因此，财务共享中心非常有必要在这些学科理论的基础上，构建科学完备的实施方法。

一、财务共享中心建设的 PDE 方法

财务共享中心的实施过程，主要涉及两个问题：第一，如何将原来分散的工作方式转换为共享服务的工作模式；第二，如何保证财务共享项目有序地实施、推进和完成，并具备可持续发展能力。因此，基于财务共享服务的系统性、整体性等特点，完备的实施方法论是财务共享中心项目组建工作顺利开展的重要保证。在这里，可以直接采用专有的 PDE 方法，即通过"最佳实践（Practice）—方法设计（Design）—效果评估（Evaluate）"的逻辑来设计与规划财务共享中心的实施方案，同时考虑实施方案的可行性与效益性。

财务共享中心实施方案的设计思想主要来源于业界财务共享中心的最佳实践经验，而后通过评估实施效果进一步反馈实施方案，从而有助于实施方案的改进和优化。实施方案的设计是 PDE 方法的主体，具有战略导向性作用。从本质上来说，整体的设计理念与思路也是一个变革管理的过程，通过对流程、组织、信息系统和运营管理等四大要素进行整合，每一个要素代表了一个完整的实施模块，各自包含了更深更详细工作方案设计，有效形成适用于目标企业的最佳设计方案。

来自业界财务共享中心最佳实践的 PDE 方法展示了从传统模式变革到财务共享服务模式的基本路径。在 PDE 方法指引下，把方案设计与效果评估的总体思路划分为启动与调研、规划与设计、实施与运营这三个阶段来展开，在各个阶段的过程中进一步制定细化的实施步骤，从而构建一套完整、有效的财务共享中心建设实施方案。

二、财务共享中心建设的"361 度方法"

建设具体的财务共享中心项目，其实就是从明确财务管理现状到实施财务共享服务的过程，也就是财务共享服务实施路径。通过实践经验可以总结归纳为"361 度方法"，即三个阶段、六个步骤、一个财务共享中心。具体

包括启动与调研、规划与设计、实施与运营三个阶段，通过进一步细分为定义与启动、调研分析、整体规划、详细方案设计、实施部署和持续改进六个步骤，推动实现财务共享中心的建设与运营。

一般在项目启动之前，还要对财务共享中心项目进行可行性分析，结合业界的实践经验，可以从组织、人员、流程和系统等多方面对企业财务管理现状进行分析，深入讨论建设财务共享中心的必要性、可行性，以及能给企业带来的好处，形成初步方案，并预测财务共享中心项目未来的成本收益情况。

（一）项目启动与调研阶段

财务共享中心项目启动后，项目团队的首要任务就是进行职责范围内的工作定义，这也是项目管理最初的，也是十分重要的一个阶段。在经过企业高层领导、财务、业务与信息等各部门人员代表和项目团队的充分沟通分析后，输出有关文档。

定义与启动。这是实施整个财务共享中心项目的基础，包括确定财务共享中心项目的目标、范围、时间和团队；确定工作规范、管理文本模板、交付文档模板；召开项目启动会等各项工作内容。在这里的输出物主要有项目计划、管理文本、项目启动会资料等上述几项工作中的文档模板。

现状调研分析。在深入分析企业财务管理现状的基础上，重点了解企业目前的信息化程度、信息系统的交互情况、企业人员的素质、业务流程等方面内容，细化设定财务共享中心项目实施的进程，并进一步评估实施的难易程度，从而更好地规划与设计财务共享中心的整体实施框架。在这里主要产生如问卷调查、访谈备忘录、调研分析报告等输出物。

（二）规划与设计阶段

财务共享中心的规划与设计阶段是整个项目实施过程的关键环节，主要包括了预测未来、确定任务、估计可能碰到的问题、提出有效方案等过程，具体包括规划设计和详细方案设计这两个步骤。

1. 规划设计

规划设计环节主要是为了搭建整个财务共享中心项目的工作框架，包括了战略定位、业务流程规划、组织人力规划、信息系统规划、建设路径规划及选址等方面。

（1）战略定位

以企业整体发展战略为出发点，制定财务转型规划，创新财务管理模式，明确财务共享中心定位，这里通常会形成包括财务转型、战略结构、战略职能规划、中长期发展规划等输出物。

（2）业务流程规划

在深入分析企业财务管理现状的基础上，设计整体业务流程，综合考虑财务共享中心项目的成本、效率、质量、控制等因素，进行再造和优化。

（3）组织人力规划

基于财务共享服务这一新型管理模式特点，重新配置与之相适应的岗位分工与组织结构，在这里通常会形成集团财务职能体系、财务共享中心岗位设计、人员需求计划等输出物。

（4）信息系统规划

信息系统是能否顺利实施财务共享服务的重要条件，也直接影响财务共享中心的业务处理效率。首先要明确企业现有的信息系统与财务共享模式下的系统架构和功能之间的差异，进一步根据信息系统现状的诊断结果，进行系统的升级改造或者新建规划等。

（5）建设路径规划

财务共享中心的建设从前期调研立项到后期顺利上线实施需要一个较长的时间段，在充分了解企业下属机构数量、区域分布、业务状况、财务组织规模等现状的基础上，科学有效地制定财务共享中心的建设规划，通常要包括财务共享中心的整体建设目标、分阶段业务范围及相应的关键节点、具体实施计划、风险评估及对策措施。

（6）选址规划

在财务共享中心战略结构选择的基础上，基于成本收益原则，企业需要综合考虑服务对象、经营成本、信息技术、外部环境、税收与补贴政策、人力资源等因素，从而更合理地确定财务共享中心的选址方案。

2. 详细方案设计

在规划方案的指导下，可进一步将业务流程、组织人力、信息系统、运营管理、场地及设备方案展开详细设计，形成相应的业务流程方案、组织人力方案、信息系统方案、运营管理方案和场地设备方案，从而更好地推动财务共享中心项目方案落地。

（1）业务流程方案

主要设计财务共享中心的具体业务流程，编写各岗位的操作手册等。

（2）组织人力方案

主要是在财务共享中心组织规划基础上，设计岗位、人员转型方案、人员发展通道、人员绩效方案、人员培训，以及确定需要外包的业务和岗位。

（3）信息系统方案

主要是对信息系统架构的功能设计、集成关系及业务需求的编写。

（4）运营管理方案

财务共享中心的良好运转离不开高效的运营管理机制，因此，要制定流程制度管理、人员管理、知识管理、绩效管理、质量管理、服务管理、标准化管理等全方位的运营管理方案。

（5）场地设备方案

主要是关于财务共享中心办公区域设计和硬件设备需求方案制定。

（三）实施与运营阶段

财务共享中心实施与运营就是上述具体规划设计方案的落地阶段，通常包括执行与控制两个环节，其中执行环节包括信息发布、团队建设、质量保证、方案选择、沟通管理、资源管理等工作；控制环节包括范围控制、信息安全控制、人员控制、质量控制、风险应对控制、进度控制等工作。在实施财务共享服务的整个过程中，需要根据规划完成各模块的执行活动，并对活动执行过程实时监控，更好地保障财务共享中心项目的顺利实施。具体包括

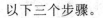

以下三个步骤。

1. 实施部署

实施部署主要包括财务共享中心项目规划方案的实施、人员培训与沟通、上线试运行等工作。

（1）财务共享中心项目规划方案的实施

主要包括业务流程的测试、改进和优化等；人员的内部调动和外部招聘、外包协议签订等；信息系统的开发、功能测试、接口测试等；财务共享中心办公场所的建设和装修、验收进场、设备采购并安装到位等工作。

（2）人员培训与沟通

在财务共享中心各模块实施完成后，需要进行人员培训工作，注重项目实施的培训和知识分享，同时，要加强沟通，特别是高层领导、项目人员要持续加强与内部各层级人员的沟通和共享理念的宣贯。

（3）上线试运行

在方案实施与人员培训沟通工作完成后，项目人员需要主导上线试运行工作，并制定相应的管理机制，针对试运行中出现的问题提供解决方案。

2. 规范运营

在试运行的过程中，财务共享中心应当不断完善运营管理相关制度，固化管理模式、权责界面、工作规范等内容，同时建立培训、服务的长效机制，推进财务共享中心的可持续健康运营。

3. 持续优化

在财务共享中心运营的过程中，还要持续进行流程、系统、管理等方面的改进与优化，有效提升财务共享中心的整体运营效率与效果，强化风险管理，实现降本增效，创造更大的价值。简言之，财务共享中心应树立随需而变、持续改进的观念，使其成为一个成长性强、创新的学习型组织。

第二节　财务共享中心项目的立项与设计

财务共享服务项目的实施是一个复杂的系统工程，会运用到企业自身甚至外部供应商等多方面的资源，为了更好地利用这些资源，并规避一些不必要的风险，就得在项目实施前就确定好项目的目标、范围和计划等内容。因此，充分的项目准备是财务共享中心项目顺利推进的重要保证，而项目的具体规划设计又是在完备的项目管理、充分的现状调研和积极协作的项目团队等因素基础上，进一步规划财务共享中心未来的运营和发展蓝图。

一、财务共享中心项目的立项

财务共享中心项目的实质是运营管理模式的变革与创新，是流程再造的过程。此外，由于财务共享中心项目的建设是非常复杂的，从现状调研到落地实施需要相当长的一段时间。一般情况下，很多企业会把财务共享中心项目作为企业的战略项目，在企业的经营发展过程中是一个非常重大的决策，对此通常也会成立专门的项目组进行管理与实施。在财务共享中心项目正式建立前，就要先进行项目立项，主要包括以下工作。

（一）进行清晰明了的立项汇报

由于财务共享中心项目实质上是企业财务管理的变革，一般来自企业的长期发展战略规划。同时，财务共享中心项目的落地与实施还会涉及资金的投入、组织结构的变革、人员的变动、流程的再造及信息系统的建设等方面。因此，在财务共享中心项目立项前需要获得企业集团高层领导的充分认可和有力支持，从而更好地推动项目落地。实践也证明，一份清晰明了的立项报告和一次极具说服力的立项汇报，是目前能取得领导认可和支持的最便捷途径。

立项报告，又称作项目建议书，主要是根据企业自身的发展情况，结合政策、规划、市场情况等，提出的某一具体项目的建议书。一份完整的项目建议书通常包含了项目背景、项目概述、项目的必要性及可行性分析、项目范围及内容、项目人员、投资估算、融资方案、经济效益估算等方面内容。

立项汇报就是向企业集团高层领导汇报立项报告中的重点内容，如其在企业发展战略层面的重要意义、带来的效益及项目的前期准备工作开展（项目调研等），使项目更有说服力，以期获得集团高层领导的支持。

（二）组建项目组

财务共享中心项目的建设会涉及企业的很多层面，不仅需要动用很多资源，更要不断进行持续性优化与变革，因此在项目建设初期就组建职能完备的项目组是非常重要的，具体项目组应注意以下几方面问题。

1. 在业务流程改造方面

财务共享服务实施的关键就是流程再造，因此项目组需要有熟悉企业现有业务流程的专业人员，有助于有效找出会计核算业务、资金支付等业务流程方面的非增值环节或症结点，并进一步根据财务共享业务的要求进行优化与改进。

2. 在系统建设方面

财务共享中心项目能够顺利实施的一个重要保障就是财务信息系统的支撑，因此项目组需要有既懂财务又懂信息技术的专家参与，从而能够更好地把财务的专业诉求转化为技术语言与逻辑，并能初步评判技术实现的可行性与难点，让系统开发以业务优化为核心展开。

3. 在人员管理方面

在项目前期企业一般就需要有专人能够根据财务共享中心的定位及职责来设置和搭建其内部组织结构和岗位。后期还要根据企业的人力资源政策和财务共享业务人员需求情况，进一步开发适合财务共享中心运营的人员管理政策、人员培训计划，并设计一条合适的人员发展通道，从而更好地保障财务共享中心的持续稳定运营。

如果整个项目团队里没有了解财务共享的人员，此时可以选择专业的咨询团队。事实上，咨询团队可能对本行业的核算等业务并不了解，但其在项目管理、知识管理和共享运营理念方面是相对专业的，能够为财务共享中心项目的建设及日后的运营提供有效的建议和帮助。在实践中发现，在财务共享中心项目建设期间的知识转移对其日后的高效运营起着至关重要的作用。

4. 在项目办公场所选择方面

财务共享中心办公场所的选择会直接影响到最终项目的成败，因此，项目团队里还需要有综合素质较高的办公人才，在充分考虑财务共享项目的成本效益、人力资源获取、基础设施环境、税收法律政策等因素影响的基础上，择优选择适合本项目的办公场所。

（三）确定项目实施目标及范围

财务共享中心整个项目的实施过程其实就是追求其目标实现的过程。因此，在项目建设初期就要明确财务共享中心项目的目标，并通过上传下达及时让整个项目团队成员都能非常清楚项目的目标，从而更好地推动整体工作的开展，有效促进目标的实现。此外，还要注意一点，由于项目涉及各个层面的利益相关者，在项目的实施过程中就要满足不同层次、不同人员等多方面的需求，也就是能够在统一、唯一的项目目标范围内，再对项目目标进行细化分解，设置多个期间目标。当然，在目标分解时，由于受到资源、时间等因素的限制，不同层次、不同人员之间的目标也会存在一定的冲突，因此，还要特别关注这些目标实现过程中的沟通协调问题。同时，在进行项目管理时，会受到质量、成本、范围、工期和团队等要素的限定，因此，在有限资源的基础上，通过对项目目标进行分阶段、分期就有助于最终目标的实现。

财务共享中心项目范围与其项目目标是紧密相连的，在整体项目目标指引下，进一步详细说明项目的实施范畴，并确定项目实施过程中做的事项。通常，一份完整的项目范围确认书包含了范围的合理性说明、项目实施的事项、分项成果的展示、阶段性交付物等内容。此外，由于企业所处的行业特性、业务成熟度，以及对财务共享中心的定位等在不同发展阶段可能会有所不同，因此项目范围的确定也会有所差异。例如，在企业初创期，各项规则都是最新制定的，信息系统也正在建设中，对于财务共享中心项目的实施就可以进行全业务覆盖，一步到位。但是如果企业已经发展到一定阶段，进入发展期或成熟期，其业务流程和规则都已经相对稳定，涉及的财务共享主体多元化且数量较多，这时就要根据业务情况分模块、分业务主体、分步实施。

（四）制订项目计划

财务共享中心项目计划就是用于指导其项目任务的实施，并能有效监督保证项目能够按时完成的控制性文件。在明确财务共享中心项目的目标和实施范围后，基于项目配置的资源，细化拆分项目任务，并确定项目任务的完成时间和第一责任人。通过制定项目计划，可以先明确里程碑（关键事件）时间点，再进一步拆分，也就是说先从最终目标的完成时间点拆分关键事件的完成时间点，然后根据关键事件细分任务，最后确定每一项具体任务的完成时间点。同样地，在制定财务共享中心项目计划时也会受到资源等因素的限制，因此要明确每一项任务所需的资源，并综合考虑过程中可能发生的沟通协调、风险评估、应对解决等各种事项，而这些也都会相应地延长项目的实施时间。

（五）加强项目风险管理

在财务共享中心整个项目的实施过程中，存在着各种各样的不确定性，风险无处不在，因此要重视并加强项目的风险管理，贯穿整个项目的实施过程，通过风险识别、风险评估及风险应对进行全过程管理。由于财务共享服务本身就是对财务管理模式的创新与改革，因此财务共享中心项目的建设会涉及更多、更复杂业务的创新与变革，这就要求团队在项目实施初期就能识别出在整个项目实施过程中每一项具体任务可能涉及的风险点，并进一步评价和判断风险等级，继而根据不同的风险等级，确定对应的风险防范和应对措施。当然，也要注意，风险管理并不是为了限制项目的开展，存在风险是正常的，但不能因为有风险就有畏难情绪，而合理适度的风险管理能有效保证项目的顺利实施。

（六）进行内外部调研

通常构建财务共享中心的企业大多是集团化企业、多元化发展企业，以及大规模跨地区发展企业，而由于受到不同的业态、区域等因素的影响，其对应的核算等业务也会有所不同。例如，在国内跨区域业态下，针对税费缴纳事项，各省、市、分公司、子公司可能会出现支付方式不同、税种收取方式不同等情况，甚至会出现同一地区各个县市的缴纳方式也不相同的情况，因此，项目团队要进行充分的内、外部调研，了解全面完整的业务现状，从而更好地进行优化和改造。

项目团队在进行内部调研时需讲究一定的策略，比如，对于有代表性的分公司、子公司可以做全业务调研，而对于特殊业务则可以做些专项业务调研，只有有效地结合使用这两种调研方式，最后的调研结果才能更具参考价值和意义。此外，还要进行适度的外部调研，如可通过与其他财务共享中心进行交流，吸纳一些有用的经验和建议。

对于企业而言，构建财务共享中心是一个非常大的组织和管理模式变革，需要从长计议，做好充分的准备。从已成功实施财务共享服务的企业案例来看，很显然，项目立项的立项汇报、组建项目组、确定项目目标及范围、制订项目计划、风险管理、内外部调研等前期准备工作的质量都会直接影响后期项目的设计与实施。

二、财务共享中心项目建设方案设计

充分的项目准备是顺利推进财务共享中心项目的重要保证。在前期项目准备工作充分后，就可以进入财务共享中心项目建设的规划与设计阶段。

（一）财务共享中心项目建设的基本框架内容

根据实践经验总结，可以先从组织与人力、流程职责与需求、系统三方面进行现状分析，再进一步明确财务共享中心项目建设的基本框架内容。

（二）财务共享中心项目的建设方案设计

1. 战略定位

战略定位是财务共享中心未来发展的方向指引，明确未来的工作目标，以及为实现目标而采取的行动。项目团队需要在充分了解企业整体发展战略目标和方向的基础上，结合企业的实际经营情况，明确财务共享中心的战略定位和未来发展。比如，将财务共享中心定位为服务于内部的职能机构，还是独立运营的财务共享中心实体。

从本质上来说，构建财务共享中心是企业基于共享服务的财务管理模式变革，战略定位主要包括确定财务转型、战略结构、战略职能等方面内容，通常，该阶段的输出物包括《财务共享中心的战略定位》《财务共享中心的中长期发展规划》等。

2. 组织人力

战略定位明确后，接下来要解决的问题就是由什么人来做什么事。这一阶段的主要工作包括明确财务共享中心在集团企业整体中的组织地位，与其他部门、分子公司的组织架构关系及职能界面，财务共享中心内部组织的划分，人员岗位设置及人力需求测算。

（1）财务共享中心的职能划分与界定

首先要对财务工作进行合理分配，规划财务共享中心和其他财务组织的职责划分，并明晰具体的工作内容、相关的系统接口信息和途径。进行财务共享中心的运营和管理职责的设计，主要遵循以下原则。

① 强化财务管控原则。

② 完善财务职能原则。

③ 规范财务工作原则。

④ 提升财务效率原则。

⑤ 稳定共享运营原则。

⑥ 监控共享质量原则。

（2）组织架构与岗位设计

在财务共享中心职能划分与界定后，需要进一步明确其内部的汇报关系。基于财务共享中心的定位和公司的内部管理模式，财务共享中心内部的汇报关系主要可分为向公司财务总监、向公司财务部总经理、向公司运营总监汇报这三种模式。在向公司财务总监汇报的模式下，财务共享中心的管控职责更明确，各项业务的开展更为灵活。在向公司财务部总经理汇报的模式下，财务共享中心的定位相对比较简单，不涉及公司整体政策制定和业务管控，仅提供标准化的服务。实际上，也有一些公司可能会将公司的后援职责人员，如财务、人事、行政等融合在一起进行标准化管理，就可能会有运营总监直接多方管理的需求，这就形成了向公司运营总监汇报的模式，在这种模式下，财务共享中心的管控职责被剥离得更彻底，更多的只是按照标准化流程进行"流水线"作业，而且有时候要进行变更或者执行其他流程还会受到有关后援职责模块的限制。

通常，财务共享中心可以分为业务运营模块和内部管理模块这两部分。其中，业务运营模块根据业务性质特点细分为会计运营模块和财务管理支持模块；而内部管理模块通过把质量监督职能重点分离出来，可进一步细分为运营支持模块和质量提升模块。具体来说，会计运营模块主要包括会计核算、资金支付等业务执行；财务管理支持模块主要包括政策制度的研究制定、财务数据分析与管理、财务报表提供等；运营支持模块主要包括人员管理、行政管理、知识管理、客户管理等；质量提升模块主要包括绩效分析、内部稽核、质量管理、持续优化等。根据这些细化的模块职责，设置具体的岗位。当然，财务共享中心的内部组织架构并不是一成不变的，它是由财务共享中心的战略定位、职能划分、业务范围等共同决定的，会随之进行适度的调整。实践也表明，没有最优秀的组织设计，只有最适合的组织架构。

（3）人员需求与测算

人员需求的测算工作需要根据财务共享中心的业务范围和不同岗位的业务性质，选择科学合理的测评方法，测算出各岗位的人员需求数量。常用的测算方法主要有前文提及的业务分析法、数据测算法和对标测评法。

据此，进行组织人力的详细方案设计，主要包括岗位职责说明、人员发展与绩效、培训体系设计、外包资源协调等主要方面，这里通常会有《财务共享中心的岗位职责说明》《财务共享中心人员的绩效方案》《财务共享中心的培训管理方案》《财务共享中心的人员发展通道设计方案》等阶段输出物。

3. 业务流程

业务流程是财务共享中心运营过程中最基础也是最重要的部分，而业务流程设计的顺畅与否直接决定未来业务执行的效率与效果。此外，由于财务共享中心信息化的建设也是建立在流程的建设基础上，因此，前期流程设计的完善与否也会直接决定后期系统自动化的投入与建设程度。这一模块的工作回答了如何去做、怎样做好的问题，主要包括业务前提确认、流程设计原则、主流程设计及流程框架的制定，在这里通常会有《财务共享中心的业务流程规范财务共享中心××岗位的具体操作手册》等输出物。

（1）业务前提

这是流程设计的起点，会直接影响实施财务共享后的流程规范。业务前提主要确定包括业务、系统、管理等多方面内容。

业务：如纳入共享的业务范围、会计档案集中或分散、支付入账的先后顺序等。

系统：如影像系统是否采用、电子档案系统的引入、系统的整合范围等。

管理：如内控管理的规则、业务审批权责的划分、审批流程设计、审批环节是否见影像等。

（2）流程设计原则

在流程再造与优化过程中需要遵循一定的流程设计原则，着重考虑一些关键影响因素，如提高流程效率，节约人力成本；关注控制环节，降低支付风险；满足业务需求，增强业务支持等。

（3）主流程设计

这是业务前提、流程基础等相关信息的载体，呈现了整体业务流程的信息传递过程和相关业务接口，并在此基础上编写具体业务流程规范，详细阐述各业务流程，包括流程概要说明、流程图、流程描述、重要关注点，以及对应的业务或系统需求点。

（4）流程框架

包含了实施财务共享服务所涉及的具体流程，并可根据不同的划分方法设计流程框架。如根据业务角度可划分为总账、费用审核、资金支付等流程；根据会计核算角度可划分为主营业务收入、主营业务成本及内部往来核算流程。财务共享中心的整体业务流程应包含流程框架中的各个子流程，具体包含费用报销流程、采购到付款流程、订单到收款流程、固定资产流程、存货到成本流程、总账到报表流程、资金流程、税务流程及会计档案管理流程。

4. 信息系统

信息系统是财务共享中心项目顺利运营和发展的重要基石。因为只有信息技术的应用和建设，才能有效实现流程的优化，加强系统数据的互联和共享，从而有效打破地域限制，可以不分昼夜地处理业务，用最少的人力完成最多的工作量，实现工作效率的大幅提升，减少人为操作的失误与差错，从而为企业创造更多的价值。在这里通常会有《财务共享中心的信息系统架构设计×财务共享中心的信息系统需求说明书》等输出物，主要包含以下两方面工作。

（1）系统现状诊断

在建立财务共享中心的前提下，以统一信息平台为标杆，评估企业现有的系统，并对系统的现状及完备性等方面进行全面分析和诊断，主要包括针对各业务、现有财务系统的功能、接口及数据信息的分析，以及针对实施财务共享服务后需要重新建立或改造的信息系统架构、功能、需求等方面工作。

（2）信息系统方案设计

从企业整体来看，完善的财务系统体系除了基本的会计核算系统外，还包括管理类费用控制、预算编制、盈利分析等系统，以及支撑决策的数据仓库、报表平台等。因此，财务共享中心的信息系统方案设计主要包括对系统的层级结构、各层级的主要功能和系统模块的设计，以及对各层级信息系统和模块间系统数据的流转、输入和输出方面内容。此外，基于财务共享理念，还需要对会计核算系统、费用控制系统进行升级改造，增加资金管理系统、影像系统和运营管理系统等。

不难预见，财务共享中心将发挥更大的数据中心职能与作用而建立数据仓库及报表展示平台或是不久的一个发展方向。

5. 选址

办公场所的选择对于整个财务共享中心项目建设来说是一个至关重要的因素，因此一个不合适的选址可能会直接导致整个项目的失败，每个企业应结合自身的情况择优选择,不存在绝对正确或错误的选址。一般情况下,财务共享中心的选址要综合考虑其周边的商务环境、基础设施、职场成本、人力成本、营运成本、人才资源获取、网络通信环境等因素。当然,对于大型跨国企业来说,还要特别考虑当地的政治环境、税收法律法规政策环境,甚至周边的自然环境、文化背景等因素。

一旦确定选址后,根据涉及范围和选定的城市,就可以根据办公场所所在城市和涉及范围进行下一步的设计工作。在财务共享中心项目规划与设计的最后阶段,就可以按照前期的业务流程、组织人力及信息系统等详细的设计方案,启动办公场所的硬件设施规划。在这里通常会有《财务共享中心的办公场所设计》《财务共享中心的设备需求方案》等输出物。

6. 运营管理

财务共享中心项目的运营管理方案是通过制度的形式将其运营管理体系中各项规范、要求和操作进行标准化和统一化,从而有序开展各项管理活动。因此,要在设计运营管理方案的基础上,逐步推进财务共享中心各项业务的运行。通常会有《财务共享中心的绩效管理办法》《财务共享中心的质量管理办法》《财务共享中心的标准化管理办法》《财务共享中心的目标管理办法》《财务共享中心的知识管理办法》《财务共享中心的服务管理办法》及《财务共享中心的现场管理办法》等输出物。

7. 建设路径

财务共享中心的建设是一项大型系统工程,在短期内无法一蹴而就,需要分期、分阶段推进落实,因此企业必须在规划阶段,就设计好财务共享中心项目的建设步骤。

第一步,明确建设策略。即如何在组织范围内实现财务共享服务覆盖全业务流程,明确试点业务及流程优化的步骤选择。

第二步,落实阶段规划。即明晰财务共享中心项目建设的各个阶段工作规划,如建设筹划期、一期试点上线期、未来推广期、提升应用期等阶段。

第三步,统筹工作安排。即基于财务共享中心项目建设的各阶段实施规划安排对应的具体工作任务。

第三节　财务共享中心项目的实施

财务共享中心项目的实施部署，首先要在遵循严谨逻辑的基础上，根据前期的设计规划，然后按照"361度"方法勾勒，层层相扣，最终进入项目的实施与运营阶段，推动财务共享中心各模块的实现和上线运营。当然，实施财务共享服务也不是一劳永逸的，要持续改进和优化，从而促进财务共享中心的长期稳定发展，因此在这一阶段还应建立相应的优化和改进机制。

一、财务共享中心项目的实施部署

财务共享中心项目的实施部署阶段主要包含项目方案的实施、项目人员的培训和沟通、上线试运行等工作，具体如下。

（一）方案实施

1. 业务流程

业务流程是财务共享中心项目建设的核心，一般先根据业务流程去规划设计信息系统，然后再通过信息技术返回到业务流程中去。而在实施阶段的业务流程模块，指的就是从信息系统返回业务流程的过程。通常业务流程测试与该阶段的信息系统模块测试等工作是共同进行的，主要包括以下内容。

（1）流程冗余测试

即测试业务流程设计是否与企业实际操作相符合，是否需要删除非增值环节或者变换难以实现的环节。在实践中，有些企业的财务共享中心甚至也会出现由于流程设计偏向于内控管理反而影响实施效率与效果等情况，因此，项目人员需要权衡利弊，适度地删减一些冗余环节。

（2）流程不足测试

虽然在财务共享中心项目前期已经进行了充分的项目调研和评估，但在实施过程中还是有可能会出现流程设计不够详尽等问题。通过业务流程不足测试，可以有效保障流程的完整性，假使项目人员此时发现了业务流程有疏漏问题，还可以及时修正，进一步完善流程。

（3）岗位权限测试

财务共享中心项目人员需要在测试中考察用户权限的设置是否达到用户角色的设计初衷。在实施财务共享服务的企业中，也发现存在如员工处理业务量不均（有些员工积压业务，而有些员工业务量又不够）等问题，究其原因很可能就是岗位权限设置不合理，如果在组长岗位权限设置中赋予其工作量分配权限，这样就能有效解决工作量不均问题。

（4）用户接受度测试

财务共享中心项目人员可以通过了解用户使用系统后的满意度，特别是对时效和质量的满意度，继而根据测试结果，进一步分析是否有必要进行有关流程环节的微调。

2. 组织人员

在财务共享中心项目的规划阶段，就已经设计人员需求方案。在实施阶段，就是要按照人员需求方案完成人员调配，确定人员到位等工作。财务共享中心人员的配置主要有内部调配和外部招聘这两种途径，一般可以根据企业的实际情况进行选择或综合使用这两种方式。此外，由于财务共享中心的建设必然会面临财务人员转型等问题，因此在人员调配过程中通常还需要关注以下几个因素。

① 转型后新岗位的职责要求与能力匹配。

② 构建科学的人才资源结构。

③ 避免人员招聘不足。

④ 明确人才需求及标准，拓展有效招聘渠道。

受到有限资源等条件的约束，在企业实践中，通常会倾向于把技术含量低、重复性较高的业务进行外包，从而更好地集中资源发展财务共享中心的核心竞争力。在进行业务外包选择时，财务共享中心项目人员不仅需要考虑外包的价格，还要与提供商达成有关服务水平等问题的共识，明确服务内容和服务标准。一般对外包资源的选择还是比较灵活的，此外在考虑外部服务提供商时，项目人员还可以充分利用企业的内部资源，节约成本。

3. 信息系统

信息系统是实现财务共享服务的工具。在整个财务共享中心项目的实施过程中发挥至关重要的作用，其中，业务流程的设计方案能否有效实施，关键还在于信息系统能否准确执行并实现。在实施阶段的信息系统模块工作主要包括系统的开发、设置、测试和上线等方面。

（1）系统开发

在实践中，一般要基于对企业现有信息化水平的综合评价及实施财务共享后信息系统的方案设计，开发一些新的应用系统。

（2）系统设置

通常指的是系统初始化和系统使用说明书的编写，一般会形成《系统初始化方案》《系统初始化完成确认书》《系统使用说明书》等输出物。

（3）系统测试

这是财务共享中心项目正式上线运行前的重要工作。通常针对财务共享中心的系统测试与业务流程测试是同步进行的，再根据测试中发现的问题，提出有效的解决方案和措施。一般系统测试主要包括以下几方面的测试。

① 新系统测试。系统人员应进行专业的单元及集成测试，调整系统设置及开发程序，进行系统验收确认。财务共享中心项目人员应符合系统人员测试系统是否能够满足业务流程的全部要求，考虑是否存在系统错误等问题。

② 数据转换测试。主要包括测试数据转换内容、方法、任务分配及测试新旧系统的数据转换，考虑是否存在数据传输错误等。

③ 系统管理测试。主要包括灾难的恢复测试、压力测试、备份恢复程序测试及管理方案实现测试等。

④ 系统界面测试。主要有助于了解用户对系统界面的使用体验和满意度，有效收集用户的反馈意见，从而进一步优化界面设计方案。

4. 场地设备

（1）场地准备

主要包含以下工作。

① 完成预算申请工作。

② 落实有关费用。

③ 若场地是租赁的，须确保租约有效。

④ 委派专业人员进行场地施工。

⑤ 完成监督和验收工作。

⑥ 完成办公布置、发放办公物品，并完成最后的搬迁工作。

（2）设备配套

完成场地准备工作后，关于设备配套还要完成以下主要工作。

① 制定设备采购预算和执行。

② 物品调拨。

③ 办公物品外购与内购。

④ 物品摆放、办公耗材的管理等。

（二）人员培训与沟通

财务共享中心的稳定运行离不开其内部人员的各司其职及外部人员的大力支持，为确保共享系统上线试运行及之后的正式运行工作，需要帮助财务共享中心人员在短时间内胜任其工作岗位，特别对于业务操作人员，要求其能够按照标准化的作业流程进行操作，同时能够帮助形成在财务共享中心外部和企业内部对共享中心的支持氛围，这些对于初次建立共享中心的组织来说，都是不小的挑战，也是能够顺利实施财务共享服务的关键。因此，需要加强财务共享中心内部的沟通及人员的培训，从而有效解决这些问题。通常会有《上线培训课程体系安排》《实施阶段性沟通汇报机制》等输出物，具体来说，人员培训与沟通工作主要包含以下几方面。

1. 人员培训与知识分享

通常要对与流程、系统运行相关的所有使用者进行培训。而对于不同的培训对象，在培训内容和方式上都有所不同，侧重点也不一样。比如，针对标准化、重复性较高的业务操作人员，其培训内容主要包括财务共享服务理念及前景、财务共享中心的业务规则，以及业务流程规范。而在培训方式上，一般主要采用上岗前的封闭性培训，这样有助于保证覆盖到全员。

从实践中不难看出，有价值的知识和信息分享也是财务共享中心项目顺利实施的另一关键因素。相比于培训来说，知识分享的形式更加灵活丰富，有助于财务共享中心多渠道向财务人员和企业其他员工宣贯财务共享服务的理念，因此从某种程度上来说，知识分享与员工的正式培训同样重要。此外，知识分享的对象通常比较广泛，项目人员要积极把握各种分享和营销的机会，例如，可以通过在公司杂志或报纸上发布项目的相关文章，在公司内部网络或会议发布项目的信息，对项目启动日进行特别的宣传等方式。一般来说，宣传的内容可以包括一些项目的新闻、进展及相关简介等，特别在宣传公告最初发布或者项目实施遇到困难时，可通过发布一些高层管理人员对该财务共享中心项目的评价文章，从而更好地鼓励项目人员。

2. 人员沟通

在整个财务共享中心项目实施过程中，充分的沟通和顺畅的沟通渠道都是推动项目顺利实施的重要保障，因此项目人员要加强沟通管理，沟通包括高层领导、项目人员及基层人员各层级的沟通，包括以下内容。

① 财务人员、业务人员在项目实施过程中遇到的问题，以及对项目的相关意见和建议。

② 阶段性汇报，通常是在项目的一些关键节点，项目人员要把项目的实施进展及时向高层领导和主要业务部门领导及骨干汇报。

③ 高层领导就实施过程中反馈的有关问题与项目人员进行充分沟通，并确定解决方案。

④ 对于基层人员的信息宣贯，降低实施障碍，加强员工对项目成功的信念，增加员工的能动性和积极性。

（三）上线试运行

上线试运行是财务共享中心进入正式运行的必经阶段，一般历时 2～6 个月。在试运行期间，能够有效发现运行过程中存在的问题和不足，并在此基础上进一步提出优化改进措施，从而更好地为财务共享中心后期的正式运营提供稳定的基础和保障。通常这里会有《试运行方案》《上线通知》《试运行问题跟踪表》《问题解决机制》等输出物。具体来说，包含以下三方面工作。

1. 制定方案

确切地说，上线试运行工作是财务共享中心正式运行前的实战演练，需要制定完备的《试运行方案》，以确保试点单位和业务的有序进行。试运行方案主要内容包括以下几方面。

① 确定试点正式启动的时间、范围。

② 建立与试点分公司、子公司、有关配合部门的分工和沟通机制。

③ 列出项目的现场、后台支援、试点、业务和系统等人员名单。

④ 确定试点工作计划和内容。

2. 发布通知

根据试运行方案的上线安排，在关键时间节点适时发布关于上线试点的通知。财务共享中心试上线是项目实施的关键节点，也是财务共享中心项目能否正式上线运营的先决条件。而通过对项目试点发布的重视，能够帮助提高企业各层级人员对财务共享服务实施的关注度，有力推进财务共享服务实施的各项工作进度。通常有以下几种发布方式。

① 企业公共网站。

② 工作邮箱、即时沟通软件、工作系统页面等。

③ 正式的企业上线仪式。

④ 网络、期刊、报纸等媒体单位。

3. 上线问题跟踪与解决

在财务共享中心项目上线试运行的过程中，通常还可能会遇到来自系统、流程、管理等多方面的问题。因此，在这个过程中，财务共享中心项目人员需要编制《试运行问题跟踪表》，并及时捕捉运行过程中产生的问题，持续跟踪问题，进一步制定对应的解决方案，直到问题解决，再通过持续地改进和优化项目细节，为财务共享中心项目全面正式上线做好准备。《试运行问题跟踪表》要包括对问题的描述、问题的重要性评估、反馈人员和时间、解决方案、第一责任人、解决期限等内容，从而更好地推动财务共享中心项目的顺利实施。

二、财务共享中心运营

在财务共享中心项目的实施与运营阶段，以提高客户满意度为宗旨，通过对流程质量、成本、效率和满意度等关键指标的优化和改善，实现经济效益，为企业创造更大的价值。因此，必须有体系化和长效化的良好运行机制，才能保证服务能力的不断提升，推动财务共享中心的稳健运营。

财务共享中心项目的规划与设计方案决定了财务共享中心的建设蓝图是否完善，而实施落地决定了财务共享中心是否可以顺利上线，这也是财务共享中心项目成功的最重要的标志。财务共享中心是否可以长久良好地运行最终还得看其日常运营管理能力。

在大数据、云计算和人工智能等信息技术的推动下，财务信息化架构逐步从传统的自动化向智能化进化，打破了企业集团内的信息壁垒，促使企业流程与系统的结合向敏捷流程进一步跃迁，在战略财务、专业财务、业务财务及共享服务等方面呈现出一系列智能化的应用场景。同时，财务的智能化正驱动着财务的组织形态发生改变，对财务团队和人员的能力升级也带来了极大的挑战和要求。财务人员如果能够抓住时代赋予的新机遇，将智能化技术与财务管理转型深度融合，将为企业管理创造新价值。

第四节　财务共享中心未来发展趋势

随着财务共享中心功能的不断拓展，众多企业把财务共享作为"互联网＋行动"在企业的切入口，财务共享中心进入了爆炸式增长。进入智能化时代，财务管理模式及其工作重点也都发生了深刻的变化，比如，中兴通讯将其共享中心更名为中兴财务云；阳光保险提出并实施了财务共享的众包模式；中化国际在共享中心启用了财务机器人等，这些典型的变化从某种程度上也预示着财务共享服务未来的发展趋势。

一、财务共享中心的功能拓展

（一）财务共享中心与服务外包中心

近年来财务共享服务在我国已经从引入期过渡到推广应用期，财务共享中心如雨后春笋般发展起来，最早的一批财务共享中心发展至今超过了十年历程，部分财务共享中心已经开始思考从推广应用期进入成熟期后的发展问题。不论是理论还是管理实践，已经有多种针对财务共享中心的进一步发展路径的思路被提出，其中很重要的一条发展路径就是财务服务外包。其实，从当前国外的财务共享功能拓展来看，财务服务外包已经处于蓬勃发展期，但在我国的应用和发展还处于初期阶段。

对财务共享中心来说，财务服务外包是一种可能的拓展方向。同样地，成熟的财务共享中心也可以考虑另一种选择，即把自身的一部分非核心业务进行外包，把更多的核心资源聚焦于财务共享中心内部其他功能的拓展上，获得更高层次的自我突破。如果财务共享中心选择业务外包，还需要着重考虑以下几个问题。

1. 选择可以外包的流程

从目前国内的财务共享实践来看，其中涉及的主要流程有费用、应收、应付、资金、资产、总账、报告、档案等。一般情况下，财务共享中心并不放心也不会把如资金、总账、报告等核心流程发包，当然，不同定位的财务共享中心对风险的判断和评价是不同的。如果从风险和流程复杂度的高低角度来看，自低到高通常可以归纳为档案、费用、应付、资产、应收等。那么财务共享中心对外进行发包，同样也可以考虑按照这样的顺序。

此外，财务共享中心在评估是否需要外包时，还应考虑如下几个因素：企业内部文化是否能够接受外包这种形式、外部是否存在一些监管问题、外包的执行成本等。

2. 选择合适的外包商

如果财务共享中心已经决定进行服务外包，接下来关键的环节就是选择合适的外包商。而外包商的合适与否将会直接影响最终客户的满意度，因此，需要综合考虑服务外包商的能力，从中择优选择。通常在具体评估中，可以从服务外包商业务流程和服务地域的覆盖力、外包商团队的素质及规模、信息技术能力、行业服务经验、语言和文化的匹配能力、运营的灵活性等方面进行综合评估。

3. 签订服务水平协议并进行服务定价

财务共享中心选择服务外包商后，在进行正式的业务转移之前，有一个很重要的过程就是要签订服务水平协议，并进行服务定价。服务水平协议是双向协议，不仅对服务外包商进行约束，对财务共享中心同样有约束力。一个清晰的服务水平协议还有助于双方建立良好的价格谈判基础。比较常见的服务定价方式有按件计价和包干计价两种。一般建议企业选择一个业务量大的简单标准化的业务作为标准件，进一步度量标准件的平均时间，然后其他所有业务都可以通过作业时间转换为标准件，在标准件单价基础上就可以对更为广泛的业务进行计价。当然，如果对于一些偶发的（或者单次作业时间差异很大）业务，则建议采用包干计价的方式。通常建议优先使用按件计价模式，在无法使用的情况下再选择包干计价模式。

4. 业务转移

业务转移是指从发包企业向服务外包企业转移的过程，这里的关键是如何从财务共享中心向服务外包商进行转移，相比于从传统财务作业方式开始，这个方式转移更为高效和简单，主要包括以下几个步骤。

① 利用财务共享中心的标准化优势，准备相应的作业手册。这个过程通常是由财务共享中心的熟练员工和运营管理人员共同完成。

② 配合服务外包商进行系统对接。通常情况下，需要花费一定的时间对甲乙双方的系统进行基本的分析，需要双方的系统团队紧密协作，在互相了解后，提出系统对接方案，形成从发包方到外包方端到端的流程对接。

③ 进行业务的驻场学习及演练。外包商通过进驻模拟演练能够最快地了解财务共享中心的需求及在运营过程中可能出现的问题，发包商应当尽力委派熟悉流程的团队来帮助外包商更好地学习演练。

④ 进行业务的试点转移并试运行。经过充分沟通后，选择试点对象，可以选择部分业务单元或某些流程，试点前期可以通过双方并行的方式进行一定周期的试运行，待业务稳定后正式交接。实践中，也有一些公司会选择聘请咨询公司来协助完成移交过程。

⑤ 大规模业务切换并保持稳定运营。通常在稳定运营的前期，会有大量问题发生，这时需要双方保持合作的心态并进行紧密沟通，并进行充分的人员储备和培训，以问题为导向来疏导各类问题。

（二）财务共享中心与商旅服务中心

向前端业务的拓展是财务共享中心的第二个可能拓展方向。在实践应用中，一个常见的拓展方向是向商旅服务中心进行拓展。实际上，商旅服务可以理解为是费用流程的前置流程，而商旅业务本身就属于高度的运营性质业务。如果由财务共享中心承接商旅服务，将能更好地进行过程管控，实现财务费用管控和风险管理的前移。在国内较早进行这一尝试的是中兴通讯。2008 年前后，中兴通讯在财务共享中心内部设立了商旅服务组，承担整个商旅服务流程的中台职能。通过热线接收员工的机票、酒店预订和后续服务，并基于商旅服务组直接进行机票和酒店的预订、退改业务处理。但这一模式在中兴通讯进行更大业务范围共享过程中已经从财务共享中心剥离，纳入了其他共享服务板块，后续十几年中，国内财务共享中心向商旅服务中心的功能拓展进程还是相对缓慢，尚处于起步阶段。

那么，作为功能拓展的一个可能方向，财务共享中心如何参与到端到端的商旅费用的全流程中来呢？这里，提出可能的三种模式。

1. 基础模式：财务共享中心成为单纯的财务端流程支持方

在基础模式下，所有的商旅服务都是交由财务共享中心以外的第三方来完成的。通过双方的系统对接，直接打通商旅服务的信息和财务信息。当第三方机构完成商旅服务，且员工也完成差旅行为后，财务共享中心便可完成后续的一系列财务核算、报销、结算等流程。总体来说，这种模式对财务共享中心的要求最为简单，甚至谈不上什么改变和功能拓展，仅仅是对新商旅模式的一种配合而已。

2. 中级模式：财务共享中心承担中台的订单处理和售后服务

在中级模式下，财务共享中心的参与程度比基础模式下上升了一个水平，不再仅局限在财务流程中进行财务处理，而是真正意义上"走出去"进行功能拓展，开始涉足商旅端的业务流程，主要集中在中台的交易处理和服务处理上，是一个半参与模式。首先，财务共享中心需要搭建服务团队，嵌入供应商和企业内部员工之间，起承上启下的重要作用。对于外资的商旅服务商来说，如果没有企业端自建中台的话，通常情况都是由商旅服务商来承担这项工作。其次，财务共享中心直接承接中台服务，替代原本由商旅服务商提供的服务。员工通过在线系统或者电话提交订单，财务共享中心商旅团队在接到订单后进行机票或酒店的预订处理，并负责与员工就特殊情况进行及时的沟通，在退改签等情况下，及时处理有关业务，保障好员工的商旅行程。

3. 高级模式：财务共享中心承担采购端的采购及供应商管理

在高级模式下，财务共享中心彻底承担了商旅流程端到端的所有管理工作。相比于中级模式，财务共享中心增加了前端机票、酒店、用车等供应商的选择、采购和日常管理等诸多工作。在这一模式下，由于角色的转变，财务共享中心实际上已经从单纯的运营管理转变到涉及采购管理的范畴。对这一转变其实是存在一定争议的。反对的说法认为，财务涉足采购是一种职能上的越位，在这一领域兼具运动员和裁判员的冲突身份；支持的说法认为，财务成了差旅费流程完整的流程雇主，能够提供全流程端到端的服务，从而实施更全面的管控。其实，对财务共享中心选择如何介入商旅服务的流程，还是需要企业结合自身的实际情况来进行判断和评估，毕竟适合的才是最好的。

（三）财务共享中心与司库

司库是财务共享中心的第三个功能拓展方向，确切地说，这是对传统财务共享中心职能的加强。标准的财务共享中心是包括资金收付流程的，但司库的概念远远不止这些内容，而且并非所有司库的职能都适合做共享服务。因此，财务共享中心向司库的拓展需要找到一个合适的尺度，其中一个很好的方向就是拓展成为基础司库中心，下面就拓展中几个核心的领域展开探讨。

1. 资金账户从保管、使用到管理

在传统财务共享模式下，财务共享中心更多的是负责账户开立后的使用职能。通常是由财务共享中心以外的团队，如分散在各个机构的资金部或岗位，进行开户，将开户后的 UKey 和密码等信息移交财务共享中心进行统一保管和使用。在整个过程中，财务共享中心更多的时候是处于一个相对被动的位置。如果财务共享中心转变基础司库后，资金账户从保管转变为管理。这种管理体现在账户开立、变更及注销的集中处理，如临柜办理账户开立、注销、变更等业务，进行业务处理后的资料归档。在进一步考虑职能提升后，可以赋予财务共享中心与各银行直接进行业务治谈和关系管理的职能，当然这种银行管理主要还是在账户层面。因此，在账户管理上，财务共享中心从一个保管者和使用者的身份转变为一个管理者。

2. 资金计划和资金头寸从执行到规划

在传统财务共享模式下，资金计划及资金头寸一般都是由分散在各个机构的资金部来完成，财务共享中心则在资金支出过程中对实际支出与计划进行匹配，在资金计划不足时进行支出控制，在头寸不足时进行及时的申请和调拨。

如果财务共享中心转变为基础司库后，资金计划和资金头寸不再是简单地执行控制，而是涉及了具体的预测、规划和管理。

对于现金流预测来说，本质上是基于信息输入，结合影响因素，通过模型来进行结果模拟的过程。在这个过程中，输入主要包括已经下订单的采购记录、销售记录、托收资金流入计划、人力成本支付计划、费用支付预测、司库中的对冲、内部债务及股息等资金流动因素。在对这些输入进行预测的过程中，还会受到供应链断裂、商品价格、季节性、特殊事件、需求变化、信用事件甚至全球市场事件的影响。因此，财务共享中心在这个领域的拓展，已经不再是简单地执行，预测工作具有更高的复杂性。在国内的实践中，已经有一些财务共享中心开始基于掌握的费用支付数据，进行费用资金预测，这就是个不错的开始。

3. 推动资金集中和资金池管理

当财务共享中心向基础司库进行转型后，推动资金集中和资金池管理的职能也将由财务共享中心来负责。资金的集中能够充分利用企业分散在各机构的存量资金，减少公司整体的融资压力。比较理想的资金集中是从账户层面就尽可能地减少分散资金账户的设立，将资金归拢到统一的账户中。通常情况下，资金的支出户是比较容易集中的，但收入户集中面临的挑战比较大，会受到各地客户资金收取的需求影响。另外，一些处于特殊目的的账户难以消除，如为维护银行关系存在的时点存款账户等。

此外，当承接资金池管理工作后，财务共享中心需要承担每日的日终结算头寸的计算工作，根据计算结果所体现的资金池的盈余或亏空，来进行资金的进一步调配。从运营模式上来看，此类工作财务共享中心是能够胜任的，但如果进一步承担资金池的设计、构建等初始工作，以及后续的架构优化工作，则会有一定的挑战。

在财务共享中心拓展成基础司库后，无论是资金账户归集，还是在资金上划拨的操作管理上均可发挥重要的作用。

4. 资金对账从操作到风险的主动管控

在传统财务共享模式下，财务共享中心要负责进行每日的银行收支与核算系统中资金收支凭证的核对，做到银企一致。但这种资金对账更多的是一个运营执行层面的概念，当财务共享中心拓展为基础司库后，在资金对账的职能上会从单纯的对账操作上升到资金操作风险管理的高度。因此，财务共享中心需要提升主动管理意识，彻底改变原来被动执行的观念。同时，需要从技能和工具上进一步提升自己，如使用 RCSA、KPI 等风险管理工具来主动提升操作风险管理水平。

二、财务共享中心未来转变

财务共享中心是以财务业务流程为基础，依托信息技术，为客户提供专业化、标准化、规范化的服务，从而实现降本增效、为组织创造价值的目标。从某种程度上来说，财务共享服务是对传统财务活动的一次全方位的创新和再造。在现代新兴信息技术的推动下，未来财务共享中心可能会实现以下转变。

（一）财务共享中心全球化

对西方国家来说，财务共享中心的全球化布局可以说是过去或现在时，很多大型的跨国企业集团会建立一个全球统一的财务共享中心，或者它们会分别在美洲、欧洲和亚洲等分别建立洲际财务共享中心，从而使更多的员工能够享受到实施财务共享服务的便捷。随着国家经济实力的提升，财务共享理念、信息系统、业务流程的提升与改进，当地成本优势的累积，以及英语、日语、韩语、东南亚小语种等语系上人才储备的逐步充足，中国地区在跨国集团全球选址中地位逐步提升，成为建立区域中心或全球性中心的重要选择。

（二）财务共享中心智能化

实施财务共享服务的关键环节就是要集中财务的基础业务，再进一步推动其往专业化、标准化、流程化、自动化和智能化的方向发展。对人工操作耗用极大的基础业务，如财务审核、交易处理、资金结算、对账等越来越多的工作被计算机取代，财务自动化、系统化程度越来越高。随着影像处理、自然语言处理、机器学习等人工智能技术的发展与应用，促使财务共享中心更加智能化，从而更好地实现从财务流程转向全业务流程的持续改进与优化。

（三）财务共享中心利润化

基于财务共享中心的不同定位，其对应的运营方式主要有内部运营、外部独立经营和内外结合运营这三种。定位为内部运营的财务共享中心主要服务于企业内部，其客户来自集团分公司、子公司或集团下属其他分支机构，在通用标准方案基础上,根据具体客户的具体业务特点和诉求进行方案补充设计,从而更好地满足客户的不同需求。定位为外部独立经营的财务共享中心则是面向市场的专业共享服务供应商,通常可以直接从企业集团的财务共享中心分化成独立的经济实体来运营,也有一些财务共享中心在建立初期就定位成面向市场的独立经营的财务共享服务机构。定位为内外结合运营的财务共享中心通常也是由内部运营演变而来的,一般拥有较成熟的企业内部运营基础和客户资源,具有较强的抗风险和营利能力。企业可以通过内部共享服务市场化的方式,实现服务收费获得经营收益,从而促使财务共享中心以利润化的方式最大限度地满足市场需求和企业切身利益,充分发挥经济实体的功效。不难预见,财务共享未来发展的一个趋势就是财务共享服务模式和外包模式并存。

(四)财务共享中心虚拟化

随着 ERP 系统的不断完善和互联网技术的快速发展,财务共享中心将可能不再集中在某一个地点,而是分布于世界网络覆盖的任何地方。换言之,虚拟财务共享中心是有可能实现的。虚拟财务共享中心的员工可以分布在全球各个地方,通过网络化、电子化实现共享中心成员之间的沟通和交流,有效地解决了招募优秀人才难、成本压力大等问题。通过互联网成立财务共享中心,财务共享中心的服务内容、服务标准及对服务人员要求都会通过网络清晰地传递给每一个想加入的成员,这些成员不限国家、地域、性别、年龄,只要你通过一系列的网上测评之后,就可以成为财务共享中心的虚拟员工。你的工作就是在一个派工池里获取你一天的工作量,并在规定的时间按照标准来完成,而不必在乎你是在家里还是在咖啡厅。

(五)全球共享中心模式发展

未来,财务共享中心会逐渐向全球共享中心(Global Business Service,GBS)模式发展和广泛应用,即共享中心不再只是局限在财务领域,而是把财务、人事、IT、法务、供应链、研发、商务等职能有效整合在一起,并结

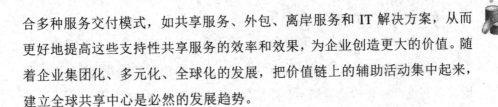

合多种服务交付模式，如共享服务、外包、离岸服务和 IT 解决方案，从而更好地提高这些支持性共享服务的效率和效果，为企业创造更大的价值。随着企业集团化、多元化、全球化的发展，把价值链上的辅助活动集中起来，建立全球共享中心是必然的发展趋势。

第五节　财务转型步入智能化时代

中国财务的发展经历了从算盘时代、PC 时代、大数据和云计算时代，并逐渐步入人工智能时代，在这一进程中，财务从简单的核算转型到复杂的共享服务，财务管理的核心问题不再是原来满足粗放式经营和管理环境中的记录价值的需求，而是变为企业精细化管理的数字化需要和业财税金融合等问题，财务的内涵已发生了实质变化，不仅是业务模式的改变，而是与智能技术产生共鸣，形成更大的合力推动企业的发展。

一、智能化驱动财务转型

（一）智能化带来的财务管理模式转型

随着互联网、大数据、云技术、人工智能等新技术的应用和发展，不仅在技术层面全面支持了财务管理的升级转型，也从思维模式对企业财务管理的转型提出了更高要求。

1. 集团管控向全局视角的转变

长期以来，财务管控一直是企业集团面临的难题和挑战。在管理机制和传统信息结构的约束下，要实现数据在集团层面的高度集中是非常困难的，通常数据都是分散储存在不同的管理主体中，这样也造成了集团在横向、纵向的信息壁垒。

从横向来看，企业集团内的各业务板块及板块辖下的分公司、子公司之间存在信息壁垒，通常信息是以烟囱状的形态存在。但这样会造成不同分公司、子公司之间的信息可比性差，财务结果的可比性也会存在问题，难以清

197

晰地评价各公司间的协同财务效果。

从纵向来看，企业集团和分公司、子公司、专业板块总部与下级机构间也都存在信息壁垒，集团难以看清分公司、子公司内部的经营情况，而专业板块总部也可能会和机构层面存在信息不对称和不透明的情况。

进入智能化时代，在大数据、云计算等智能技术的支持下，能够有条件实现对数据进行更广范围的集中化管理，通过建立数据中心，可以有效打破企业集团内部的横向和纵向信息壁垒，从而有可能进一步打破管理视角信息穿透的障碍，实现集团财务全局管控的新模式。这对于企业集团财务转型来说，带来了很大的突破，具有非常重要的意义。

2. 集团流程管理向敏捷化的转变

企业集团财务信息化迈向智能化进程的本质也是流程再造的过程，对很多企业来说，在管理制度化、制度流程化、流程系统化的过程中，实现了流程与系统的紧密结合。比如，费用控制和预算管理等系统的出现就很好地诠释了这种改变，在传统费用管理模式下，先由员工填写纸质单据交由领导审批，再到财务人员记账付款，而在费用控制系统下，信息流转由原来依托纸质单据转为实物流和信息流双线程流转的模式，整个流程全面线上化。预算管理系统建立后，使得原来在核算完成后的控制转变为事中控制，强调过程管理，大幅提升了整个预算流程的效率。但不论是费用控制系统还是预算管理系统等信息系统自动化的流程再造，确切地说，都是一套新的固化流程，是人工向自动化升级后的管理思维的固化。进入智能时代，流程与系统的结合还将发生进一步的升级和跃迁，从固化转向敏捷化。

在智能化阶段，系统能够更为灵活地根据管理模板设定流程流转的路径和复杂度。如针对不同的风险程度，系统便可灵活地决策单据是否需要更高级别的领导或专业财务人员进一步审批、审核。再如在管理决策的过程中，依据不同的紧急程度，系统可以灵活判定并制定出不同的后续信息反馈流程。换句话说，流程不再是固化的模式而是灵活可变的，在目标管理下更具弹性和敏捷，这也意味着管理开始给机器决策赋予了更大程度的授权。

3. 集团财务运营向自动化、智能化的转变

在智能化过程中，企业集团财务向自动化和智能化的转变还是相对容易实现的。此前，大量财务信息系统的建设已经为实现财务运营自动化发挥了重要作用。通过简单的会计引擎，有效地实现从人工记账到自动化记账的转变。

企业集团实现财务运营领域的智能化的前提条件是要实现所有财务作业输入信息的数字化。而随着电子发票、电子合同的应用和普及，也将从源头上实现数字化，进而通过建立相关规则和模型，把财务人员的思考、分析、判断等动作进行系统化，推动实现复杂财务运营业务的自动化、智能化发展。在实践应用中，财务共享中心就是实施财务运营智能化的重要组织，当然，在企业各级机构的经营过程中也同样存在大量的财务运营自动化和智能化的机会。随着智能技术的进一步发展和应用，未来也将释放更多人力，更智能。

（二）智能化带来的组织革新

财务的智能化不仅带来了财务管理模式的改变，也在驱动着财务的组织形态发生改变。

1. 财务组织的智能化外延扩展

在上一阶段，很多集团企业构建了包括战略财务、专业财务、业务财务和共享财务这四类的组织结构模式来支撑企业的财务转型，实践表明，这一组织结构模式很好地帮助企业实现了从传统财务模式向现代财务模式的转变。随着智能化的发展，很显然这一组织形态还将进一步演进以适应智能经济时代的发展。其中，最为典型的组织结构演进模式是在这四类组织架构模式基础上进一步衍生出具有外延扩展特点的创新组织，从而更好地助推企业财务向智能化转型。

首先，是数据中心的出现。在传统的组织结构中，由于数据存在集中度不足和一定的壁垒问题，很难满足大数据发展的需要。建立数据中心，不仅能够从组织上保障数据的集中化管理，还能有效实现对数据获取、加工、存储、维护和提供等活动的全过程管理，为后续大数据的发展和应用提供了重

要支撑。此外，数据中心应该是能够跨越在财务、业务、信息技术等能力边界之上的，因此要求其具有一定的复合技术能力。

其次，是数据应用团队的出现。构建数据中心是对基础数据进行管理，在此基础上进行数据应用。其中，最为典型的数据应用团队就是管理会计团队，通过对基础财务数据的进一步分析和应用，构建基于管理会计的考核体系等。在数据及智能技术的基础上，结合企业财务管理的实际应用场景，从而实现更高更好的智能化价值。

最后，是财务智能化团队的建立。不管从理论还是应用上来说，财务智能化和传统的财务信息化差异还是非常大的。因此，对于企业来说，将传统的财务信息化队伍向智能化升级显得非常必要和迫切。其中，对于财务智能化团队的职能要求有两方面相对比较重要：一是场景构建能力，财务智能化团队要承担业务需求分析，能够帮助各业务团队去发现和挖掘智能化的应用需求；二是技术实现能力，财务智能化团队能够有效将业务需求转化为技术需求，推动技术部实现对业务需求的落地。

很显然，相比于传统财务组织形式，智能化背景下的财务组织将更多地以数据和场景为核心，推动智能化的外延扩展。

2. 财务组织从刚性向柔性转变

迈入智能化时代，财务组织的另一个变化也值关注，即财务组织呈现出从刚性向柔性转变的特点。

传统的企业管理更多强调的是刚性，如森严的管理层级、简单粗暴的制度、固化的流程及信息系统中难以改变的架构等。随着智能化的发展，企业管理特别是财务管理释放出了强烈的改变信号，同时也赋予了改变的机遇。原本需要"刚性"完成的工作将更多地通过人工智能来完成，如财务核算、资金结算等，反之，财务人员也将释放出更多的精力，这将有助于重构创造力和柔性管理能力。智能化时代，财务组织的柔性主要表现为组织结构的柔性和财务文化的柔性这两方面。

（1）组织架构的柔性

在传统财务组织中，最为常见的组织结构就是极具刚性的层级式架构，很显然这种组织结构不利于发挥创造性。而组织结构的柔性则要求财务组织要减少层级，建立扁平化的组织结构，并且在目标管理下更多地使用团队的架构方式，从而更好地适应智能化发展的要求。

（2）财务文化的柔性

严谨一直是传统财务组织的主旋律和显著特征，但智能化要求充分发挥技术想象力和场景创新力，很显然，二者是不匹配的甚至是相悖的，因此，改变财务组织文化也变得非常有必要，特别应鼓励协作和创新型的文化，从而促使财务组织文化向柔性转变。这里要注意，适度地引入市场文化，推动财务工作适度的以市场化方式参与到公司的经营中，这同样也有助于建立柔性文化。

（三）智能化带来的团队和人员能力升级

迈入智能化时代，财务转型不仅会直接影响企业的运营模式和组织形式，财务团队和人员的能力升级也会面临更高的要求和挑战。这种挑战不仅有来自同行业的竞争，还有智能化技术迅速发展和应用所带来的压力。随着智能化的发展，传统的会计信息作用在下降，财务管理升级迫在眉睫。当前的智能财务已经逐步升级成为一种新型的财务管理模式，即通过人和机器的有机合作，消除复杂的财务管理活动，并不断向外延伸，扩大甚至可以部分替代人类财务专家的活动。因此，智能化所带来的团队和人员能力的升级主要体现在以下两方面。

1. 财务人员的创新能力升级

很显然，相比于传统财务时代，智能化阶段对财务人员的创新要求更高，且创新的压力来自各方面。

首先，智能化会在现在及未来相当长的一段时间内，给整个社会经济带来重大改变，其中企业组织作为社会的中坚力量肯定会受到这一浪潮的影响，随之发生深远的变革。财务部门作为每个企业的核心，如果财务的创新能力满足不了企业的发展，就很有可能会对企业的经营发展带来不利影响。

其次，智能化也会推动财务管理本身发生各种改变，如果财务人员的能力没有及时提升，使企业的财务管理水平落后于市场，那么这会直接影响企业的财务运营效率、决策支持水平和资源配置能力等方面，因此，提升财务专业领域的创新能力显得尤为迫切和重要。通常，可以从以下四个方面来提升企业的财务创新能力。

① 聚焦创新方向。创新能力的构建和提升不是一蹴而就的，要聚焦创新方向并同公司的发展战略保持一致。财务创新并不是孤立的，当财务创新的目标与公司战略发展高度一致时，公司会给予最大化的资源保障创新能力的构建，并且管理层也比较认同和理解财务的创新工作，从而有效避免一些不必要的沟通。

② 鼓励创新文化。创新本身不是一件简单的事，对于企业来说，更应该建立与之相应的奖励机制。加强对创新的正向激励，促使一线财务人员愿意参与到创新能力构建这一过程中来，而不是简单固化地将创新看为一项任务。

③ 建立适合创新的组织。在传统的层级结构组织中是很难孕育出创新精神的，因此，在构建创新能力的同时，要适度打破组织边界，允许跨团队间的交流，推行有助于创新的组织形式，其中项目制就是很好的应用。

④ 推行创新容错机制。在推行创新过程中，一般会涉及组织的方方面面。特别是很多新的技术流程还需要经过实践应用的验证，因此，要允许创新在一定范围内的失败，给予试错机会，这点对以严谨著称的财务人员来说特别重要。实践也表明，对于企业来说，如果能对试错给予较大的包容性，有一定的容错空间，企业往往具有较强的创新意识和能力。

2. 财务人员的知识结构升级

在智能化阶段，财务人员的知识结构升级也面临巨大的压力。以往，财务人员更多是走专业路线，即在某一个专业领域，如核算、资金、税务等方面从基层工作做起，并不断丰富完善知识结构，通过多年努力成为某一领域的专家。在传统的财务阶段，这样一条专业的发展路径是毋庸置疑的，也是大多数财务人员的成长历程。

随着智能化的发展，财务工作领域的人员有了更多的发展可能和可选路径。在技术发展与应用的推动下，专业协同和专业分工越来越细化，这使得原来进入特定基础工作领域的财务人员，很可能没有什么机会接触到其他或更大范围的知识领域。与此同时，计算机替代了更多的财务基础工作，这使得新入行的财务人员也没有机会接触基础财务业务。因此，为了适应智能化的发展，财务人员要提前构建完善的知识结构体系，做好财务各职能模块的知识储备。通常可以先构建一个知识面，然后再逐渐增加知识的厚度，同时选择有关专业领域进行重点钻研。这种团队人员的发展模式，能够让财务人员更好地适应多变的内外部环境，能及时地调整发展方向，从而具有较强的职业弹性。

综上所述，智能化的发展将全面驱动财务转型，包括了财务管理模式、组织、文化和人员等多方面。未来，智能财务将助推企业实现智能化，发挥财务人员真正的作用和价值，从而有效提升企业的核心竞争力，为企业创造更大的价值。

二、智能化推动财务管理实践升级

智能化带来的不仅是观念的转变，在实践中，越来越多的智能化应用及场景落地，不断推动财务管理能力的升级。下面就从战略财务、专业财务、业务财务和共享财务这四个方面来探讨智能化对财务管理的影响。

（一）智能化与战略财务

智能化的发展带来了整个社会经济的变动，也势必会影响到各行各业，甚至渗透到企业的发展经营中，有一些公司会进行战略层面的调整，也有一些公司会在战术层面进行匹配。因此，战略财务要敏锐地跟上企业战略和经营的变化，积极主动地为企业的战略发展提供支持。在战略财务领域，智能化带来的影响主要集中在以下两方面。

1. 智能化对经营分析的影响

从经营分析视角上来说，在大数据的基础上，将直接打破原来所受到的数据的局限性，增强因果分析和相关性分析。同时，由于数据的边界从企业内部向外部延伸，基于更广泛的社会数据，使得企业 KPI、经营分析报告、市场对标等信息更全面，有助于提升经营分析结果的可用性和价值。

从经营分析工具方法上来说，通过大数据和云计算的结合应用，能够为经营分析提供更强大的数据采集、加工处理和分析能力，扩大经营分析的边界，使企业的经营分析更加灵活和丰富。同时，由于大数据能够进行非结构化数据处理，能够把市场上与企业相关的热点等实时社会媒体信息纳入经营分析范围，提升经营分析对企业发展的支撑能力。此外，人工智能等信息技术的发展，也推动了经营分析的方法从传统的经验分析法演变成算法分析法，能够进行更为复杂的分析，获得更精准的分析结果。未来，基于机器的学习及算法的优化升级，也将持续提升企业的经营分析能力。

2. 智能化对全面预算管理的影响

预算从本质上来说是对企业资源的一种配置方式，预算编制的关键就是提出各利益相关者特别是股东和管理层都能接受的资源配置方案。但在实践中，企业的预算管理总会碰到一些难点，比如，如何在股东和经营管理者之间建立信任，怎样进行资源配置，以及如何提升资源配置效率和最终效果的检验等问题。往往这些问题都是通过妥协或者变通来解决，而很难得到实质性的解决。随着智能化的发展，这一情况将有所突破和改变。

第一，智能化技术能够在企业经营计划和预算编制过程中发挥重要的作用。基于大数据分析，能够帮助验证资源的投向及其真实性，进行清晰的资源投向和业绩达成的相关性分析和评价，使企业的预算编制更为科学、合理。

第二，智能化技术能够有效提升企业的预判能力。基于大数据、机器学习等方法能够构建更为复杂且有用的预测模型，进行复杂场景下的敏感性分析，能够帮助企业有效提升其预算预测和未来的预判能力。此外，引入人工智能等虚拟商业生态系统，使企业未来的预测能够建立在与真实社会相仿的现实模拟环境中，据此设置不同的模拟用户，不同的预算投入，从而有助于真实反映和评价预算的投入效果等。

（二）智能化与专业财务

从某种程度上来说，专业财务是整个财务框架中最为成熟的模块，构成了企业财务管理的基础，通常包括会计报告管理、税务管理、资金管理、合规管理、管理会计、成本管理及风险管理等方面。随着智能化的发展，其中的财税管理、管理会计和风险管理方面都受到了非常大的影响。

1. 智能化对财务报告与税务管理的影响

（1）智能财务报告

在智能化阶段，基于机器学习等技术，为实现智能报告提供了条件和可能，通过在结构化的报告范式基础上引入人工智能，从股东的角度来说，将可能有助于企业提升股价。

（2）智能税务管理

对于税务部门来说，基于企业间的大数据及更广泛的社会数据的分析和应用，将有助于大幅提升税务稽查能力。对于企业来说，基于企业的内部数据及可获取的社会化数据的分析和应用，能够预先在企业内部开展一定程度的税务风险排查，及时进行税务主动管理，而不是在面对监管部门时被动响应。当然，在税务管理领域中还有很多方面可借助信息技术进一步实现自动化，比如，在发票真伪的查验、纳税申报等职能上都能引入智能化信息技术，从而进一步解放人力。

2. 智能化对管理会计的影响

随着智能化信息技术的发展，管理会计也将获得更多收益。一直以来管理会计都有一个最大的难点——运算性能不足，通过智能技术的引入和应用，能够实现在物理架构、硬件等方面的技术进步，从而有效地缓解管理会计难点问题。比如，基于云计算架构搭建的多维数据库，或直接使用企业内存数据库来处理相关的管理会计数据在这过程中都存在更多可以优化数据性能的机会。

另外，大数据技术架构的发展，也为多维数据的处理提供了新的技术思路和应用方向。在实践中，已有先行企业尝试基于大数据平台进行管理会计的数据处理，从而有助于突破计算性能不足的瓶颈，使得管理会计系统能够运用更为复杂的逻辑，可以处理更多的数据维度。

3. 智能化对风险管理的影响

通过智能化信息技术的引入和应用，能够实现全过程的风险管控，从事前、事中、事后三个层次来有效防范企业的财务操作风险。

（1）从事前防控角度来看

在传统的管理模式下，企业的风险监控体系主要还是基于以往的经验和分析上，但这种方式很可能存在认知缺陷。通过机器学习方法的应用，能够帮助企业在财务业务流程中大量的交易及风险事件里，发现新的风险规则，从而更好地补充和完善现有风险指标体系，有效提高事前风险防范能力。

（2）从事中防控角度来看

如果能把经验的规则系统化，则有助于实现初步人工智能的应用。通过大量的交易规则，能够及时发现其潜在的风险点或薄弱环节，甚至可以直接拦截一些风险事件。此外，基于数据的积累和挖掘，还能实现更为准确的风险分级，针对每一笔业务单据的不同风险等级配置不同的控制流程，大幅提升企业的风险管控能力。同样地，机器学习技术还能在经验积累的基础上，持续改进与优化，从而持续提升企业的风险控制能力。

（3）从事后分析角度来看

企业能够建立如基于决策树的模型、社交网络的模型及聚类分析等不同类型的分析模型，从而能更好地在事后进行操作风险审计和问题发现。通过对跨交易单据的分析，发现更为广泛的风险线索，能够有效发现和解决问题。同样地，大数据和机器学习还有助于持续完善各种分析模型的构建，大大提高风险线索发现和解决的精准度。

显然，在企业风险管理领域引入和应用智能化技术是相对容易起步和实现的，也可以考虑作为企业迈入智能化阶段的前期选择之一。

（三）智能化与业务财务

从本质上来说，业务财务其实是战略财务与专业财务在业务机构端的延伸,也是财务共享服务在业务前端的支持与保障。因此,从业务职能的范围来看,智能化对业务财务的影响与对战略财务、专业财务及共享财务的影响是大同小异的。我们主要从业财融合的视角来看,而其中会计引擎和区块链这两项技术对业财融合的影响较大。

1. 会计引擎与业财融合

其实,不论是业务还是财务,它们都是按照各自的语言体系来记录和反映有关经济事项的,因此要实现业财深度融合的最大挑战就是要先解决业务信息向财务信息转换的数据一致性问题。通过构建高效灵活的会计引擎就能很好地把业务系统与财务系统紧密联系起来。

会计引擎的应用关键在于通过系统设计一个翻译器,这样就能在会计引擎中针对不同的业务系统和财务系统进行转换关系的初始配置。随后,每发生一笔交易最终都通过会计引擎翻译为会计分录,实现业务信息向财务信息的转换。而随着智能技术的发展,会计引擎将逐渐被抽象和发展成独立产品,提升其实践应用能力和价值。

未来,会计引擎还可以逐步建立跨行业的统一会计引擎模式。此外,通过引入机器学习技术和基于规则转换的数据积累,会计引擎将逐渐形成新的转换规则体系,持续提升业务到财务的语言转换能力,从而最终实现新业务免配置接入。

2. 区块链与业财融合

会计引擎有效解决了业务信息和财务信息之间的转换问题,而区块链技术的引入和应用则有助于推动业财的一致性。传统的财务记账模式是把所有的财务信息记载在一个集中的账簿,在业务系统中的业务交易记录可以理解为一本业务账,在财务系统中的有关会计凭证则可以理解为财务账,二者是平行的转换关系,容易出现一致性问题。区块链的应用本质是一种分布式账簿,它可以通过构建一个平行账簿把业务与财务联系起来,当发生业务时,每一笔交易都会同时记录在双方账簿中。如果企业集团内部存在多个组织或法人形态,也能引入区块链技术形成在关联方或者内部往来方的多个平行账簿。因此,区块链技术的应用就有助于企业构建一套平行账簿体系,这样,业务系统与财务系统之间就不需要重新进行数据一致性的核对，同样地，对于关联交易和内部往来的核对问题也能得到有效解决。

（四）智能化与共享财务

随着智能化的发展，不仅有效提升了财务共享服务效率，而且在OCR、规则引擎和人工智能等信息技术的综合运用与推动下，实现了传统的标准财务共享服务进一步向智能共享的跃迁，这里以财务机器人为例简单说明。

财务机器人更多强调的是机器流程的自动化，其本质是通过模拟人工作业把一些无法通过系统集成的手工操作进行自动化的处理。以最常见的应付流程为例：从维护性供应商数据—提交采购请求/订单—收货确认—收到供应商发票—三单匹配—调整差异—建立付款日期—准备付款—批准付智款—付款执行—记账。在这一场景中，财务机器人能完成大多数的流程或环节。比如，财务机器人能够实现供应商信息的更新、采购申请的创建、物流信息的查询、采购计划的更新、收货确认的提醒、三单匹配度的核对、价格的核对、付款差异的检查、银行的对账等自动化应用，这大大提高了应付流程的执行效率和质量。

当然，财务机器人也不是万能的，还要特别注意财务机器人在实施过程中可能碰到的问题。要有效实施并发挥财务机器人的价值，必须明晰这并不是简单的技术问题，不能脱离业务，只有业务人员深度参与进来，才能更全面、科学地梳理和分析业务流程。

迈入智能财务时代，智能化对财务共享的影响是非常深远的，我们相信，未来还会形成更多新的技术合力来驱动财务管理的转型升级。不断加强与财务管理场景的深度融合，从而更好地助推企业的经营发展，在管理实践中创造出更大的价值。

第八章　智能时代企业
财会人员转型探究

第一节　智能时代财务人员面临的问题

  人工智能的发展离不开技术的进步，历史上每一次技术进步，都会引发相关行业的大规模失业。19 世纪前叶，随着机械织布机在英国的广泛使用，众多有技术的纺织业者一夜之间沦落街头，加入失业大军。1900 年，随着拖拉机、联合收割机和作物种植机的出现和使用，近一半在田地间劳作的成年人一下子变得无所事事。1945 年，自动化技术的进步使超过 1.5 万名曼哈顿电梯操作工人和维修工人成为无业者。在人工智能技术的冲击下，财会人员的劳动力市场将会发生颠覆性变革。人工智能技术掀起了世界范围内的又一轮产业变革。人工智能背景下，财会人员的工作方式和核算方式都会发生很大的变化，财会人员面临的问题包含以下内容。

一、财务基础岗位急剧减少，高级岗位人才短缺

  第一，大量的财务基础核算工作被财务人工智能机器人替代，但是市场中财务岗位数量变化不大，因此会给财会人员带来严重的冲击，从事基础核算的财会人员面临被人工智能机器人取代的风险。在人工智能技术到来和逐渐普及之际，企业内部从事基础性会计核算、凭证整理、账簿装订、报表处理、纳税申报及纳税调整的会计人员将会逐步被人工智能机器人取代。这部分人的就业前景将会逐步低迷，财会人员的收入和社会地位也会或多或少受

到影响。这种现象最具代表性的企业当属全球零售业霸主——沃尔玛，2016年随着财务机器人的投入使用，沃尔玛裁减财会人员 7 000 余人，裁员之后基础核算财会人员减少 80%，财会人员的工作岗位数量迅速减少。

第二，企业内设会计机构和财务会计岗位逐步被合并和裁减。在人工智能背景下，随着大量基础性工作被机器人所取代，企业的财务会计岗位也将进一步得到精简，一些工作内容较为相近的岗位会逐步合并，一些工作内容和工作量都大幅减少的会计岗位将会与其他必须继续存续的会计岗位进行合并设立，合并以后企业所设立的会计机构和岗位都会有所减少。对于总公司和分公司而言，分公司可以不再单设财务部门，或者对财务会计岗位进行精简，总账会计、费用会计、资金会计、成本会计、收入会计、供应链会计等会计岗位都会被适当裁减，只保留个别基础工作岗位和管理会计岗位、财务总监岗位、会计机构负责人岗位。对于母公司和子公司而言，保留财务部门，但是内设岗位可以根据业务需求大幅缩减，对于不相容和职位分离的岗位统一以人工加智能的方式合理设置会计岗位，高速开展会计核算业务。这一方面使市场上的会计岗位总数逐步减少，另一方面使企业集团内部自设的会计岗位逐步减少。基础会计岗位数量减少将会在未来 2～10 年内最为明显。未来，连锁经营机构各分店的记账和会计部门统一整合至总公司的会计智能系统，数据智能化与集中化处理逐渐取代人工。

第三，高水平专业财务管理人才紧缺。人工智能背景下，基础核算财会人员面临着被淘汰的危机，这些岗位和相应的工作交由机器人来完成将会更加规范和高效，同时完成的工作量也会更大。这使财会人员的日常工作量减少，工作压力得到缓解，财会人员可以有更多的时间和精力从事与战略管理和管理会计相关工作，为企业快速发展贡献智慧和力量。这就需要更多高水平的掌握更多专业化财务管理知识的会计人员，在企业单位从事高级财务管理工作。当更多的基础性财务会计工作、审计工作被人工智能财务机器人取代后，企业对高水平的财务管理人员的需求将更加迫切，尤其是能够掌握新的财务管理理念、财务管理技能的高精尖人才。

第四，具有国际知识和视野的财会人员缺口较大。当前我国一些大中型企业、科技型中小企业、文化创新企业开始走出国门，与全球大多数国家和地区有业务往来，这就需要这些企业外派的财会人员和企业财务总监、会计主管，聘请的财务顾问等工作人员具有开阔的国际视野，了解和掌握派驻机构和海外分公司所在地的政治、经济、科技政策、法律法规、税收政策、会计准则、会计利润核算方式等知识，对海外机构和海外分公司的利润分配、投资收益划转等政策能够知晓和统筹规划，避免因不了解当地法律法规和政府部门出台的政策规定而受到经济处罚，给企业发展带来损失或错过发展良机。

二、企业对财会人员工作胜任能力的要求越来越高

第一，当前财会人员的人际沟通能力难以满足人工智能时代财务管理需求。财会人员在常人眼里中规中矩，呆板不灵活，坐在办公室简单地记账算账，不与外界接触，不需要或很少与人打交道。部分财会人员由于过度关注财务数据，忽视了与人沟通的重要性。工作过程中不重视培养人际关系，不能积极地与人进行沟通交流，发挥工作主动性和积极性。在人工智能背景下，基础财务工作都由智能机器人替代完成，企业财会人员需要处理的事务往往是综合协调性的，系统维护性的，设置参数、风险点、防控措施录入性的其他工作，这些工作往往都需要其他部门的协作配合，这就需要财会人员具备良好的协调沟通能力。但是当前中小企业的财会人员还不具备这种沟通能力，因此制约了人工智能背景下财会人员的职业再规划与发展。

第二，当前财会人员的专业技能难以满足人工智能时代财务管理需求。我国财会人员的从业人员数量过多，从业人员文化水平不一，对财务管理专业知识的掌握程度不尽相同，个人综合素质也参差不齐。有的财会人员具有注册会计师、注册税务师或国际公认的注册会计师资格，有的财会人员拥有中高级职称，有的财会人员仅有会计从业资格证，甚至一些企业的财会人员从事会计工作多年但是至今还未取得会计从业资格证。一些财会人员接受了系统的本科、硕士会计学、财务管理相关知识教育，一些财会人员接受了大专、成人本科财会专业教育，一些财会人员系统地自学了财务会计相关知识

和课程，也参加了很多培训机构的专业化辅导培训，这些从业人员往往能够很好地完成自己的本职工作。但是，还有一部分财会人员没有接受过专业的系统教育和培训，了解和掌握的财会知识零星琐碎，对财务管理、管理会计的相关内容一知半解。人工智能时代，基础会计工作不再需要一般会计人员来完成，这就需要会计人员掌握系统的财务会计知识，对会计核算、凭证、账簿、报表之间的逻辑关系，会计处理的特殊情况，财务风险的识别与防范，会计不相容岗位的设置及权力制衡都有一个正确而精准的认识，但国内大多数中小企业，尤其是一些小微企业的财会人员的专业技能显然难以满足人工智能时代财务管理需求。财会人员的财务专业技能水平低，主动学习意识淡薄。据调查统计，每日利用业余时间参加培训及学习的财会人员中，学习 1小时以内及不学习的财会人员占比高达 74.03%，学习 1 小时以上的财会人员占比仅 25.97%，财会人员对职业转型过程中的再培训及学习不够重视，主动学习意识淡薄。这些都不符合人工智能时代财会人员的工作要求和个人职业发展规划。

第三，当前财会人员所掌握的知识面较窄，难以满足人工智能时代财务管理需求。人工智能时代，财会人员不单单是处理会计业务、维护系统、指导智能机器人按照预定的流程和规范开展工作，更重要的是协调沟通其他部门积极配合智能机器人完成相关工作，并为其提供必要的财务数据等基础数据。财会人员在人工智能时代，需要综合考虑单位的基本情况、发展战略及对外投资、生产运营等一系列规划，全面管控和及时调整企业的资金使用及成本费用控制情况，进行财务风险识别、有效预防并采取有效的应对策略。要做到轻松自如地应对人工智能时代的财务工作，就需要财会人员掌握一定的企业管理、市场营销、对外投资、战略规划、品牌建设等相关知识，提高自身的综合业务素质，拓宽自身的知识面，在专业知识的广度和深度方面下功夫，以精准多元化的专业技能满足人工智能时代财务管理需求。反观当前的财会人员现状，不难看出国内有些中小企业、小微企业，以及一些民营企业的中高层财会人员，有些人都不了解企业管理的基本知识，对企业发展规划一无所知，不精通企业的对外业务开展方式，在实际工作中仅能够做到会计核算准确无误，对未来 3～5 年内的资金需求不甚了解，缺少企业整体发展的全局观念，不能站在全局的角度，客观公正地看待所有的经营问题。

第四，当前财会人员独立分析能力和风险管控意识都难以满足人工智能时代财务管理需求。在人工智能时代，财会人员需要掌握相关的业务知识，也需要具备一定的独立分析能力。伴随着财务岗位和财会人员的一再精简，需要几个人共同完成的基础性工作全部交给财务机器人，填制报表、调整会计利润并申报缴税等工作依靠财务机器人同样也可以完成。财会人员需要做的就是分析问题、查找原因，进行纠偏和优化流程，调整核算方法，统计和对比分析财务数据变化情况，并及时建议企业管理部门对企业生产运营做出战略调整，以求取得更好的发展业绩。而所有这些都离不开财会人员独立分析、解决问题的能力，也离不开财会人员的风险管控意识、风险识别和防控能力。当前，有些财会人员缺少独立分析能力和风险管控意识，只对数据进行整理统计，不了解数据背后的信息，不能通过独立分析将数据转化为对企业有用的经营决策。在人工智能时代，信息安全性备受关注，有些财会人员缺少以审计的视角透视企业风险的能力，风险管控的意识淡薄。这些都与人工智能时代的财务管理的现实需要相悖，也与人工智能时代的财会人员职业规划与职业发展相悖。

三、企业对财会人员需求类型发生变化

第一，需要财会人员具备投资、融资相关经验。企业在迅速发展过程中需要财会人员具备一定的投资、融资经验，帮助企业进行理财规划和投资、融资管理，以实现企业资产的保值和升值。大部分财会人员对证券金融、内部控制、经济热点等不够重视，投融资经验少。因此，具有投资、融资相关经验的财务人才紧缺。

第二，需要财会人员具备创业思维。在一定程度上，财会工作和管理工作是具有一定的相似性和互通性的。一般来说，能够胜任财会工作的人会具备一定的管理能力。财会工作在企业中是不可或缺的，很多现代企业家都注重在财会方面的知识积累。但大部分财会人员过多关注数据，思维模式固定，

缺少创业思维。

第三，需要财会人员具备企业运营管理经验。财会人员是企业的核心人员，企业发展过程中需要财会人员的全程参与。财会人员可以利用自身丰富的财务知识及法律知识等，对企业及市场情况进行分析，帮助管理者和决策者更好地完成管理和决策工作，促进企业发展。有些财会人员过多关注财务数据，对运营管理相关知识的积累较少。

第四，需要财会人员熟悉人工智能技术。目前，人工智能带来了新的挑战，会计工作不再是一成不变的。有些财会人员只专注财务专业知识的积累，计算机及人工智能相关的知识欠缺。因此，无法将财务专业知识与人工智能技术相结合，辅助人工智能系统的开发和升级。

第五，需要财会人员具有跨领域工作经验。有些财会人员受到专业、性格、思维模式等影响，对企业宏观经济背景、国家政策等关注度不够。对计算机知识、宏观经济学、金融学、市场营销学等相关领域的研究较少，在跨领域横向转型中工作经验少，选择面比较窄。

总之，人工智能背景下财会人员面临着巨大的挑战，工作岗位急剧减少，企业对财会人员的工作胜任能力要求越来越高，企业对财会人员的需求类型发生了变化。同时，管理层对财会人员的职业生涯管理不够重视，很多企业虽然有提到员工的职业生涯管理体系，但往往只是停留于表面，并没有真正将员工职业生涯管理体系付诸实践。

第二节　智能时代财务人员的基础能力框架

一、财务人员转型的方向

随着财务共享与智能化的结合越发紧密，共享中心将从一个人力密集型组织转变为一个技术密集型组织。随着规则的不断梳理与完善，并在信息系统中形成可执行的规则后，财务共享中心的作业人员将可被替换，并最终趋于人力的削减。从管理者角度来说，这对整个组织是有益的，但也会对财务共享中心现存员工的转型形成极大的挑战。部分能力较强的员工将转至规则梳理的相关岗位，而大量的员工可能因为智能化而离开工作岗位。因此，财务人员只有适应时代发展，加速转型，才有可能避免在新财务时代被淘汰。

（一）财务人员应向"成本控制与内部控制人员"转型

大数据时代的到来与不断发展，企业管理会计逐渐彰显出其重要性。因此，在大数据时代下，企业的财务人员应积极调整思路，逐渐向管理会计的方向转型。对于企业来说，随着市场经济的不断发展与完善，在微利时代，成本的高低将成为企业获利的关键性因素。在大数据时代，专业的成本分析与控制人员不仅要具备丰富的、扎实的财务专业知识，还必须对企业的各项生产工艺流程、生产环节及企业的内控流程等有所了解并给予高度关注，并在成本控制系统的帮助下，充分挖掘相关成本数据，对成本数据进行合理的分配、归集及构成分析等，从而为企业成本的有效控制奠定基础，为企业的决策提供帮助。

（二）财务人员应向"全面预算人员"转型

现代企业进行的管理基本都是事后管理，越来越多的企业采用 ERP 系统对企业数据进行整合，通过对数据穿透查询，结合企业的预测目标，将企业事后管理逐步变成事前控制。用信息化手段进行事前控制、预测等对企业管理十分重要。在大数据时代，预算作为财务管理的领头羊和核心，要求企业参与预算的财务人员站在企业战略规划的高度，对企业的战略规划目标进行层层分解，直至最后的预算分析报告的编制、预算绩效考核，以及预算对未来目标与战略的影响与规划，使预算真正发挥其职能作用。因此，大数据时代需要企业的财务人员向全面预算人员转型。

（三）财务人员应向"专业财务分析人员"转型

企业的财务人员必须具备专业的分析技能，能够从海量的数据中挖掘出对企业有价值的信息；同时，还可以在数据分析过程中更加全面地了解企业的发展现状与存在的问题，及时对企业的财务状况、经营成果进行评价，为提高企业的经营管理效率提供更有价值的分析。因此，大数据时代的企业财务人员应积极向专业的财务分析人员转型。

（四）财务人员应向"风险管理人员"转型

风险管理主要是企业从战略制定到日常经营过程中对待风险的一系列信念与态度，目的是确定可能影响企业的潜在事项，并进行管理，为实现企业的目标提供合理的保证。实践证明，内部控制的有效实施有赖于风险管理，战略型财务人员需将企业风险的影响控制在可接受的范围内，以此来促进企业的可持续发展。因此，在大数据时代，企业的财务人员应向风险管理人员转型。

（五）财务人员应向"技术型财务人员、战略型财务人员"转型

大数据、大共享理念的延伸与拓展要求财务共享的产生，并在未来成为主要的工作环境，并借此形成数据中心，为未来的决策与发展奠定基础。财务共享中心的人员是财务人员在大数据时代转型的另一个方向。在财务共享中心中，有设计好的专业的标准与流程。例如，应收应付款项、费用报销、明细账的管理、总账及各种财务报销、资金的管理和税务的合理筹划等。这一职能对财务人员的要求并不高，只要具有一定的财务基础知识、英语基础知识、计算机基础知识，并经过一定的培训即可转型上岗，对于那些处于初级阶段的财务人员来说是一个较好的工作选择。在经过一段时间的熟悉以后，可以向更高级的技术型财务人员、战略型财务人员转型。

在财务共享管理模式下，业务转型定位将财务人员分为共享财务、业务财务和战略财务三类。其中，高端财务岗位的需求将会增加，对从业人员的学历、经验和技能要求也更高更全面。相反，财务的一般岗位对财务人员的技能要求不高，一些工作完全可以用自动化技术或人工智能代替，导致基础财务人员将会被大幅度裁员，尤其是企业内部同质化的岗位将被"共享"掉，整体财务岗位缩编。

普通的财务人员转型为共享财务人员，其人数低于缩编后财务人员总体比重的 40%。普通财务人员是指那些学历层次相对不高、年龄不大，掌握新技能、学习新知识的能力较强，同时又具备财务会计实务操作经验的工作人员。这些财务人员长期在一线从事财务基础工作，在原始单据审核、凭证录入、交易结算等方面积累了丰富的实战经验，可通过选拔、培训后到财务共享中心从事财务会计工作。但是，由于国内的整体教育环境，本科学历人才的供给成本已经大幅度降低，并且呈现出供大于求的长期趋势，本科学历的员工会成为共享财务中心高性价比的首选人才。

优秀的财务人员转型为业务财务人员，其人数约占缩编后财务人员总体比重近 50%。优秀的财务人员指学历教育层次较高，专业知识系统和实操经验丰富的工作人员。他们应该深入业务前端，针对企业研发、供应、生产、营销等各个环节进行财务分析、预测、规划、控制、激励、考核等，加快财务与业务的融合，积极参与公司价值链各环节的价值创造，即完成财务与业务各个层级的融合，能把财务数据转化为信息，并以业务语言传递给各级领导，辅助后者决策，并且可以把业务部门遇到的困难及时反馈到财务部门。

卓越的财务人员应转型为战略财务人员，他们是真正的财务精英，将占缩编后财务人员总体的 20%左右。卓越的财务人员指学历层次很高（至少财经专业本科毕业生），管理知识储备深厚，既掌握财务会计实务，又懂得战略规划，对财务管理及其他经济领域业务也有深入研究，精于预算管理、绩效评价、风险管理、内部控制、资本运作及纳税筹划等的工作人员，他们可作为战略财务培养。战略财务不仅相当于企业总部的参谋，还是管理者进行战略决策时的重要伙伴，是全面预算与绩效管理的设计师，是制定和实施组织战略的专家。

二、财务人员基础能力框架

所有期望成为 CFO 的财务人都很关心一个问题：应当积累哪些知识才能更加高效地实现成为 CFO 这个目标呢？实际上，很多人在年轻的时候是没想过或没想明白这个问题的。在未来出现机遇的时候，往往会与之失之交臂，或者勉强上任，但无法达到预期的绩效目标。

对自己未来充满希望的财务朋友们，可以看看自己在哪些方面还有提升的空间。这个框架考虑到了智能时代财务管理职能的需求，故称之为智能时代 CFO 的基础能力框架。

（一）战略财务基础能力框架

1. 战略与业务

作为 CFO，需要有非常宽阔的知识面，但最重要并不是专业知识，而是对公司战略和业务的理解及把控。该能力决定了 CFO 是否能够真正成为一个经营团队的合格管理者，而不仅仅是一个财务工作者。

核心技能：战略解读；财务与战略配合；公司资源及计划的管理参与；财务资源配置管理；与业务单元的沟通。

2. 财会控制机制

作为 CFO，需要在企业内部建立完善的财务、内部控制和内部审计体系，以确保会计风险的可控性，也有一些公司是由首席风险官负责这部分职能的。

核心技能：财务及会计制度管理；内部控制；内部审计与稽核。

3. 价值管理

价值管理是 CFO 的高阶技能，需要从多方面主动管理以提升公司的价值，并最终在股价上有所体现，满足公司股东的投资回报诉求。

核心技能：产权管理；营运资本管理；现金流量管理；经济附加值管理；新业务价值管理；并购价值管理。

4. 经营分析与绩效管理

经营分析与绩效管理是 CFO 在公司经营管理方面体现自身核心价值的重要内容，好的 CFO 是公司持续前进的一个重要推动器。通过 KPI 的设定，以及持续的考核跟踪、深度的经营与数字探究，能够给企业发展注入强大的活力。

核心技能：KPI 体系搭建；经营分析报告；绩效考核制度搭建及奖惩执

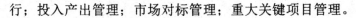

行；投入产出管理；市场对标管理；重大关键项目管理。

5. 全面预算管理

全面预算管理是 CFO 在资源配置方面配合企业战略落地的重要工作。凡事预则立，不预则废，CFO 正是承担起这项职能的重要角色。当然，全面预算管理并不仅是财务的事情，但是作为 CFO 去承担牵头职能还是必须的。

核心技能：经营计划管理；预算编制管理；预算执行与控制管理；预算分析；预算组织管理；预算流程管理；预算系统管理。

（二）专业财务基础能力框架

1. 会计与报告管理

作为 CFO，会计与报告是不可缺少的基本技能。当然，CFO 可以请会计专业人士和会计师事务所代劳，但无论如何是绕不开这项技能的，必须懂会计。

核心技能：会计交易处理及相关流程；往来管理、关联交易管理等会计管理；会计报告及合并；会计信息系统，如核算系统、合并系统等；信息披露；审计流程及管理。

2. 税务管理

税务管理是 CFO 的传统工作领域，无论在世界上的哪个国家，CFO 都是绕不开税务工作的。而在中国，税务又有着自己的特点，CFO 需要将税务管理当成一项既严肃又充满艺术性的工作来对待。

核心技能：税务政策研究；税务关系管理；税务检查配合与风险防范；税务数据管理；税务系统管理；营改增及电子发票/特定时期的特殊事项。

3. 资金管理

资金管理是 CFO 工作中的重要一环，也是对一个称职 CFO 的基本要求。从分类上说，资金管理是专业财务的一个构成领域，具有一定的技术性，如果没有从事过这个领域的工作，要覆盖这部分专业知识是有一定难度的。

核心技能：资金收付管理；资金计划管理；债券融资管理；混合融资管理；股权融资管理；司库管理；外汇管理；银行关系管理；资金系统管理；流动性管理；投资管理。

4. 合规管理

合规管理对于很多监管行业非常重要，监管机构有金融行业的银保监会、人民银行等，上市公司的证监会等。作为 CFO，需要很好地把握监管政策，主动、积极应对，以避免因合规问题给公司带来损失。

核心技能：监管政策研究；监管沟通及检查应对；监管信息报送；违规风险管理及违规后危机管理。

5. 管理会计

管理会计是当下 CFO 面对的既久远又新鲜的课题。国内正在掀起一波管理会计体系建设的热潮，CFO 不可免俗，必须懂管理会计。

核心技能：维度体系搭建；收入分成管理；成本分摊；多维度盈利分析；作业成本管理；资金转移定价（FTP）管理；风险成本和资本成本管理；管会数据应用（定价、精准营销等）；管理会计系统。

6. 成本管理

成本管理单独拿出来说，是因为它对于每个企业来说都是十分重要的一项内容。对于 CFO 来说，要开源节流，其中的节流就要靠成本管控。甚至对于一些企业来说，成本管理是其生存的核心战略和命脉。

核心技能：成本战略体系设计；基于价值链的全成本管理；费用的前置管控；成本文化建设；最佳成本实践的形成和推广。

7. 财务风险管理

广义的风险管理领域是首席风险官的管理职责，但在财务领域，CFO 应该对财务相关风险予以高度关注，并实施有效的管理。CFO 力求创造价值，但必须牢记，风险是底线，控制好财务风险是一个好 CFO 的必修课。

核心技能：财务操作风险管理；财务风险意识及管理文化建设；RCSA 风险控制与自我评价工具的财务应用；KRI 关键风险指标体系的财务领域搭建；重大风险事件监控。

（三）业务财务基础能力框架

1. 产品财务管理

产品财务是业务财务中向产品事业部提供财务专业服务的队伍，CFO

需要基于产品财务队伍，加强对以产品规划、产品研发为核心的产品全生命周期的财务管理。

核心技能：产品规划及投资财务管理；产品研发财务管理；产品周转资金管理；产品质量成本管理；产品最佳财务实践管理。

2. 营销财务管理

营销财务是财务队伍中服务于营销或销售事业部的业务财务队伍。CFO需要通过营销财务开展对营销、销售过程的财务管理，如合同商务管理、客户相关财务管理、销售费用管理等工作。

核心技能：商务合同财务管理；营销及销售费用管理；客户信用及风险管理；竞争对手财务及经营信息管理。

3. 供应链财务管理

供应链财务主要为企业经营中供应链相关环节提供业务财务支持。CFO需要借助供应链财务实现对采购、生产及配送等相关业务环节的财务管理。

核心技能：采购财务管理；生产财务管理；库存控制管理；配送物流财务管理；分销财务管理。

4. 项目财务管理

除了以价值链划分的业务财务之外，CFO 还需要关注另一个业务财务维度，即项目维度。项目财务是从另一个视角与产品、销售、供应链财务进行矩阵式协同的业务财务职能。

核心技能：研发项目财务管理；市场推动项目财务管理；售前/销售项目财务管理；工程项目财务管理；实施交付项目财务管理；管理支持项目财务管理。

5. 海外财务管理

对于开拓海外市场的企业来说，CFO 还需要高度关注海外财务管理工作，特别是在新进入一个国家时，海外财务的支持能力显得尤为重要。

核心技能：国家财税政策管理；海外机构综合财务管理。

6. 业财一体化管理

CFO 需要始终保持对业务财务一体化的关注度和警惕性，通过加强业务财务一体化管理，实现有效的业务与财务核对管理，提升业务与财务的一致性水平。

核心技能：业财一致的制度及流程管理；业财对账管理；业财一致性系统管理。

（四）财务共享服务基础能力框架

1. 财务共享服务中心设立管理

财务共享服务在中国的发展已经有近二十年，如今大中型企业已普遍将财务共享服务中心作为标配。因此，作为 CFO，需要对财务共享服务的模式有所了解，从而有效地开展建设。

核心技能：财务共享服务中心立项；财务共享服务中心战略规划；财务共享服务中心建设方案设计；财务共享服务中心实施；财务共享服务中心业务移管。

2. 财务共享服务中心组织与人员管理

财务共享服务中心是一种基于大规模生产的运营管理模式，这种模式对组织和人员管理都有较高的要求，CFO 应当关注财务共享服务中心的组织效率和人员的稳定性、成长性。

核心技能：财务共享服务中心组织职责管理；财务共享服务中心岗位及架构；财务共享服务中心人员招聘；财务共享服务中心人员培训及发展；财务共享服务中心人员考核；财务共享服务中心人员保留。

3. 财务共享服务中心流程管理

流程管理是财务共享服务管理的精髓，CFO 应当关注财务共享服务中心端到端的流程体系建设及流程维护、持续优化，以提高流程效率，降低流程成本。

核心技能：财务共享服务中心流程体系定义；财务共享服务中心标准化流程设计；财务共享服务中心标准化流程维护和执行监控；财务共享服务中心流程持续改进。

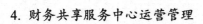

4. 财务共享服务中心运营管理

财务共享服务中心需要进行有效地运营以创造价值，CFO 需要对运营管理中的核心职能予以关注。

核心技能：财务共享服务中心绩效管理；财务共享准入管理；财务共享服务水平协议（SLA）及定价管理；财务共享人员管理；财务共享风险与质量管理；财务共享"服务"管理；财务共享信息系统管理。

5. 财务服务外包及众包管理

服务外包和众包是财务共享服务模式的延伸和补充，CFO 需要关注应如何进行外包、众包与共享服务之间的选择决策，同时对外包和众包的管理也需要有特定的模式。

核心技能：服务模式战略管理；外包供应商选择管理；外包商交付管理；众包平台搭建；众包平台用户获取、服务及管理；外包及众包风险管理。

（五）财务通用支持基础能力框架

1. 财务组织、人员管理

作为 CFO，建设财务组织、培养财务队伍是责无旁贷的。因此，人力资源管理理论在财务领域的应用也是 CFO 需要掌握的。一个管理不好组织、团队和人员的 CFO，必然是一个不称职的 CFO。

核心技能：财务的分层治理机制；财务组织架构及岗位设计；财务团队及干部管理；财务人员绩效管理；财务培训及知识管理。

2. 财务信息化及智能化管理

对于现代的 CFO 来说，财务信息化和智能化管理已经是不可或缺的技能。财务的大量工作都是建立在信息系统基础之上的，因此，对于 CFO 来说，懂一些信息系统知识是十分必要的。而在未来，财务的大量工作还会进一步被信息系统所取代。可以说，不懂信息系统相关知识的 CFO 在未来根本无法生存。

核心技能：财务信息化团队建设；财务产品设计及系统架构；财务与 IT之间的沟通管理；财务大数据技术；财务自动化及智能化技术。

第三节　智能时代财务人员的择业模型

智能时代的来临，对整个社会包括财务人员的影响是全面且深远的。在这样的环境下，财务人员的择业观被影响和改变着。面对未来，财务人员有三种选择——不变、远离或拥抱。选择本身没有对错之分，但在做出不同选择的时候，都需要给自己找到适应智能时代环境的新择业标准，这将从某种意义上改变职业生涯。

智能时代，世界在改变，财务也在改变。当智能时代来临的时候，财务人员不可避免地会受到巨大的冲击，也必须面对认知的升级。无论是高级管理人员、财务经营分析人员、预算管理人员还是会计运营人员，都必须面对这种改变。

这也引发了不少财务人员对未来职业发展的担忧，关于人工智能是否会取代财务人员的讨论也成为热议的话题。在 2017 年 4 月底召开的全球移动互联网大会（GMIC）2017 北京大会上，李开复与霍金展开了隔空对话。霍金认为："对于人工智能的崛起，其好坏我们仍无法确定，现在人类只能竭尽所能，确保其未来发展对人类和环境有利，人类别无选择。"李开复则提出这样的问题："我们要看到，人工智能要取代 50%的人的工作，在未来 10～15 年间，这些人怎么办？还有更重要的，教育怎么办？"是的，在智能时代，有些问题已不是我们能决定是否面对，我们只能思考如何面对。

今天，作为一名在职场中生存的财务人员，已经难以想象终生服务于一家企业。择业本就是一件不可回避的事情，而智能时代的择业将伴随着更加困难的抉择。

一、三种选择：智能时代财务人的"进""退""守"

在智能时代，财务人员面对整个社会变革、新技术的挑战能做出的选择无外乎"进""退""守"三种模式。

"进"是一种拥抱变革的态度，虽然意识到智能时代会带来空前的挑战，但总有一些人愿意成为这场变革中的主导者和生力军，并在这场智能时代的变革中迎接挑战。

"退"是一种远离风险的态度，可能也是一种聪明的选择。如果知道自己没有办法成为"进"的那一群人，也意识到智能时代可能会促使现在的工作内容发生改变，那么明智之举就是及早远离现在的岗位，重新规划自己的未来，找到智能时代的避风港。

"守"是一种以静制动的态度，在难以做出清晰判断的时候，静观其变，并在坚守中慢慢寻找自身定位。但需要注意的是，在智能时代社会快速变化的大环境下，静守未必是好的选择，即使选择观望，也应当及早做出适合自己的关于进退的选择。

如果财务人员终究要在智能时代做出"进"或"退"的选择，那么影响选择的决策因素又有哪些呢？以下从四个方面来探讨这个问题。

（一）人工智能对其所处行业及公司的影响

在进行"进"或"退"的评估时，需要关注的是财务人员所处的行业及行业内的公司在智能时代将受到怎样的影响。智能时代是一场巨变，在这场巨变中，有些行业和公司会兴起，而有些行业和公司会走向衰退。财务人员的职业发展本就依托于其所在公司的发展，当谈论智能时代进退策略时，第一件事就是对自己所在公司的未来做出判断。行业兴、公司兴，则财务兴。什么样的公司在智能时代会兴起？想要知道这个问题的答案，不妨去读读这方面的畅销书，如吴军的《智能时代》、李彦宏的《智能革命》及李开复的《人工智能》。

（二）人工智能对其所在环境竞争性的影响

人工智能的出现会改变我们所在环境的竞争格局。对于有些公司来说，智能时代的到来有可能会让整个公司内部的竞争环境变得非常宽松。大家的焦点都在如何进行有效的合作上，并积极参与到智能时代的市场开拓中。公司的每一个员工都会感受到其存在的价值，自然有一个宽松的竞争环境。在这种情况下，财务人员可以考虑采用"进"的策略。而对于另一些公司来说，在智能时代将面临强大的压力，需要通过压缩成本、强化内部竞争来获得生存空间。在这样的环境中，如果不愿意忍受环境中激烈的竞争，则不妨采取"退"的策略。

（三）个人能力与智能时代要求的适合性

智能时代对财务人员的技能需求也发生了改变。智能时代的财务技能需求相比于传统需求有较大变化，如信息技术能力、建模能力、创新能力的提升等。如果财务人员期望在对智能技术大力推崇且形成了趋势性文化环境的公司内获得成功，就要对自己的存量能力和增量学习能力做出客观的评估，不能做到，则可以采取"退"的策略。

（四）个人对人工智能风险和挑战的喜好

智能时代的财务择业与当下相比会有更多的不确定性。技术的不确定性带来商业模式的不确定性，进而带来企业和行业的不确定性，而不确定性正是风险的内涵。在这样一个充满风险和挑战的时代，财务人员选择"拥抱"还是"远离"，在很大程度上和每个人对风险和挑战的喜好有关系。并不是说喜好风险和挑战就一定是好事情，如同投资决策中的风险厌恶程度，喜好就是喜好，并不存在道义上的对错。

当结合上面几个因素进行综合评估后，或许财务人员能够对自己在智能时代的"进"和"退"做出大致的判断和选择。

二、智能时代，财务人员择业的"拥抱"模型和"远离"模型

财务人员在智能时代的"进"或"退"并没有对错之分，重要的是在决定了"拥抱"或"远离"后，能知道如何进行下一步的职业选择。这就是财务人员择业的"拥抱"模型和"远离"模型。对两种模型的评估维度及选择考虑方式如下。

（一）关于评估维度

在这个模型中，我们从六个维度对择业目标进行简单分析。

1. 平台

对于平台这个维度，要评估的是择业对象是一个大型企业集团，还是中小型公司或创业公司。不同规模的公司能够创造的应用智能技术的机会和概率是不同的，公司规模越大，应用智能技术的可能性就越大，这是一个简单的逻辑。

2. 技术实力

在这个维度下，主要看一家公司在大数据、人工智能、云计算等方面是否具有技术能力方面的显著优势。具备技术能力的公司可能有两种，一种是使用这些技术来支持自身的主业发展的大公司；另一种是以这些技术为核心的中小型公司或创业公司。总体来说，技术实力越强，在财务领域应用智能技术的可能性就越大。

3. 行业

这里所说的行业关注的并不是行业在当前是否兴盛，更多的是要关注行业是否能够从智能革命的浪潮中获得业务发展的技术红利。一个能够获得技术红利的行业必将非常积极主动地应用智能技术。

4. 财务交易规模

为什么不看公司业务规模呢？对于财务来说，规模巨大的公司未必一定有大量的财务交易。而要判断智能技术在财务中的应用的概率，财务交易规模的大小和财务数据量的多少才是至关重要的。

5. 待遇

待遇，就是付给员工的薪酬。在择业模型中什么都可以不谈，但待遇是必须谈的。但是只需简单地将待遇划分为高、中、低三个等级，在这两个模型中要看的是最低容忍度。

6. 未来发展机会

未来的机会就是现在的福利，对于择业者来说，要考虑的是现在的工作能够帮助自己未来进入怎样的公司、平台。如果和自己的职业规划是一致的，那么就可以作为择业模型的加分项；否则将成为扣分项。

（二）"拥抱"模型下的选择

在拥抱模型下，对以上这些维度应当做出怎样的选择或考虑呢？

对于平台，选择大型企业集团，在财务实践中有更多的接触智能技术的机会。

对于技术实力，选择具有技术优势的公司，能够享受到技术红利，有利于财务在使用较低成本的情况下展开智能应用实践，也使财务智能化应用有了更早实现的可能。此外，智能技术还可以与平台形成合力，进一步推动智能技术在财务中的使用。

对于行业，选择进入金融、零售、通信运营等高度需要智能技术的行业，有可能更快地接触到智能技术。同时，这些行业对智能技术具有更高的认同度，能够营造出良好的创新氛围和环境。

对于财务交易规模，选择有大规模财务交易的行业是更好的选择。智能实践是建立在领先的数据技术之上的，没有财务的大数据，何谈智能化？

对于待遇问题，如果选择拥抱智能，也许要做出一些牺牲。较好的情况是能够获得中等待遇，如果能够获得高待遇当然更好，但是最重要的是，即使待遇偏低，也不妨考虑一下综合收益，即虽然在短期内待遇偏低，但有可能在未来的成长中获得快速弥补。在职业发展上，长线利益重于短期利益。

在未来的发展中，如果选择拥抱智能，将有机会进入更大的公司，或者为自行创业积累一笔宝贵的经验和财富。当然，年轻人有这样的经历，进入咨询行业也是一种不错的选择。

（三）"远离"模型下的选择

在远离模型下，对以上这些维度又该如何选择呢？

在平台方面，核心诉求是规避智能技术造成的职业风险。因此，选择中小型公司有更多的规避智能风险的机会，这些公司轻易不会使用价格昂贵的智能技术。

从技术实力来看，需要小心的是以智能技术作为主业的中小型公司或创业公司，他们不会放过任何拿自己人做智能实验的机会，财务不小心就会成为那只"小白鼠"。

对于行业，要绕开拥抱模型下的那些优选公司，如金融、零售行业。选择传统行业，则相对安全一些。

就财务交易规模而言，规模一定要小。在这种情况下，老板想的是如何用人工去解决问题，而不是使用机器来替代人。

在待遇方面，作为择业的财务人员，应当积极寻求中等收入职位，高收入职位就要看运气，如果是太低收入的职位，建议果断放弃，毕竟出来是避险的，不是出来降薪砸自己饭碗的。当然，能力不足则另说了。

未来的发展很可能是在相近规模的公司里打转，建议选择小而全的公司，一旦遇上创业潜力不错、有机会爆发成长并成功上市的公司，或许就实现财务自由了。

至此，读者应该已经掌握了智能时代进退自如的秘籍。虽然技术在进步，社会在进步，但财务人员仍然能够找到适合自己的定位。

第四节　智能时代财会人员职业再规划发展策略

按照目前的财务人工智能发展状况，可以推测出以下几个发展趋势。首先，财务、审计等基础的比较简单的工作将会被取代，因此这方面的工作人员会大量减少。其次，中层财务岗位的部分数据报告工作将会被替代。但是，财务管理工作中关键和核心的工作内容逻辑判断较复杂，仍需要由专业的财会人员来判断和决策。财务人工智能的发展目前主要会对企业初级和中级岗位的财会人员造成一定的冲击，本节重点针对该部分财会人员进行分析研究，深入阐述人工智能背景下财会人员的职业再规划及职业发展策略。

一、财会人员职业再规划与发展策略分析

（一）基层财会人员职业再规划与发展策略分析

小刘是一家科技公司的会计信息系统的实施"专家"，主要负责财务信息系统的维护和开发。小刘刚入职时是财务助理，深知财务人工智能对其工作的影响。因此，小刘一直思索自己未来的职业生涯发展路径。在人工智能迅速发展的外部环境下，传统的职业发展路径已经越来越窄，而且竞争也越来越激烈。人工智能对财务岗位的替代具有必然性和渐进性，从基础核算财务岗到中层财务岗都会受到人工智能的冲击。小刘通过自我分析，制定职业发展目标和具体实施方案。经过慎重考虑，小刘决定转型做一名人工智能系统的线下实施者。小刘在大学四年期间学习了会计学，拥有较好的会计基础，在校期间同时兼修了计算机专业，拥有较好的计算机基础。他经常利用业余时间对企业信息化系统建设及维护进行研究，同时还研究学习了人工智能系统开发的相关内容。小刘现在是企业财务信息系统的辅助实施和管理者，辅助计算机系统正常运行。在工作过程中，小刘不但积累了与财务相关的工作经验，而且对计算机系统应用也变得更加熟悉。通过对小刘职业生涯再规划与发展路径进行分析，发现小刘职业转型面临以下问题。

第一，工作技术含量不高。小刘作为财务助理，主要负责企业原始凭证的登记、整理、粘贴，记账凭证的登记整理及打印装订，以及其他需要外出办理的工商及税务相关事项，处理的事务烦琐且没有技术含量。

第二，工作范围比较窄，缺少全面分析的能力。小刘的工作重心主要聚焦在企业内部费用报销上，负责员工费用报销、单据整理及报销款支付等工作内容，接触不到与企业整体业务相关的工作，全面分析能力差。

第三，对企业经营业务不了解。小刘平时把注意力主要放在财务数据上，未完全参与到企业的生产经营过程中，不能对企业经营业务进行全面的了解，对企业生产经营的产品、生产流程及业务流程不熟悉。

第四，沟通协调能力较弱。小刘平时只关注财务数据及单据，很少与其

他部门人员进行沟通，因此他的沟通协调能力相对比较弱。

小刘进行职业生涯再规划与发展，调整自己工作内容后的情况如下。

第一，岗位工作内容与互联网人工智能相关，工作岗位的技术含量增大，承担的责任增加，为小刘提供了很好的发展平台。

第二，更多关注企业整体数据。小刘参与企业财务信息系统建设过程中接触到企业内部整体的数据信息，可以从全局的角度分析企业的财务信息，对企业整体经营情况有了一定的认识。小刘通过运用财务信息系统将数据信息进行收集整合，为管理者提供具有科学性和系统性的分析报告。

第三，参与企业业务流程。小刘在建设企业财务信息系统过程中，涉及生产、销售、采购、人事、财务等多个部门的信息管理，在系统设立过程中既要保证审批程序简便，又要保证风险在可控范围内。在建设信息系统过程中，小刘不断研究生产和业务部门的工作流程，对企业的生产运营非常熟悉。

第四，沟通协调能力得到提升。通过建设企业信息系统，小刘需要与不同部门的领导和同事进行反复的沟通协调，其沟通能力、协作能力、工作能力等都得到了很大的提升。

对小刘职业生涯再规划与发展策略进行分析，具体分析结论如下。

小刘作为企业财务信息系统维护负责人具有良好的专业技能。他具有良好的财务教育背景和扎实的计算机基础，对信息系统有浓厚的兴趣。小刘还利用业余时间参加了人工智能系统开发的培训课程，自己研读与互联网和人工智能相关的书籍。这些是小刘可以做好企业财务信息系统维护人员的基础。小刘还具有良好的沟通协调能力，在建立和维护企业信息系统过程中需要和企业各个部门领导及员工沟通交流，反馈信息。在系统实施过程中难免遇到阻力和困难，面对压力，小刘主动调节自己，保持正确的态度和良好的心态，全方位提升人际交往能力。

财务人工智能程序需要后期不断维护更新，财务信息化系统和财务机器人的开发、应用和维护均依靠财会人员和计算机开发人员之间的沟通协调。因此，财会人员和人工智能机器科学研究人员可以相互取长补短，发挥财会人员在会计行业的特殊优势，与科学研究人员相配合，在财务人工智能程序化，以及计算机软硬件的研发、维护和升级上发挥重要的作用。随着会计信息化系统的持续发展，财务机器人的开发、管理和维护，将催生兼备财务知识、计算机编程能力、机器人维护能力的复合型人才需求。

（二）中层财会人员职业再规划与发展策略分析

孙女士是某外企财务主管，属于企业的中级财会人员。面对人工智能的发展，孙女士作为一名财会人员，深知财务人工智能对其工作的影响。她通过对企业的财务制度及岗位现状进行分析，为自己的职业生涯再规划与发展做准备。孙女士不断完善自己的知识结构，注重团队合作意识的培养，在工作中不断提高自己的综合管理能力。

孙女士利用业余时间参加了 MBA 进修班的学习，精读企业管理和心理学相关书籍。她还参加了英语培训课程，在日常工作和生活中也不断练习，努力提高运用英语的能力。她非常注重提高自己与他人沟通协调的能力，培养管理能力和大局观念，提高自身的综合素质。孙女士具有良好的理解沟通和协调能力，较强的英语口语能力，熟练的财务专业技能和管理能力。她不仅熟悉中国相关法律，还熟悉西方财务法律法规。通过对孙女士职业生涯再规划与发展路径进行分析，发现孙女士职业转型面临以下问题。

第一，岗位职责比较单一。孙女士作为企业的财务主管，主要从事财务数据整理和分析工作，岗位职责相对比较单一。

第二，注重传统职责而缺少决策参与权。孙女士的工作重心主要放在传统财务管理上，很少涉及与制定企业战略紧密相关的税收筹划、风险控制、筹集资金、财务战略、投资业务等事务。

第三，与业务之间缺乏互动。孙女士把注意力完全放在财务数据上，未完全参与到企业的生产经营过程中。

第四，沟通协调能力较弱。孙女士最关注的就是财务数据，但因过度关注数字，使其在一定程度上缺少和其他人员沟通协调的技能。由于缺乏必要的沟通和协调，财务数据在企业快速发展时期已不能科学合理地反映企业价值。

孙女士进行职业生涯再规划与发展，调整自己工作内容后的情况如下。

第一，更多关注企业战略。孙女士通过转换财务管理思想，理顺财务管理目标，将财务管理的重点锁定在提升业务服务能力上，财务管理能力得到了全面提升，提高了财务参与制定企业战略的能力。

第二，以管理者的视角分析企业战略发展趋势。孙女士通过改变原有的工作模式，站在管理者的角度对企业情况进行分析，制定了企业财务战略。建立了企业风险控制系统，该系统包括信息系统、资金管理系统及绩效考评系统。

第三，工作内容与企业发展战略变得更加密切。为适应企业快速发展的政策要求，孙女士通过及时转变战略思想，制定了以投资、筹资和风险控制为核心内容的财务战略来支持企业业务的发展。

第四，从"管理控制"向"决策支持"转变。孙女士从一名控制数据的财务主管，向为企业决策提供支持的财务主管转型。财务战略转型使孙女士成为业务的最佳合作伙伴，参与企业决策。

第五，沟通协调能力得到提升。通过进行职业再规划与发展设计，孙女士的沟通和协调能力得到了很大提升。同时，在孙女士的影响下，财务部门全体成员的整体素质也有了大幅提高。孙女士的领导能力和控制能力也不断增强。

对孙女士职业生涯再规划与发展策略进行分析，具体分析结论如下。

孙女士作为企业中层财会人员具有良好的专业技能，为企业提供决策支持，促进企业快速发展和企业全球化；合理筹划配置企业资源，追求企业价值最大化，整合财务管理流程，促进企业战略决策的实现；策划和实施资本运作，为企业赢得更多的发展机会。孙女士通过项目投资决策分析、内部控制、利用管理会计工具进行绩效考核和业绩管理，为企业战略服务，工作内容不再局限于简单的财务工作，而是逐步实现了财务工作由价值守护向价值创造的转变。在财务人工智能背景下，孙女士十分重视专业技能与领导能力培养，进行有效的沟通和团队建设，制定财务服务业务的目标。她不仅熟悉中国相关法律，还熟悉西方财务法律法规，精通商务英语。利用业务数据和财务数据,通过业务与财务融合,为企业业务决策和管理决策提供数据支持。

人工智能背景下,财会人员岗位受到冲击,财务角色贯穿业务活动的整个运行过程,财会人员作为企业决策者的合作者,所有的职能都应与资源和业务相关,全方位服务于企业业务并自觉参与整个经营管理活动。从这一侧面表明,一些财会人员具有向管理岗位转型的潜力。因此,许多财会人员随着工作经验的积累及工作年限的增长,会逐渐向管理方向发展。

二、人工智能背景下财会人员职业再规划与发展的策略

人工智能背景下,财会人员最需要的是应变的能力和超前的意识。通过自我学习、参加职业发展培训等多种渠道,加深对职业再规划与发展的了解,通过学习和探索,找到设定职业再规划的方法,根据自身能力,制定职业再规划与发展方案。首先,进行自我评价。在日常工作生活中,要多对自己的成就进行总结和反思,加深对自我的认识。其次,进行职业选择。在充分了解自己的强项和弱项之后,进一步明确自己的职业兴趣,并制定符合实际情况的、具有较高可行性的职业再规划方案。最后,调整职业计划。职业规划方案不是一成不变的,而是要随时根据内外部因素的变化而及时调整。针对人工智能背景下财会人员面临的问题,财会人员的应对策略有以下几种。

(一)财务基础队伍向高级常优转型

1. 向管理会计转型

人工智能时代,在财务机器人普及和大量财务软件上线运行的情况下,企业的财会岗位将会进行削减和整合,市场上的财会岗位总数将会逐年缩减,财会从业人员的需求也会有所降低,其中受到突出影响的是从事基础核算工作的财会人员。对于这部分财会人员来说,为了不被历史发展潮流所淘汰,就需要及时更新自身的知识结构,提升自身的价值,以求适应人工智能时代的财务管理需求。结合当前财会人员的基本情况和企业发展的现实需要,财会人员最理想的转型之路就是由财务会计尽快转型为管理会计。

人工智能时代,企业对管理会计的需求量会与日俱增,管理会计将会是

企业财会人员的主流。众所周知，管理会计需要具备洞察未来和指引决策的能力、管理风险的能力、建立道德环境的能力，还需要具备管理信息系统和与他人合作达成组织目标的能力。向管理会计转型首先要重视数据分析，明确管理数据与财务数据的区别。管理数据不同于财务数据，它是企业基础核算数据整合之后形成的，对企业战略发展具有指导意义的信息，包含企业基础信息、财务数据、业务数据、业务信息等相关内容。企业对传统会计数据进行分类，更接近于企业的业务活动和管理要求，也能反映企业管理中所有环节中的投入与产出关系，对于业务部门来说，这样的会计核算大大增强了成本控制的责任感。

2. 向国际会计转型

人工智能时代，大中型企业和跨国企业的业务范围和投资领域将会再次扩展，更多的企业将会走出国门与其他国家和地区的市场主体开展广泛而深入的合作，这就需要财会人员具备广阔的国际视野，不仅要了解投资目的地的风土人情和政策法规，还要了解和掌握投资目的地的财政税收情况和会计核算、利润分配、投资收益分配、税收返还、优惠政策等多个方面的专业知识，从财务管理和成本控制的角度为企业发展提供必要的技术和财务支持。从全球化发展的角度分析，会计行业的发展越来越国际化，需要财会人员具备一定的国际管理能力，如具备丰富的专业知识和商务英语理解沟通能力并熟悉全球经济和商业环境，具备职业判断与决策能力、风险控制能力及管理能力。对于英文水平比较高的财会人员来说，可以参加一些与国际税法相关的培训课程，系统学习国际税法。具备专业的财务知识和技能、熟练的英语运用能力、精通国内和国际税法的财会人员将是顺应未来发展趋势的财会人才。

（二）财会人员自觉提高职业胜任能力

1. 加强人际沟通

要在工作上取得成就，实现自己的职业规划，仅有硬实力还不够，还需要足够的软实力，即良好的人际沟通交流能力。企业内部的良好沟通不仅可以提高工作效率,还可以营造良好的工作氛围,使员工保持友好相处的关系;另外,良好的沟通还可以使员工明白目标差异,从而调整各自的行为,进行有效的合作;良好的沟通能力可以提高管理效率。财会人员通过与上级和同事的交流沟通,可以进一步了解自身的缺点和不足,并不断完善自我。

2. 充分利用职业再培训提高自身能力

利用业余时间参加财务专业培训,考取财务职称证书,抓住每个学习和培训的机会,努力增加自己的职业知识积累,提高职业技能。随着会计新政策、制度、技术及方法的不断更新改革,财会人员在完成基础岗位职责的前提下,面对财会行业的转型和发展,必须保持不断学习的态度,通过多种渠道和方式,丰富自己的知识,提高各项工作技能,使自己的知识和能力能够应对不断变化的环境,进行动态的职业规划,合理利用财务资源和创新管理机制,提高自己的工作能力。

3. 培养全局观念和战略规划能力

财会人员不仅要了解财务专业知识,还要熟悉企业的经营业务,了解所在企业的行业类型及特点,对企业进行业务流程再造和资源整合。财会人员提高自己的控制能力和职业判断能力,对未来的业务做出合理的分析和判断。身处企业相对独立的部门,财会人员必须站在全局的角度,客观公正地看待所有的经营问题。财会人员不仅要关注财务报告数据,还应结合宏观经济和行业形势,从更广阔的视野和更长远的角度来分析决策,使资源配置更加合理。此外,财会人员还应培养战略规划能力,财会工作应该围绕企业目标,服务于企业的战略。

4. 培养独立分析的能力和风险管理意识,完成企业流程优化

只有通过对数据进行分析,了解数据背后的信息,才能将数据转化为对企业有用的经营决策。财会人员要用会计专业思维分析和思考问题,充分利用财务专业知识对企业进行风险控制,通过分析财务数据,洞察企业可能存在的经营风险和财务风险。财会人员需要从业务的角度来探讨项目的可行性,并通过对项目的可行性进行事前评估,分析企业的业务发展趋势和相应的资源配置问题。在一些发展到一定规模和水平的企业中,业务非常复杂,

审批流程非常烦琐。为了使企业的审批流程更加顺畅便捷，管理需求与财务控制之间需要达到一个平衡。因为如果设定一个烦琐的审批流程，审批工作的效率会降低，但是如果审批过程过于简单，风险监控就可能会出现漏洞。这就要求财会人员自觉熟悉整个过程和状态，对各系统的关联性进行设计和优化，对风险进行预先评估和漏洞管理，实施有效的控制措施，提高审批系统的效率等，优化企业流程。

（三）财会人员主动拓展职业发展类型

1. 向投融资岗位转型

企业发展过程中，往往涉及投融资相关业务，而财会人员是企业的核心人员，熟悉企业经营情况，对投融资拥有一定的建议权。财会人员可以从企业会计准则、证券金融、财务管理、内部控制、经济热点等方面入手，努力增强对宏观经济学、金融学、市场营销学等相关领域知识的研究，增强自己对投融资工作的理解，通过不懈的努力，使自己的投融资能力不断提高，由原来的会计专业人才向企业投融资管理型人才转变。

2. 向企业主转型

财会人员在职业生涯规划与发展过程中，可以充分利用各种资源和平台学习与创业相关的知识，有意识地参加一些与目标行业相关的培训课程，了解目标行业的信息，不断为自己创业打下基础。培养自己良好的心理素质和心理承受能力，培养自己独立思考和独立行动的好习惯。充分认识自己的知识结构，制订适合自己的发展计划和目标，为实现目标而不断努力。

3. 向职业经理人转型

财会人员在熟悉企业工作的前提下，可以利用业余时间参加 MBA 培训课程，充分学习管理学相关课程的内容并掌握与职位相关的工作技巧。学习心理学和管理学，拓宽财会人员的知识和技能。在工作中不断学习思考并掌握更多与会计相关的工作技巧，学会分析企业和整个行业的发展趋势，随时关注国家的宏观经济政策。不断提高英语水平，不断更新自己的知识，在工作学习中快速成长。

4. 向人工智能管理者转型

将财务专业知识与人工智能技术相结合，向人工智能的线下管理者转型在知识更新换代不断加快的时代，会计工作也处于不断变化的状态，因此财会人员不仅要掌握基本的理论知识，还需要通过多渠道学习新科技知识和技能，迎接人工智能带来的新挑战，学习和掌握人工智能相关技术，将财务专业知识与人工智能技术相结合，辅助人工智能系统开发和升级，更高效地履行财会人员的工作职能。

5. 尝试跨领域发展转型

突破财会专业的局限，在掌握会计专业知识的基础上，接受跨专业的转型和学习，拓展职业发展空间。财会人员可以根据自己的兴趣爱好和工作经历选择从事销售、技术、人力资源等工作，通过不同专业之间的交流学习，增强财会人员对自己职业生涯发展方向的认知。

（四）财会人员注重打造自身软实力

1. 加快成长为复合型人才

人工智能背景下，企业财会人员面临的失业风险将会大幅增加，工作流程的简化和工作强度的逐步降低使财会人员不得不主动参与企业经济事项决策，并为决策人员提供专业性的财务意见和建议。在税收筹划、投资方案拟定、内部控制、风险指引和防控措施制定、收入预测、投融资决策等方面依靠自身的专业知识，切实提升资本运作和资金管理水平，以专业财会人员的视角参与企业经济事项决策，加快成长为复合型人才就成了当前财会人员的现实所需，也是人工智能时代企业发展的必然选择。作为财会人员，不但要掌握更多的财经理论知识，而且要能够在实际操作过程中将理论与实践相结合，用理论指导实践，依靠分析提炼的财务数据，总结归纳和分析企业应当采取的财务管理措施、战略性业务拓展措施和会计核算政策。

2. 掌握必要的大数据管理和集权化财务管理知识

在人工智能背景下，市场竞争将会更加激烈，企业主对所聘用的财会人员的要求将会一再提高，在会计核算尤其是账务处理全程自动化的基础上，财务分析与决策的精准化和智能化是企业发展的必然需求,这些都需要充分依托大数据分析。因此,财会人员需要掌握必要的大数据管理的相关知识,能够在庞杂的基础数据中分析提炼出企业发展所需的财务数据,进而制定出适合企业发展的财务政策。人工智能时代,传统的会计岗位将会大幅缩减,企业财会人员将会更加集权,实现信息共享和财务会计处理规范化、标准化和便捷化。财会人员除了需要学好财务相关知识外,还要不断拓宽自己的视野,为以后的职业生涯发展打下坚实的基础。努力提升自己综合运用知识的能力,重视人际关系的培养,发挥工作主动性和积极性,充分利用各种机会锻炼自己,积累丰富的工作经验。人工智能背景下,财会人员需要尽快转变工作理念,培养自己的全局观念,站在全局的角度,客观公正地看待所有的经营问题。培养独立分析数据的能力,只有通过对数据进行分析,了解数据背后的信息,才能将其转化为对企业有用的经营决策。将互联网和会计工作相结合,用会计专业思维分析和思考问题,主动分析经济形势,积极顺应社会发展形势,转变自身职能,提高自己的核心竞争力,不断提升自身素质。

企业需要参与到财会人员的职业生涯规划过程中,不断完善企业的人力资源管理相关制度,建立良好的与财会人员沟通的渠道。加强对财会人员的职业指导和辅导,提高财会人员的工作效率。建立职业生涯管理体系、职业生涯管理保障体系,并对职业生涯管理体系实施过程进行管理。当今竞争日益激烈,企业更需要不断完善人力资源管理相关制度,重视财会人员的职业生涯规划。把财会人员个人的职业生涯规划作为企业战略发展的一个重要组成部分,协调个人职业目标和组织发展目标,使其共同发展,以形成更有凝聚力的企业合作伙伴关系,更有效地调动财会人员的工作积极性。从以人为本的角度出发,关注财会人员职业发展诉求,拓展其职业发展空间,满足其不同阶段的需求,使财会人员的岗位能力和价值贡献得到更好的发挥。指导财会人员全面系统地掌握专业管理知识,并积极扩大和培训运行管理、风险控制等相关业务,从理论知识、管理要点、协调实践等多个维度出发,提高财会人员全面理解企业风险和经营业务的能力。

第九章　培养企业财务管理数字化人才的策略

随着全球经济化进程的不断推进，我国经济也有了很大的提高，伴随经济的发展，会计行业也迎来了发展的春天——会计信息化。我国其实在 1981 年就提出了会计数字化，不过，经过多年的发展，至今也没有达到令人满意的效果，这是一个值得深思的问题。而解决会计数字化中存在的问题，一个比较重要的措施就是，要加强对会计数字化人才的培养。人才是推动会计事业繁荣发展的不竭动力，在数字化的大环境下，人才培养不仅要关注人才的专业素质，更要关注人才的综合素质。

第一节　会计数字化人才培养现状剖析

一、会计数字化人才培养现状

（一）理论与现实脱节

按会计专业的属性来说，应用性应该是本专业关注的重点，所以说，学生只是学好基础理论知识是完全不够的，纸上谈兵只会使自己被社会所淘汰。

我国的会计行业起步比西方国家晚，发展速度也没有西方国家快，所以，为了进一步缩小这一差距，我国大量引进了西方先进的人才培养理念，但是却没有考虑到我国的国情与西方先进国家相比还是存在明显差距的。西方的会计专业知识不一定符合我国会计学的发展，这就使我国会计专业出现了理论与实践脱节的问题。

我国会计专业发展有自己的特色，一味地学习西方也不是办法，要在扎实理论的基础上，结合我国会计行业发展的实际，注重理论与实践的结合。

（二）会计课程缺乏数字化内容

在信息时代，企业的客户群体变得更加宽泛化、虚拟化，业务内容更加复杂，传统的手工做账甚至局域网电算化系统已不能满足企业财务管理的要求。

可见，掌握信息技术是会计人才必不可少的技能，但当前会计从业人员的数字化管理能力总体水平不高，这与目前我国各学校开设的会计课程缺乏数字化内容有较大关系，很多学校在建设会计专业课程体系时主要开设会计学、统计学、税法和财务管理等必修课程，很少将互联网等信息技术内容纳入会计课程体系，会计专业学生普遍缺乏互联网思维。

（三）没有形成以市场导向为主的教育理念

经济活动与商业活动都是以市场需求为导向的，会计活动是一种经济活动，因此，它也需要以市场为导向。

中国会计专业教育之所以与其他国家相比处于劣势，主要是因为相关部门及高校并没有认识到市场在会计教育中的重要性。在以后的教育中，高校应转变教育理念，建立以市场需求为导向的教育理念与目标。

（四）会计教学忽视实践环节

很多教师也专注于课堂教学及学术研究，缺乏相关实践经验，在教学过程中照本宣科，而且案例教学往往忽视国情的差异性、案例的时效性及会计规章制度的变更，导致培养出来的毕业生在复杂多变的共享经济环境下不能很好地将所学的会计知识与实践相结合，无法满足市场对会计人才的需求。

（五）会计数字化教师资源匮乏

由于会计数字化是会计学与计算机交叉形成的边缘性学科，对任课教师的要求比较高，不仅要求任课教师有比较扎实的会计专业知识，而且要掌握计算机原理、数据库技术、网络技术等，并能综合运用于教学过程中。

实际情况是，许多高校忽略了会计数字化所需师资的培养，而是由会计老师或计算机老师兼任，真正专职的会计数字化教师较少，由此导致教学效果与教学质量不容乐观。

二、会计专业人才培养的指导思想分析

（一）会计数字化思想

我国在 2009 年发布会计数字化，直到 2015 年提出了"互联网＋"经济体系的构想，整整花了六年时间，这六年的时间也是会计数字化的转变时期。在这一时期，会计数字化由最初共享性低的纸质作业到今时今日的数字化共享。通过这一转变可以发现，我国会计数字化建设的目标基本上是实现了，同时也初步建立起了一个相对比较完整的会计数字化体系。

随着信息技术的不断发展，未来的会计行业体系将更加完善，会计专业人才水平也会得到大幅度的提高。

（二）业财融合思想

在现代企业组织中，会计人员的角色发生了明显的变化，以前会把会计当作管理账务的人员，但是现在，会计的职能发生了根本性的改变，其已经成为企业管理的参与者。

企业发展规划不仅需要管理者来制定，同样也需要会计人员的参与，需要会计人员依靠自己扎实的专业知识来解决企业中面临的各种问题，尤其是面对突发情况，会计人员的作用会更凸显出来，他们往往能够冷静地去处理问题，从而为企业发展提供良好的保障。

第二节　构建会计数字化人才职业胜任能力框架

一、胜任力的概念

"胜任力"一词最早在人力资源管理领域兴起。科学管理之父泰勒最先引入"能力"一词。

对胜任力研究起着里程碑作用的关键人物是美国著名心理学家戴·麦克利兰。他认为，胜任力包括很多内容，不仅包括与工作或绩效相关的知识、技能及能力，而且还包括特质与动机等，这些内容不仅非常好地预测了实际工作的绩效，而且还能对特定工作岗位及组织环境中的绩效水平予以区分。在他看来，胜任力主要有三个特征：第一，它可以与任务情境相联系，因此具有动态性；第二，胜任力与工作绩效关系密切，它在一定程度上还能帮助管理者预测员工未来的工作绩效；第三，胜任力最重要的一个特征就是，能够将优秀员工与一般员工区分开来。

胜任力理论的出现是建立在麦克利兰长期的研究和实践的基础上的，并结合了前期和当下其他专家和学者的研究成果。一般来说，人们会把麦克利兰当作胜任力理论的创始人，正是从他开始，以后更多的专家学者投入到胜任力理论的研究之中。

二、会计数字化人才职业胜任能力框架的含义

会计数字化人才职业胜任能力框架是由会计行业管理部门专门设计的，它是一种人造系统，目的是评价会计数字化从业人员工作所需具备的一些必要的能力。

三、会计数字化人才职业胜任能力框架的构建

（一）构建的方法

对人才能力框架的构建方法目前主要有两大类：一是功能分析法，二是

能力要素法。随着研究的深入，一种新的方法——基于胜任能力的方法出现了，该方法是以上两种方法的结合。

1. 功能分析法

功能分析法即通过分析会计从业人员在不同职位的履职情况及任务完成情况来考察其工作效果，并基于工作表现描述能力。这种方法下，胜任能力被定义为候选人员在进入会计职业时在既定的标准下完成任务和角色的能力。

这种方法比较强调会计从业人员进行教育与培训的结果，认为这些结果会影响会计从业人员的实际工作。一些主要的发达国家，如英国、澳大利亚等，都是采用的这种方法。

功能分析法的具体操作为：首先，需要列出职业会计从业人员工作的关键领域及职能；其次，将已经列出的领域分为小的单元，如有需要，还可以进一步分出更小的元素，需要说明的是，这些元素还会包括一些制定的元素，然后组成一幅功能图；最后，要为每一个元素都设定适当的标准。会计从业人员的工作是复杂的，像这样按照水平逐步提高的顺序描述这份工作，就不会出现重复列示的情况。

2. 能力要素法

能力要素法将能力按知识、技能和职业价值来分类，重点关注会计从业人员在不同职业角色下的卓越表现所显现的特点。

能力要素法认为，胜任能力是一系列能力的集合，还着重强调了胜任能力的获取问题，认为胜任能力的获取是通过教育及培训的方式达到的，也就是说，是通过学习的方式获得的。

总体来说，能力要素法没有功能分析法详细，它主要研究的是优秀会计从业人员在职业生涯中的表现，没有对全体会计师的工作予以研究，而且它最终的落脚点往往为对会计从业人员未来工作的建议。

（二）框架设计

1. 框架设计原则

（1）实用性原则

会计行业并不是一成不变的，它随着社会的发展变化而变化，而会计数字化人才职业胜任能力框架研究的目的是更好地适应社会需求，所以，从这个层面来看，该框架的建立必须考虑实用性，脱离实用价值的框架是无法应用于会计工作的。

（2）系统性原则

框架体现的是胜任力各要素之间的关系，从整体来看，它就是一个系统，彼此之间相互作用。因此，在进行框架设计时，一定要符合系统性原则，毕竟从整体出发，有利于从全局思考各要素在会计工作中的具体作用。

2. 职业胜任能力框架的具体内容设计

一般来说，会计数字化人才的职业胜任能力可以分为三部分：职业知识、职业技能及职业价值观。

（1）职业知识

职业知识是进入某一职业的前提，不了解职业专业知识，就无法完成工作任务，也就无所谓长远的职业规划了。

会计职业知识是会计数字化人才职业胜任能力的重要组成部分，它是衡量会计数字化人才职业胜任能力的重要指标，会计职业知识随着会计学科的发展是不断更新的，也就是说，职业知识应该一直贯穿在会计师的生涯里。

会计数字化人才需要掌握很多职业知识，通常有以下四类。

1）一般基础知识

基础知识是学习其他知识的基础，所以，打牢基础知识是至关重要的。基础知识包括很多内容，通过对基础知识的学习，会计数字化人才不仅能对世界不同历史、不同文化有必要的理解，而且还能与不同的群体进行必要的沟通与交流，在学习会计基础知识的基础上开阔眼界。

所以，会计数字化人才应该具备的基础知识应该是非常丰富的，主要包括人文科学知识、自然科学知识、艺术知识、外语等。

2）专业基础知识

要想培养专业素质，学习专业基础知识是不可避免的，同时，也是提高职业水平不可或缺的重要组成部分。

专业基础知识的内涵也是非常丰富的，不仅包括经济学、管理学、金融学、营销学和统计学，而且还包括计量经济学、组织行为学、人力资源管理等内容。专业基础知识是会计数字化人才工作的重要依凭，能为其职业操作提供科学、准确的知识，同时，也能加强会计数字化人才对经济、商业、法律，以及组织运行环境的理解。

3）信息技术知识

从字面上也可以理解，会计数字化就是会计与信息技术的结合，在信息技术的推动下，会计人员传统简单记账的角色已经发生了改变，掌握一定的信息技术已经成为当前会计人员必须具备的能力。

经过多年的发展，信息技术知识体系已经相当完善，内涵丰富，主要包括信息技术基础、网络应用技术、数据库管理、会计信息系统应用与管理、数字化环境下的内部控制、电子商务、信息获取分析检索及办公自动化。

会计数字化已经是一种不可逆的趋势，当前的现代企业财务已经离不开信息技术，倘若不具备一定的信息技术知识，会计工作是无法进行的。

4）会计专业及相关知识

胜任会计岗位需要具备很多的知识，说到底，会计专业知识才是会计岗位工作的核心知识，会计人员如果想要做好本职工作，绝对不能视会计专业知识而不见，而是要不断学习，不断充实自己。

会计专业知识主要包括：财务会计与对外报告、管理会计、财务管理、审计、税法、经济法等。

不过，需要注意的是，会计专业知识并不是一成不变的，它会随着环境的变化而变化。从这个层面上说，会计数字化人才除了需要掌握扎实的专业知识以外，更重要的就是要具备解决突发事件的能力，较高的应变能力也是会计人员需要具备的能力。

（2）职业技能

职业技能在职业胜任能力构成中占据重要位置。职业技能可以分为两类：团队职业技能和个人职业技能。

1）团队职业技能

① 沟通协调能力。在企业内部有很多部门，这些部门彼此之间相互独

立，各自履行自己的职责，而在这些部门中间起桥梁作用的部门就是会计部门，它将企业内部的销售部门、生产部门及人力资源部门联系起来。另外，会计部门还需要与银行、工商、税务、审计等单位打交道，所以，会计人员必须具备良好的沟通能力。

② 团队合作能力。随着社会分工越来越明确细化，一个人不可能掌握全部知识与技能，这就需要团队合作，明确的岗位分工与顺畅的相互配合是完成整体财务目标的保障。另外，对于一个作为整体运行的独立项目而言，财务也是其中不可缺少的一部分，能够与其他部门密切合作是保证项目运行的基础。所以会计数字化人才必须具备团队合作能力，能够与其他人员、部门密切合作，相互学习，共同探讨。

③ 表达能力。会计数字化人才需要具备用口头语言或者书面文字完整表达自己的看法、观点的能力，这是进行有效沟通交流的基础。条理清晰、逻辑严密的表达能够体现出会计数字化人才的分析判断能力、认知能力及逻辑思维能力等。而且由于财务部门需要与各个部门打交道，良好的表达能力是会计工作顺利开展的基本技能之一。

④ 领导能力。对于初级会计人员来说，领导力并不是其需要具备的必要能力，但其对于财务主管或者财务经理等中高层管理人员来说，领导力是其不可或缺的一种能力，毕竟这些管理人员会参与到企业管理决策中，一旦缺乏这种能力，便有可能导致管理人员断送自己的职业生涯。

⑤ 人才培养能力。会计具有很强的实践性，只掌握理论知识绝对不是一个好会计，因此，即使是那些有高学历的人，他们也需要实践的锤炼，也就是说，需要接受一定的时间训练才能具备上岗的能力。对于初入会计行业的人来说，常常会遇到一些书本上没有遇到的问题，这就需要高级会计对他们进行适当的指导，毕竟这些高级会计已经工作过很多年，他们在无数的实战中已经积累了丰富的经验。因此，可以说，不断提升会计人才的实践工作能力是非常重要的，它不仅能够提升整个财务部门的工作能力，同时，也能为企业创造出更大的价值。

2）个人职业技能

① 数据挖掘能力。数字化数据的优势主要有两点：第一，能分析并储存大量的数据；第二，为数据分析提供了更加便利的条件。一名会计数字化人才需要具备很强的数据挖掘意识，更重要的是，要具备能够运用信息技术在大量数据中发现有价值信息的能力，为企业决策提供必要的支持。

② 独立工作能力。该能力是指会计人员能够独立进行全部的会计工作，由于会计工作是复杂的、讲究细节的，所以，独立工作能力是对会计人员所掌握的理论知识完整性的考验，同时也是对其相关工作经验的考验。对于会计人员来说，只有掌握完整的知识体系，并且能熟练的运用，才能解决工作中遇到的诸多问题，完成全部的工作任务。大多数的小企业可能并没有完整的财务部门，这就更需要会计人员具备独立工作的能力。

③ 执行力。会计工作的重要内容就是对日常业务的处理，在处理日常业务时，会计只需要按照企业会计准则及企业的实际经营情况执行即可。另外，还需要说明的是，上级所下达的命令也需要执行，当然，不是所有的人员都要参与决策，但是所有的人员都必须参与决策的执行。因此，会计数字化人才就必须具备相应的执行力，以保证企业决策的正常执行。

④ 应变能力。我国现在是市场经济，在这种经济体制下，信息杂乱无章，稍纵即逝。面对这一情况，会计数字化人才必须头脑灵活，要根据市场的变化及时调整自己的工作方法。也就是说，会计人员要具备一定的应变能力，只有这样，才能保证其不被快速发展的时代所抛弃。

⑤ 学习能力。社会环境不断变化，科学技术也在不断更新，知识更是处在不断的变化中，而且，知识是没有范围的，它总是在不停地补充，对于会计数字化人才来说，为了与时代步调一致，必须不断更新自己的财务知识，也就是说，要随时保持自己的学习能力，不断学习，不断充实自己。对会计数字化人才的职业规划来说，学习能力也是推动其职业不断向前的重要动力。

（3）职业价值观

会计数字化人才职业胜任能力框架中职业价值观内涵非常丰富，不仅包括工作态度与责任心、法律意识、客观公正，而且包括保守商业秘密、关注公众利益和社会责任、专业风范及终身学习意识等内容。

① 工作态度与责任心。会计工作比较复杂，因此需要会计人员要有一定的细心与耐心，如果会计人员在工作中能认真负责、周密细致，那么会计工作的质量便能得到保证。会计人员要时刻保持谨慎认真的工作态度，做出的每一个判断都应该是周全考虑之后做出的，这种工作态度是一个会计人员从业的基础。

② 法律意识。会计信息系统不是凭空产生的，而是由人创造出来的，并且还需要法律法规所规范，一旦离开了这些法律规范，会计信息可能就会偏离其应所起到的作用。

③ 客观公正。会计工作总是会涉及一些利益博弈，在一些财务丑闻的影响下，人们越来越意识到，会计是一个高危行业。即使是这样，会计数字化人才也不应该违背法律规范，而是应该按照规范处理各项事务，保证市场经济的健康运行。

④ 保守商业秘密。财务工作涉及的是企业所有的经济活动，展示的是企业实际的发展情况，所以内含着企业的许多商业秘密，甚至在一些时刻，关乎到企业的生死存亡。对于接触到这些重要信息的会计人员来说，保守商业秘密则是其重要的职业操守。

⑤ 关注公众利益与社会责任。一般而言，会计具有核算的职能，但是除此之外，其还具有监督的职能，重要是对企业经营合法性及合理性进行监督。为什么要对企业进行合法合理的经营进行监督呢？那是因为一个企业经营的好坏不仅关系到企业本身的生存，而且还关系到社会大众的日常生活。比如，有一些上市公司对股票进行价格操作，会计工作人员必须意识到自己的公众利益与责任，努力避免这种事情的发生。

⑥ 专业风范。这里的专业风范是指会计人员要时刻维护会计行业的形象，不能因为自己的行为影响到整个会计行业的声誉，因此，在实际工作中，不能做损人不利己的事，要有大家风范。

四、对高校会计数字化人才培养的启示

（一）以能力培养作为人才培养目标

高校在注重对学生理论知识传授的同时，也应该重视对其应用能力及创新能力的培养，也就是说，要转变以往的人才培养目标，将目标设置为培养学生的应用能力及其创新能力。

随着计算机技术在会计领域的应用，会计专业也受到了一定的冲击，会计专业的学生不仅要掌握扎实的理论知识，而且还应该具备一定的利用计算机处理会计信息及进行财务分析的能力。

（二）以职业能力框架构建课程体系

首先，要打破传统会计学专业的课程体系，根据时代的需求做出一定的调整。不能再以会计基本理论作为整个课程体系的起点，而是应该以财务会计报告的内容为出发点，更重要的是，教师在讲解会计专业理论知识的同时，要拓展其他的知识，比如，当前会计工作的环境、会计的基本任务及会计职业道德。这不仅让学生学习到了更加完备的会计知识，而且在很大程度上还开阔了学生的专业视野，对于学生专业素养的提升大有帮助。

其次，过往的会计教学内容比较单一，没有根据当前企业的经营环境做出相应的改变。为了改变这一现状，应该在专业课程中对企业经营环境进行模拟，并结合企业内部控制及外部资本市场发展，对会计业务做出新的探索，并将探索而来的东西引入会计教学内容之中，在丰富会计教学内容的同时，也对学生会计基础理论的学习提供了帮助。

（三）强化会计实践教学，提高学生的实践能力

会计专业本身就是一门强调实践性的专业。通常情况下，从事基本核算岗位的会计人员要有一定的实践经验，经验实践年限最低也要 2~3 年，而对于那些从事中高层核算的会计人员而言，他们所需要的年限则更长，大约

需要 3~5 年。

从上述分析可以看出，实践能力应是会计人员必备的一项能力。所以，高校在会计教学中一定要突出会计实践教学，不断提升学生的实践能力。一般来说，会计实践教学的重点主要包括三个方面：注重课程的实践教学、综合集中实践教学、专业实习。在实践教学实施的过程中，高校要与企业、政府达成深度合作，创建实践教育基地，从而最后构建出一套相对比较科学的会计实践教学长效机制。

第三节　基于 XBRL 的会计数字化人才培养策略

一、合理定位专业培养目标

我国各高等院校均有自己的特色的、领先的专业方向，而针对不同的高校特点，财会专业学生的在会计数字化方面的培养应设立特色培养目标，从而围绕培养目标制定合理的培养方案与配套的课程体系。

如计算机专业发展较强的院校可以依托这一优势，设立除培养面向解决财务领域应用问题的复合型人才，还可考虑培养掌握 XBRL 的软件开发技术的研发人员。而在财会领域较为突出的院校则可以着重发展复合型人才和利用分析软件提高会计信息分析与应用能力的分析师，在掌握必要的计算机知识的基础上面向更多复杂的财务问题，研究其通过会计数字化的解决方法。而对于在两方面均较薄弱的普通院校，可以定位于培养能为企业编制符合 XBRL 财务报告的企业基层操作人员和能熟练操作财务软件辅助基础会计工作的完成的会计人员。

确定培养目标后应建立良好的课程体系来完成培养目标。由于我国目前由计算机专业教师来完成计算机基础类课程的现状难以改变，高等院校可在低年级课程中设立的计算机基础课程上分不同学院、不同专业进行授课，授课教师不必对会计专业有详细了解，仅需能向学生介绍计算机基础课堂上讲解的内容、能与学生本专业有结合之处即可，并推荐在课堂之外由财会类专业的复合型教师来开设引导式讲座。通过这一形式吸引学生，培养学生对会计数字化、XBRL 方向的兴趣。

完成计算机基础类课程之后，高等院校应提供针对会计信息化、XBRL 方向的基础性选修课供有志于此方向的学生进行学习，对获取会计信息需要的计算机专业知识的深入研究。同时高等院校应开设能培养学生完成基础性会计数字化工作的必修课程，使学生具备基础性的会计数字化工作技能。

最后在高年级的课程中提供深入研究 XBRL 和会计信息系统的相关课程，并细分不同的方向，如基于 XBRL 的审计、基于 XBRL 的企业内部控制、基于 XBRL 的会计信息系统维护等，从而培养精通 XBRL 的复合型高端人才。

此外，还可以鼓励会计专业学生选修学校计算机类专业的课程，同时鼓励计算机专业的学生学习会计专业的基础知识，鼓励两个专业的本科毕业生考取另一专业的研究生，从而实现更好的复合型人才培养。

而对于课程的整合，财会专业的许多专业课程都可以与 XBRL 进行整合，财务会计、财务报表分析、管理会计、审计等均可以根据课程的侧重点适当引入 XBRL 内容。

二、构建完善 XBRL 师资培训机制

无论是我国高等院校财会专业教学还是会计人员继续教育培训，教师水平都直接影响我国的人才培养。无论是开设 XBRL 专门的讲座、课程，或是将 XBRL 与财会专业其他的专业课程进行有效整合，都需要教师能够对 XBRL 有清晰的认识。XBRL 的技术专家和权威正是我国目前的师资现状所缺乏的，因此 XBRL 师资培养对推广会计数字化人才培养有着重要意义。

首先，教育部门应该提高对 XBRL 的重视程度，建立良好的师资培训环境和制度，高等院校在条件允许的情况下能定期为教师组织 XBRL 相关知识和技能的师资培训课程，让教师们在理论上进一步深造。及时与教师们交流 XBKL 在国际上的应用和发展情况，使教师能够了解最新的研究动态并与学生分享，同时吸引更多的教师从事 XBRL 应用的研究。以美国为例，

美国会计学会开展定期的 XBRL 师资培训课程。

其次，通过完善现有的教师进行自我培训的方式，对发展较好的 XBRL 相关期刊、网站进行推广和支持，各类会计数字化研究协会与机构更多地组织各类研讨会、交流会来推进 XBRL 研究。同时，还可以拓宽教师进行 XBRL 培训的途径，可以与实务界加强交流，教师可以到国内外会计数字化成功的企业和会计师事务所进行考察学习，了解目前职业界存在的问题和发展的动态。

最后，针对我国东西部师资水平和教学情况的不平衡，经济发达地区的教师应定期前往西部地区进行普及、交流，带动较为落后地区的师资发展。

三、加强与工作实践的联系

理论终将应用于实践，大部分的高等院校毕业生都将走上职场，将在学校里所学的知识运用到工作中去，因此与实际工作保持紧密关系具有必要性。

通过加强校、政、企联系，学校保持与上市公司、财务软件企业、银行、会计师事务所、证券交易所、财政部门等良好的合作关系，为学生提供校外稳定的实习、参观基地，邀请实务界的精英来学校开设专题讲座，了解会计数字化、XBRL 在实务中的最新动态和问题。同时在校内也配备良好的基于互联网的实训教学系统，尽可能地使学生在真实环境中完成根据 XBRL 标记财务信息、编制 XBRL 财务报告、基于 XBRL 的内部控制和财务分析等教学任务。

四、注重含 XBRL 内容的教材编写

无论是完善 XBRL 课程体系还是加强 XBBL 师资培养，都需要有可以满足教学需求的教材的支撑。目前我国 XBRL 培训教材滞后于理论和实践的发展，教材编写的水平参差不齐，且难以满足 XBRL 教学需求。因此，在 XBRL 教学改革中急需对相关教材进行补充，无论是教师的师资培训教材还是学生学习的教材。并且教师可以将师资培训教材中的内容与学生分

享，使学生能了解 XBRL 国际研究的最新进展。

在教材的编纂过程中应重视 XBRL 相关内容的编写，做到详细且全面，包含 XBRL 标记、XBRL 分类标准、XBRL 实例文档、XBRL 报告分析、基于 XBRL 的内部控制等内容，并及时更新研究成果和实务动态。教材编写的深度应适当，具备条件的高校教师可以根据所在院校的财会专业学生会计数字化和 XBRL 培养目标编写适合该校学生教学需求的教材。另外在教材的推广过程中应挑选适合教学需求的教材，尽量避免被迫指定教材的情况发生。

五、提升财会人员的会计数字化水平

提升财会人员的会计数字化水平主要是指通过在会计职称、注册会计师等考试及会计从业人员继续教育来提升会计从业人员的会计数字化和 XBRL 水平。目前我国上海会计从业人员继续教育中已经增设了 XBRL 及其相关内容的教学和考试，推广 XBRL 的同时也可以确保 XBRL 应用知识的更新。这种做法值得推广，根据 XBRL 技术的应用继续教育的要求设置相应的 XBRL 在年度会计从业人员培训中的内容，确保会计人员的 XBRL 应用知识的持续更新。

此外还可以在会计职称、注册会计师等考试增设会计数字化与 XBRL 相关知识的考查，并根据各类考试的层次和特点进行针对性的考查。如在职称考试中根据难度不同增设 XBRL 框架、基于 XBRL 的内部控制、基于 XBRL 的财务报告分析、XBRL 标准研究等内容；在 CPA 考试中针对注册会计师任职于会计师事务所的特点考察 XBRL 审计方法、风险控制等相关内容。

参考文献

[1] 邓雨鸥. 大型企业财务管理数字化应用 [J]. 市场周刊·理论版，2021（60）：7-9.

[2] 何艳君. 企业财务管理数字化平台理论设计与实践探索——评中国财政经济出版社《企业财务管理数字化转型研究》[J]. 价格理论与实践，2022（05）：210.

[3] 陶欣欣. 港口企业财务管理数字化转型：路径与实践 [J]. 财务管理研究，2021（8）：43-48.

[4] 王宏利，彭程. 企业财务管理数字化转型研究：如何构建智慧财务系统 [M]. 北京：中国财政经济出版社，2021.

[5] 李锦中. 浅析企业财务管理数字化转型 [J]. 山西财税，2022（08）：55-57.

[6] 戴芳芳. 企业财务管理数字化转型探索 [J]. 中国经贸，2022（09）：16-18.

[7] 孔令涛. 能源企业财务管理数字化创新转型[J]. 山东国资，2022（09）：123-124.

[8] 任远. 国有企业财务管理数字化转型研究[J]. 质量与市场，2023（14）：109-111.

[9] 厉妙珍. 中小型建筑企业财务管理数字化转型研究 [J]. 行政事业资产与财务，2023（06）：111-113.

[10] 钱笑盈. 国有企业财务管理数字化转型研究 [J]. 管理学家，2023（05）：14-16.

[11] 宋美娥. 国有企业财务管理数字化改革过程中存在的问题与对策探讨

[J]．财富生活，2022（20）：100-102.

[12] 熊雅君．广西制造企业财务管理数字化转型路径研究［J］．科技经济市场，2022（05）：95-99.

[13] 孙虹．制造企业财务管理数字化转型路径研究［J］．中文科技期刊数据库（全文版）社会科学，2022（12）：60-63.

[14] 任鹤．企业财务管理数字化转型趋势及路径探析［J］．中国管理信息化，2023，26（05）：64-67.

[15] 刘哲琪．浅谈国有企业财务管理数字化转型方向及策略［J］．中国管理信息化，2023，26（11）：88-91.

[16] 潘诗盈．企业财务管理数字化转型趋势及路径探析［J］．文化学刊，2022（08）：35-38.

[17] 周建云．传统企业财务管理数字化转型的探索——以 PV 公司为例［J］．财会月刊，2020（S01）：6-11.

[18] 吴灵．大数据背景下国有企业财务管理数字化建设分析［J］．今商圈，2022（4）：0111-0114.

[19] 栾琳琳．数字经济时代下企业间高管联结与财务共享服务［D］．吉林大学，2022.

[20] 罗苏河．数字化企业系统中财务管理系统的设计与实现［J］．科技风，2013（24）：108.

[21] 丁东华．企业财务数字化转型研究［J］．大众投资指南，2020（23）：116-117.

[22] 谢小林，徐敏琪．电子商务与数字化企业和网络财务管理［J］．华东地质学院学报，2001，24（03）：264-267.

[23] 姜淑润．云技术财务管理数字化转型在小微企业中的运用分析［J］．中文科技期刊数据库（全文版）经济管理，2023.

[24] 葛巍，杭纯．RPA 技术在电网企业财务管理数字化转型中的应用实践［J］．管理会计研究，2020，3（05）：76-85＋88.

[25] 宋相丽，郑智佳．新时期国有企业财务管理数字化建设策略探究［J］.

经营者. 2021（14）：144-145.

[26] 付珊珊. 新时代企业财务管理数字化转型趋势及对策研究 [J]. 中国经贸，2023（02）：4-6.

[27] 曲成. 基于 RPA 技术的电力企业财务管理数字化转型分析 [J]. 当代会计，2021（21）：52-54.